Die Reise in die Vergangenheit

Ein geschichtliches Arbeitsbuch

von Hans Ebeling
und Prof. Dr. Wolfgang Birkenfeld

Band 3
Europäische Weltgeschichte bis zum
Ausgang des 18. Jahrhunderts

westermann

Pädagogische Mitarbeit: Rita Birkenfeld

Eine gute Ergänzung zu diesem modernen Unterrichtswerk:

Westermann Geschichtsatlas

64 Seiten mit 200 Geschichtskarten, ISBN 3-14-**100932**-5
Bearbeiter: Prof. Dr. Wolfgang Birkenfeld

Die Abbildung auf der Vorderseite des Umschlags zeigt das Reiterstandbild Friedrichs des Großen (1712–1786) auf der Straße Unter den Linden in Berlin. Es ist aus Bronze gefertigt, hat eine Höhe von mehr als fünf Metern und steht auf einem acht Meter hohen Sockel. Geschaffen wurde es zwischen 1839 und 1851 durch den Bildhauer *Christian Daniel Rauch*. Die Gesamtkosten betrugen 250 000 Taler.
Friedrich der Große ist mit Dreispitz, Krückstock und Stulpenstiefeln dargestellt.
Den Zweiten Weltkrieg (1939–1945) hat das Denkmal nur leicht beschädigt überstanden. Danach wurde es für mehrere Jahrzehnte in den Park von Sanssouci verbannt, 1986 wieder an den Standort Unter den Linden zurückversetzt.
Foto: Ost + Europa Photo Jürgens, Köln

1. Auflage   Druck   10
Herstellungsjahr   2004
Alle Drucke dieser Auflage können im Unterricht
parallel verwendet werden.

© Westermann Schulbuchverlag GmbH, Braunschweig 1991
www.westermann.de

Verlagslektorat: Dieter J. Bode, Frank Sauer
Herstellung: westermann druck GmbH, Braunschweig

ISBN 3-14-**14 0703**-7

Inhalt

Worüber bisher berichtet wurde 6

1 Europäer entdecken die Erde — 10

Um den Seeweg nach Indien 12

Die großen Entdeckungen 13
Das neue Bild der Erde 13
Die Erde: eine Scheibe? – Die Erde: eine Kugel! – Die Erde: nicht der Mittelpunkt der Welt!
Die Entdeckung Amerikas 15
Christoph Kolumbus – Die Entdeckung – Amerika – Die Umsegelung der Erde

Der Beginn der Kolonialpolitik 20
Die Eroberung Mittel- und Südamerikas 20
Den Entdeckern folgen die Eroberer – Cortez erobert Mexiko (1519–1521). Ein Lebensbild – Die Folgen der Eroberungen – Die Kolonien – Das Schicksal der Eingeborenen – Der Beginn der Negersklaverei
Afrika und der Sklavenexport nach Amerika 29
Afrikaner und Europäer – Ein Land von Wilden? – Die Negersklaverei

2 Die frühe Neuzeit in Europa — 34

Vom Wandel der Zeit 36

Zeichen einer neuen Zeit 37
Erfindungen und Neuerungen 37
Erfindungen leiten die Neuzeit ein – Johann Gutenberg, Erfinder des europäischen Buchdrucks. Ein Lebensbild – Leipzig, die Bücherstadt Deutschlands – Neuerungen im Bergbau – Die Bergstadt Freiberg
Geschichte und Gegenwart 46
Wir besichtigen ein technisches Denkmal: Der Frohnauer Hammer
Die militärische Revolution 48
Schießpulver und Geschütz – Gewehr und Armbrust
Humanismus und Renaissance 50
Die Gelehrten – Die Künstler
Die neue Macht: das Kapital 52
Die Fugger als Kaisermacher – Die Handelsherren – Die Kapitalherren – Der frühe Kapitalismus

Deutschland zu Beginn der Neuzeit 54
Der Aufstieg der Habsburger 54
Kaiser und Fürsten – Die Habsburger
Das Reich zur Zeit Karls V. 55
Das Reich und Europa – 36 Jahre Krieg in Europa – Die Landsknechte – Die Abdankung des Kaisers

Die Zeit der Reformation ... 59
Martin Luther und sein Werk ... 59
Kirchliche Missstände – Luthers neue Lehre – Martin Luther: Reformator und Bibelübersetzer. Ein Lebensbild – Aus alten Bibelübersetzungen

Der Fortgang der Reformation ... 63
Die Spaltung der Kirche – Zwingli und Calvin – Luther und die Bauern – Der Augsburger Religionsfriede – Hexenwahn im 16. Jahrhundert

Geschichte und Gegenwart ... 67
Martin Luther. Eine Spurensuche: Wartburg, Eisleben und Wittenberg

Die Zeit der Glaubenskämpfe ... 70
Die Erneuerung der katholischen Kirche ... 70
Das Konzil von Trient

Der Dreißigjährige Krieg (1618–1648) ... 71
Kampf und Krieg überall – Die Gegner – Die Leiden der Menschen – Die Verwüstung des Landes – Der Westfälische Friede

3 Die Zeit des Absolutismus ... 78

Das Kleider-Edikt ... 80

Der französische Absolutismus ... 86
Ludwig XIV. und sein Hof ... 86
Der Sonnenkönig – Versailles – Die Kehrseite des Glanzes

Staat und Wirtschaft unter Ludwig XIV. ... 91
Die Säulen der Macht – Der Merkantilismus – Die Manufakturen – Manufakturen verändern die Arbeitswelt

Frankreich und Europa ... 97
Die Kriege des Sonnenkönigs – Die „kleinen Sonnenkönige" in Deutschland – Der Soldatenhandel

Geschichte und Gegenwart ... 100
Dresden: Glanz, Untergang und Neuaufbau

Absolutismus in Preußen und Österreich ... 108
Brandenburg-Preußen auf dem Wege zur Großmacht ... 108
Die Durchsetzung der absoluten Herrschaft – Die Hugenotten – Brandenburg-Preußen wird Königreich – Friedrich Wilhelm I., der „Soldatenkönig" – Der Militärstaat

Preußen unter Friedrich dem Großen ... 112
Friedrich der Große als „aufgeklärter Herrscher" – „Ich bin der erste Diener meines Staates" – Alles für das Volk, nichts durch das Volk – Die Außenpolitik – Der Siebenjährige Krieg – Der Landesausbau

Geschichte und Gegenwart ... 118
„Friedrich der Große" oder „Friedrich II."? Zwei Antworten

Österreich im 17. und 18. Jahrhundert ... 120
Die Hausmacht der Habsburger – Die Türken vor Wien (1683) – Maria Theresia – Schönbrunn. Ein Fürstenschloss im späten 18. Jahrhundert

Die Teilungen Polens ... 124
Kunst im Zeitalter des Absolutismus ... 125
Die Baukunst – Karlsruhe. Ein Beispiel – Bach und die Musik

4 Neue Großmächte entstehen — 130

Die neuen Mächte 132

Das russische Großreich — 133
Der Weg zur europäischen Großmacht — 133
Ein Blick auf die Karte – Die Anfänge – Peter der Große

Die weltpolitische Bedeutung Sibiriens — 137

Das englische Weltreich — 138
Der politische Aufbruch — 138
Gegen die absolute Fürstenherrschaft – Der Sieg des Parlaments in England – Die Arbeit des Parlaments

Englands Weg zur Kolonialmacht — 141
Die Anfänge – Die erste Siedlungskolonie: Virginia – Die 13 Kolonien

Um die Herrschaft der Welt — 146
Der Gegensatz zu Frankreich – Der Entscheidungskampf (1756–1763)

Die Vereinigten Staaten von Amerika — 148
Der Unabhängigkeitskampf der Kolonien — 148
Der Teesturm von Boston – Die Unabhängigkeitserklärung (4. Juli 1776) – Der Unabhängigkeitskrieg (1776–1783)

Der neue Staat — 154
Die Teilung der Gewalten – Die Verfassung – Das Wachstum der USA – Die europäische Auswanderung in die USA (1820–1920)

5 Frankreich und Europa 1789–1806 — 162

Die drei Stände – Der Ruf nach Reformen – Die Lage in Frankreich 164

Die Französische Revolution 1789–1799 — 166
Die Zeit des Umsturzes — 166
Die Generalstände werden gewählt – Die Generalstände treten zusammen – „Wir sind die versammelte Nation" – Der Sturm auf die Bastille (14. Juli 1789) – Die Aufhebung der Vorrechte – Die Erklärung der Menschenrechte – Die Verfassung von 1791 – Der Fortgang der Revolution – Frankreich wird Republik

Die Zeit des Schreckens — 176
Die Herrschaft der Jakobiner – Die Befreiung der Bauern – Schrecken und Tod – Das Ende der Revolutionszeit

Napoleon und das Ende des Deutschen Reiches — 180
Der Aufstieg Napoleons — 180
Die Kaiserkrönung – Die innere Ordnung Frankreichs – Um die Vorherrschaft in Europa

Das Ende des Heiligen Römischen Reiches Deutscher Nation 1806 — 183
Der Rheinbund – Die Auflösung des Reiches

Geschichte und Gegenwart — 186
Das Brandenburger Tor: sechs Sinnbilder deutscher Geschichte im 19. und 20. Jahrhundert

Zahlen zum Überblick 188
Register 189
Verzeichnis der Karten 192

Worüber bisher berichtet wurde

Aus den ältesten Zeiten der Geschichte

Seit über einer Million Jahren gibt es mit Sicherheit menschliche Wesen auf unserem Erdball. Sie lebten zunächst als Jäger und Sammler. Sie schufen sich erste Waffen und Geräte aus Stein. Sie lernten, das Feuer zu nutzen. Sie lebten – vorwiegend in Höhlen – in der Gemeinschaft ihrer Horde. Wir nennen diese älteste Zeit der Geschichte die *Altsteinzeit*. Sie dauerte bis etwa 10 000 v. Chr.

In der *Jungsteinzeit* (etwa 10 000–2000 v. Chr.) wurden die Menschen Viehzüchter und Ackerbauern. Sie bauten feste Häuser und lernten es, Tiere zu zähmen und Felder anzulegen. Sie wurden sesshaft.

Schließlich gelang es ihnen, ihre Waffen und Geräte aus Metall herzustellen, zuerst aus Bronze, später aus Eisen (*Bronzezeit* ca. 2000–800 v. Chr.). Die neue Metallkunst förderte Arbeitsteilung, Handwerk und Handel. – Wir nennen die ältesten Zeiten zusammenfassend die *Vorgeschichte*.

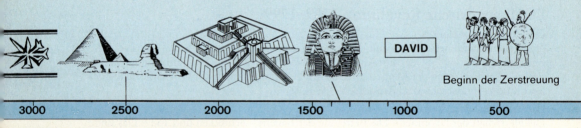

Alte Reiche in Stromtälern

In Stromtälern am Mittelmeer entwickelten sich erste Reiche und Stadtstaaten. *Ägypten* wurde um 3000 v. Chr. ein Staat mit einem König an der Spitze. Die Aufgaben, die der Nil hier stellte, führten zu diesem Zusammenschluss. Hier entstand eine erste große Kultur, als deren Zeugnisse zum Beispiel die Pyramiden bei Gizeh und der Tempel von Abu Simbel bis in unsere Gegenwart erhalten geblieben sind.

Im *Zweistromland* bildeten sich die ältesten Stadtstaaten etwa zur gleichen Zeit wie in Ägypten. In beiden Stromtälern erfanden die Menschen die Schrift.

Um das Jordantal entstand etwa 1200 v. Chr. *das alte Israel*, das Reich des Volkes der Bibel. Jerusalem war seine Hauptstadt. In der Zeit um Christi Geburt wurde das Gebiet von den Römern erobert und verwüstet.

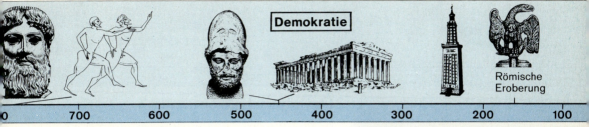

Die Zeit der Griechen

In Griechenland ließ die zerklüftete Landschaft eine Vielzahl von Stadtstaaten entstehen. Alle Griechen verband aber der Glaube an die gleichen Götter, zu deren Ehren sie herrliche Tempel errichteten und seit 776 v. Chr. die *Olympischen Spiele* feierten.

Der bedeutendste Stadtstaat Griechenlands war Athen. Hier bestimmten die Bürger ihre Angelegenheiten selbst. Diese „Herrschaft des Volkes" nennen wir *Demokratie*.

Während die griechischen Staaten sich in Bruderkriegen erschöpften, wuchs im Norden von Griechenland Makedonien zu einem mächtigen Staat heran. Unter *Alexander dem Großen* wurde das gesamte Perserreich erobert. Hier und in Ägypten wurde die griechische Kultur bestimmend („Hellenismus"). *Alexandria* entwickelte sich zur Weltstadt und zum Mittelpunkt der Wissenschaften und des Handels.

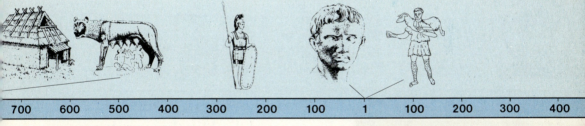

Das römische Weltreich

In der Zeit des Hellenismus weitete sich der kleine Stadtstaat Rom zu einem neuen *Weltreich* aus. Von etwa 250 v. Chr. an eroberten die Römer ein Gebiet, das die Küstenländer des Mittelmeeres umschloss und bis an Rhein und Donau reichte. Ihre bedeutendsten Herrscher waren Caesar und Augustus.

In den ersten Jahrhunderten nach Christi Geburt erlebte das römische Weltreich eine Zeit des Friedens. Die griechisch-römische Kultur formte das Leben in den Städten. Sie erfasste so auch das westliche Europa.

Die *Anfänge des Christentums* gehen in die Zeit des römischen Weltreichs – unter Kaiser Augustus – zurück. Nach langen, oft harten Verfolgungen wurde das Christentum die Staatsreligion des Römerreichs (um 400 n. Chr.).

| 1 | 100 | 200 | 300 | 400 | 500 |

Das römische Germanien

Der Vorstoß der Römer nach Norden brachte auch Teile des germanischen Landes unter ihre Herrschaft: das römische Germanien. Dieses sicherten die Römer entlang den Flüssen Rhein und Donau. Ein Grenzwall, der Limes, verband die beiden Flüsse. Im römischen Germanien entwickelten sich blühende Provinzen. Mittelpunkte waren die großen Städte, vor allem Köln und Trier.

Ein Vorstoß der Hunnen leitete um 375 n. Chr. die germanische Völkerwanderung ein. Das Römerreich zerfiel. Auf dem Boden der weströmischen Reichshälfte errichteten die Germanen eigene Herrschaftsgebiete von zumeist nur kurzer Dauer.

In die weithin menschenleeren Räume östlich von Elbe und Saale wanderten zwischen 500 und 600 n. Chr. slawische Stämme ein.

| 500 | 600 | 700 | 800 | 900 | 1000 | 1100 | 12 |

Europa und die Mittelmeerwelt

Die östliche Hälfte des römischen Weltreichs mit ihrer Hauptstadt Konstantinopel (Byzanz) bestand bis 1453 weiter. Die Araber überrannten um 700 weite Gebiete am Mittelmeer.
Um 800 vereinigte *Karl der Große* viele der germanischen Stämme in einem neuen großen Reich. Aus diesem *Reich der Franken* entstanden Deutschland, Frankreich und später Italien. Mit der Wahl Heinrichs I. begann 919 die deutsche Geschichte. Unter seinen Königen und Kaisern nahm das *Deutsche Reich* bis ins 13. Jahrhundert eine führende Stellung gegenüber den übrigen Staaten Europas ein. Zunehmend verdrängten jedoch die Landesfürsten die Königsmacht.
Nachdem die mohammedanischen Seldschuken (Türken) das „Heilige Land" erobert hatten, wurden im 11.–13. Jahrhundert immer wieder *Kreuzzüge* unternommen. Sie waren ohne bleibenden Erfolg.

| 900 | 1000 | 1100 | 1200 | 1300 | 1400 | 1500 |

Die Gesellschaft im Mittelalter

Im Mittelalter gehörten die Menschen verschiedenen *Ständen* an, die streng voneinander getrennt waren. *Kaiser, Fürsten* und *Ritter* verwalteten das Land und leisteten Kriegsdienst. Sie herrschten über die *Bauern*, die für sie den Boden bestellten und von ihnen abhängig waren (Grundherrschaft).
In jahrhundertelanger Arbeit schufen die Bauern in Deutschland und Europa die heutige Kulturlandschaft. Abgaben und Frondienste bestimmten zumeist ihr hartes Leben.

Die mittelalterlichen *Klöster* waren eine Stätte des Gebetes und des Dienstes, der Wissenschaft und der Kunst.
Im Verlauf des Mittelalters entstanden viele Städte Europas. Die *Bürger* erkämpften ihre Selbstverwaltung durch den Rat. Grundlage ihres Reichtums war der Handel.
Zum Schutz des Handels der freien Städte bildeten sich verschiedene Städtebündnisse. Eines von ihnen war die *Hanse*.

| 1200 | 1300 | 1400 | 1500 |

Zwischen Mittelalter und Neuzeit

Durch die Arbeit der Bauern wurden im Mittelalter nicht nur im Westen, sondern auch im Osten weite Landgebiete urbar gemacht. An der Ostsiedlung war der Deutsche Ritterorden maßgeblich beteiligt.

Die deutsche Geschichte des späten Mittelalters führte zur Herausbildung der Landesherrschaften. Am Ende des Mittelalters war das Deutsche Reich in eine Fülle selbstständiger Territorien der geistlichen und weltlichen Fürsten und auch der Reichsstädte zersplittert.

An vielen Orten Europas kämpften die Bauern im Spätmittelalter gegen Unterdrückung und Ausbeutung. Den Höhepunkt bildete 1525 der deutsche Bauernkrieg. Dieser Aufstand wurde von den Fürsten blutig niedergeschlagen. Das Bauerntum versank für Jahrhunderte in neuer Abhängigkeit.

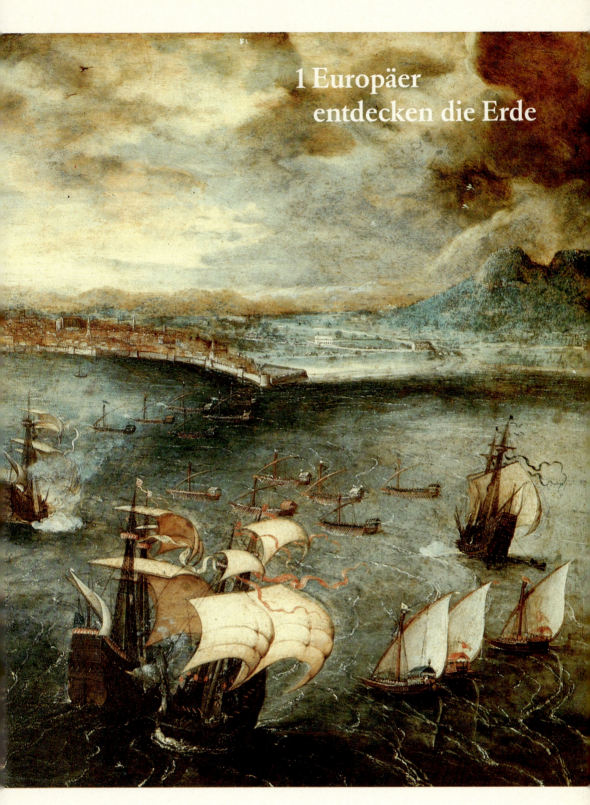

1 Europäer entdecken die Erde

1450   1500   15

Um den Seeweg nach Indien

Im Mittelalter verbrachten die Menschen in Europa ihr Leben zumeist ganz in der engen Welt ihres Dorfes, ihres Klosters oder ihrer Stadt. Kaum einer wusste, was draußen vor sich ging. Aber auch die wenigen, die aus ihrer kleinen Welt herauskamen, wussten Genaueres nur vom westlichen Europa. Erst durch die Kreuzzüge lernten die Europäer die Länder am östlichen Mittelmeer kennen. Den Kreuzfahrern folgten die Kaufleute.

Es waren vor allem Kaufleute aus italienischen Städten, die auf den Märkten am östlichen Mittelmeer handelten und kostbare Güter nach Europa brachten: feine Gewebe aus Seide und Baumwolle, farbenprächtige Teppiche, Gold, Edelsteine und Perlen, Gewürze wie Pfeffer und Zimt, Farben und manche anderen Luxusgüter. Viele dieser Waren kamen bereits von weit her. Arabische Zwischenhändler holten sie mit Kamelkarawanen oder Schiffen auf langen, beschwerlichen Wegen aus den Ländern des *Fernen Ostens:* aus Indien und China, aus Japan und einer großen Inselwelt.

Doch der Handel über die Märkte am östlichen Mittelmeer war mühsam, teuer und unsicher. So suchten die europäischen Kaufleute nach einem direkten Weg zu den begehrten Schätzen „Indiens" – wie sie die Länder des Fernen Ostens zusammenfassend bezeichneten. Man musste – das schienen alle bisher gezeichneten Karten auszuweisen – dabei um Afrika herum und dann nach Osten fahren. Das war freilich nicht so einfach, denn die Seefahrer kannten nur wenige Hilfsmittel, um sich in fremden Gewässern zurechtzufinden. Bisher waren sie zumeist an bekannten Küsten entlanggesegelt und hatten sich an deren Verlauf über den Standort ihres Schiffes orientiert. Jetzt mussten sie in völlig unbekannte Gewässer und Gegenden vorstoßen.

Die Portugiesen waren die ersten, die diesen Vorstoß wagten. An der Westküste Afrikas tasteten sie sich mit ihren Segelschiffen Jahr für Jahr weiter nach Süden vor, immer in der Hoffnung, nun endlich die Durchfahrt nach Osten zu finden. Im Jahre 1488 umsegelte ein portugiesisches Schiff endlich die Südspitze des Kontinents. Hoffnungsvoll nannte der König von Portugal diese Spitze das *Kap der guten Hoffnung,* wie es auch heute noch heißt. Zehn Jahre später bewältigte *Vasco da Gama* den Weg um Afrika herum und ging nach einjähriger Fahrt an der indischen Küste vor Anker. Der Seeweg nach dem Fernen Osten war gefunden!

◁ *Segelschiffe aus der Zeit der Entdeckungen*

Arbeitsvorschlag

Orientiere dich auf der Karte S. 19! Bezeichne den Landweg und den Seeweg zu den Ländern des Fernen Ostens!

Die großen Entdeckungen

Das neue Bild der Erde

Die Erde: eine Scheibe?

So sah das Bild aus, das sich die Menschen im Mittelalter von der Erde machten: Die Erde ist eine flache Scheibe. Sie ist der Mittelpunkt von Gottes Schöpfung, und die Menschen wohnen auf ihr: in Europa die Christen, in Afrika und im fernen Asien die Heiden. Und die Sonne geht über ihnen allen auf; sie erhebt sich im Randmeer des Ostens, wandert über ihnen dahin und versinkt wieder im Randmeer des Westens. Des Nachts aber erleuchten die übrigen Himmelslichter, Mond und Sterne, die riesige Glocke, die über dem Erdreich gewölbt ist. Auch sie haben ihren festen Platz und ziehen ihre bestimmte Bahn.

Arbeitsvorschläge

1. Vergleiche die drei Erdteile auf der Weltkarte unten mit ihrer Darstellung auf deinem Atlas! Welcher Erdteil ist am genauesten wiedergegeben, welcher am ungenauesten?
2. Welche Erdteile und welche anderen großen Teile der Erdmasse fehlen?
3. Es gab allerlei Vorstellungen darüber, wie es am Rande der „Erdscheibe" aussah. Manche glaubten, hier kochte das Meer oder es würde zu Teer, sodass die Schiffe stecken blieben. Andere wiederum meinten, dass sich plötzlich ein Nichts auftäte und die Schiffe hinabstürzten. Wie werden sich solche Vorstellungen auf die Bereitschaft ausgewirkt haben, in unbekannte Gewässer vorzudringen?

Um das Jahr 1450 fertigte der Mönch Andreas Bianco aus Venedig die – hier vereinfachte – Karte der „Erdscheibe" an. Dabei holte er den Rat vieler bedeutender Seefahrer ein. Die Küsten, welche die Seefahrer bis dahin kannten, sind sehr genau wiedergegeben. Wo hat der Mönch „Adam und Eva im Paradies" angesiedelt, wo die „Anbetung der Heiligen Drei Könige"?

Ein alter Holzschnitt mit der Darstellung der „Erdscheibe" und der darüber gewölbten Himmelsglocke. Der Künstler zeigt einen Menschen, der auf der Erde kniet und mit Kopf und Hand das Himmelsgewölbe durchbrochen hat. Ehrfürchtig blickt er auf die Räder dahinter, die – wie die Menschen damals glaubten – Sonne, Mond und Sterne antreiben.

Die Erde: eine Kugel!

Durch vielerlei Betrachtungen der Sonne, des Mondes und der Gestirne kamen immer mehr Gelehrte jedoch zu dem Schluss, dass es doch nicht so sein konnte, wie alle glaubten.

Die Erde, so behaupteten sie, ist gar keine Scheibe, sondern ein großer, mächtiger Ball, eine Kugel! Die Europäer leben auf ihrer einen, die Inder und Chinesen auf ihrer anderen Seite! Man muss *um die Erdkugel herumfahren,* um zu ihnen zu gelangen. Über die Erde stülpt sich also auch keine Himmelsglocke, sondern auf allen Seiten umgibt der Himmel mit Sonne, Mond und Sternen die Erdkugel. Und alle diese Gestirne drehen sich um die ruhende Erde im Mittelpunkt der Welt.

Martin Behaim

1492 fertigte ein Nürnberger Bürger, Martin Behaim, der im Dienst der Portugiesen die Westküste Afrikas mit erforscht hatte, einen „Erdapfel". Es war die erste Darstellung der Erde als Kugel, einen halben Meter im Durchmesser. Auf ihr verzeichnete er alle Länder, Meere und Inseln, von denen die Seefahrer und die Gelehrten wussten. Wir können noch heute diesen ältesten Globus der Welt, der inzwischen fast schwarz und ziemlich unansehnlich geworden ist, im Nürnberger Germanischen Museum bewundern.

Die Erde: nicht der Mittelpunkt der Welt!
Nikolaus Kopernikus

Aber auch dieses neue Weltbild wurde schon bald in Frage gestellt. War die Erdkugel wirklich Mittelpunkt der Welt?

In Preußen, im Gebiet des Deutschen Ritterordens, lebte um 1510 ein gelehrter Domherr, Nikolaus Kopernikus. In jahrelanger Forscherarbeit, in der Beobachtung und Berechnung der Sternenbahnen, fand er heraus, dass die Erde keineswegs der Mittelpunkt der Welt ist, um den sich die Sonne und das ganze Himmelsgewölbe drehen. Es ist gerade umgekehrt: Die Sonne ist das Leben spendende Zentrum, um das sich unsere Erdkugel bewegt, wobei sie sich zugleich jeden Tag einmal um sich selbst dreht. Die Erde ist ein Stern unter den vielen tausend anderen Sternen.

Erde, Merkur, Venus, Mars, Jupiter und Saturn sind Wandelsterne, *Planeten,* die in großen Bahnen die Sonne umkreisen. Und um diese Sonnenwelt herum dehnt sich unermesslich die Welt der übrigen, anscheinend stillstehenden Sterne, der *Fixsterne!*

Das war eine ungeheuerliche, alles umstürzende Entdeckung, die Kopernikus in seinem Buch „Über die Umdrehungen der Himmelskörper" niederschrieb. Die Menschen wollten es nicht glauben, als das Buch 1543, im Jahre seines Todes, erschien. Aber spätere Gelehrte, die dann mit ihren Fernrohren immer gründlicher den Himmelsraum durchforschen konnten, bestätigten seine Lehre: Die Erde ist nicht das Zentrum der Welt, sondern der kleine Bereich der Menschen bildet nur ein winziges Teilchen in einem unvorstellbar weiten Weltall.

Arbeitsvorschläge

1. Auch du kannst dir leicht einen „Erdapfel" herstellen, indem du die Kontinente in Papier ausschneidest und sie auf einen Luftballon klebst. Versuche es einmal!
2. Welches Land liegt Deutschland gegenüber auf der anderen Seite der Erdkugel? Du brauchst einen Globus!
3. Wir sagen auch heute noch: „Die Sonne geht auf." Ist das eigentlich richtig?
4. Versuche, die Entstehung von Tag und Nacht zu erklären!
5. Sage noch einmal mit deinen Worten, wie sich die Menschen im Mittelalter die Welt vorstellten! Schildere genau die zwei Stufen, in denen sich dieses Weltbild veränderte!
6. Zeichne das Weltbild nach Kopernikus und beschrifte die Planetenbahnen mit den deutschen Bezeichnungen!

Der von Martin Behaim hergestellte älteste Globus der Welt in Nürnberg. Daneben die erste Darstellung des Weltbildes von Kopernikus; sie stammt aus seinem Buch, das er in lateinischer Sprache abfasste.

Im Mittelpunkt des Weltalls steht die Sonne („Sol"). Um sie herum ziehen die Planeten ihre Kreisbahnen, in unterschiedlichem Abstand. Die Planeten Merkur und Venus sind ihr am nächsten.

Der Punkt auf dem dritten Kreis soll die Erde („Terra") sein. Sie bewegt sich gemeinsam mit dem Mond („Luna"), der durch einen winzigen Halbmond unter der vierten Kreisbahn angedeutet ist. Weiter von der Sonne entfernt sind die Planeten Mars („Martis") und Jupiter („Jovis"), gefolgt von Saturn („Saturnus"). Der äußere Kreis soll den Bereich der Fixsterne („Stellarum fixarum") darstellen.

Die Entdeckung Amerikas

Christoph Kolumbus

Die Portugiesen suchten den Seeweg nach Indien um Afrika herum ostwärts. Wenn aber die Erde wirklich eine Kugel war, konnte man dann nicht einfach *westwärts* um den Erdball herumfahren, um in die Wunderländer zu gelangen?

1492 unternahm ein wagemutiger Seefahrer aus Genua, *Christoph Kolumbus*, als erster diesen Versuch. Spaniens König hatte ihm drei Schiffe ausgerüstet. Am 3. August lief Kolumbus mit seiner winzigen Flotte aus und hielt den Kurs nach Westen. Er segelte nach Sonne und Sternen, mit dem Kompass und einer „Weltkarte", die mehr Vermutungen als sichere Kenntnisse enthielt.

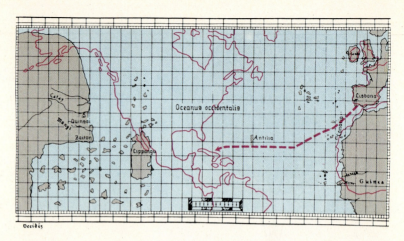

Nach einer Karte wie dieser richtete sich Kolumbus. Rechts die Küstenlinien von Europa und Westafrika, links die vermutete Küste von Asien mit China (Catay), Indien (Mangi) und der Insel Cippangu (Japan). Die rote Linie war auf der Karte nicht verzeichnet; sie gibt den Umriss des Erdteils an, den Kolumbus entdeckte.

Die Entdeckung

Viel länger, als es die Berechnungen ergeben hatten, dauerte die Fahrt – kein Land, keine Spuren von menschlichem Leben. Skorbut, die gefährliche Seefahrerkrankheit, trat unter der Mannschaft auf. Die Matrosen drohten zu meutern. Was am 11./12. Oktober geschah, ist im Schiffstagebuch des Kolumbus festgehalten:

„Die Mannschaft der ‚Niña' [Name eines der drei Schiffe] sichtete Anzeichen nahen Landes und den Ast eines Dornbuschs, der rote Früchte trug. Diese Vorboten versetzten alle in gehobene, frohe Stimmung ...

Um zwei Uhr morgens kam das Land in Sicht, von dem wir etwa 8 Seemeilen entfernt waren. Wir holten alle Segel ein und fuhren nur mit einem Großsegel, ohne Nebensegel. Dann lagen wir bei und warteten bis zum Anbruch des Tages, der ein Freitag war, an welchem wir zu einer Insel gelangten, die in der Indianersprache ‚Guanahani' hieß. Dort erblickten wir allsogleich nackte Eingeborene. Ich begab mich ... an Bord eines mit Waffen versehenen Bootes an Land. Dort entfaltete ich die königliche Flagge.

Unseren Blicken bot sich eine Landschaft dar, die mit grün leuchtenden Bäumen bepflanzt und reich an Gewässern und allerhand Früchten war. Ich rief die beiden Kapitäne und auch all die anderen, die an Land gegangen waren, ferner den Notar ... zu mir und sagte ihnen, durch ihre persönliche Gegenwart als Augenzeugen davon Kenntnis zu nehmen, dass ich im Namen des Königs und der Königin, meiner Gebieter, von der genannten Insel Besitz ergreife ...

Sofort sammelten sich an jener Stelle zahlreiche Eingeborene der Insel an. In der Erkenntnis, dass es sich um Leute handle, die man weit besser durch Liebe als mit dem Schwerte retten und zu unserem heiligen Glauben bekehren könne, gedachte ich, sie mir zu Freunden zu machen, und schenkte also einigen unter ihnen rote Kappen und Halsketten aus Glas und noch andere Kleinigkeiten von geringem Wert, worüber sie sich ungemein erfreut zeigten. Sie wurden so gute Freunde, dass es eine helle Freude war. Sie erreichten schwimmend unsere Schiffe und brachten uns Papageien, Knäuel von Baumwollfäden, lange Wurfspieße und viele andere Dinge noch ...

Einige von ihnen bemalten sich mit grauer Farbe ..., andere wiederum mit roter, weißer oder anderer Farbe; einige bestreichen damit nur ihr Gesicht oder nur die Augengegend oder die Nase, noch andere bemalen ihren ganzen Körper. Sie führen keine Waffen mit sich; sie sind ihnen nicht einmal bekannt. Ich zeigte ihnen die Schwerter, und da sie diese aus Unkenntnis bei der Schneide anfassten, so schnitten sie sich. Sie besitzen keine Art von Eisen. Ihre Spieße sind eine Art Stäbe ohne Eisen, die an der Spitze mit einem Fischzahn oder einem anderen harten Gegenstand versehen sind."

(Nach: Quellen zur Geschichte der Neueren Zeit, Zürich 1965, S. 6–8)

Kolumbus landet auf Haiti und wird von den Eingeborenen mit Geschenken begrüßt. So stellte sich ein Kupferstecher ▷ hundert Jahre später die Entdeckung Amerikas vor. Das Bild unten zeigt die „Santa Maria", die Karavelle des Kolumbus. Dieser Nachbau des Schiffes liegt im Hafen von Barcelona.

*Kolumbus
(um 1446–1506)*

Kolumbus segelte weiter und entdeckte andere, ähnliche Inseln. Er war überzeugt, die Vorinseln des Wunderlandes „Indien" erreicht zu haben, und nannte die Bewohner darum „Indianer". Heute wissen wir, dass er auf einer der Bahama-Inseln erstmals an Land ging und dass die später entdeckten Inseln Kuba und Haiti waren.

Vor Haiti erlitt seine Karavelle, die „Santa Maria", Schiffbruch. Aus den Trümmern des Fahrzeugs ließ er eine Festung anlegen, die er mit 39 ausgewählten Männern besetzte. Es war die erste europäische Siedlung in der neuen Welt. Mit dem Rest der Mannschaft traf er im März 1493 wieder in Spanien ein und wurde mit ungeheurem Jubel empfangen – als der Entdecker des westlichen Seewegs nach „Indien"!

Dreimal noch überquerte Kolumbus den Atlantischen Ozean und erforschte auf gefahrvollen und abenteuerlichen Fahrten andere Inseln, wie Jamaika, und die Nordküste Südamerikas. Als er 1506 starb, wusste er noch immer nicht, dass er einen neuen Erdteil entdeckt hatte.

Arbeitsvorschläge

1. Welches Interesse hatte der spanische König wohl an der Entdeckungsfahrt des Kolumbus?
2. Betrachte die Karte, nach der Kolumbus segelte, genau! Welchen entscheidenden Irrtum des Entdeckers kannst du ablesen?
3. Welchen „Staatsakt" nimmt Kolumbus nach der Landung vor?
4. Kolumbus fühlt sich auch als Sendbote des Christentums. Belege diese Aussage durch die entsprechende Stelle im Quellentext!
5. Welche Unterschiede zwischen den landenden Europäern und den Eingeborenen kannst du bezeichnen?
6. Wie verhielten sich die „Indianer" gegenüber den Spaniern? Betrachte dazu auch die Abbildung!
7. Kannst du ausrechnen, mit welcher Durchschnittsgeschwindigkeit die „Santa Maria" etwa segelte? (27 Tage lag die Flotte auf den Kanarischen Inseln fest, um einen Schiffsschaden zu reparieren.)
8. Zeichne einen Kartenausschnitt von Mittelamerika und markiere alle Gebiete, die Kolumbus entdeckte!
9. Die Inseln zwischen Nord- und Südamerika werden noch heute als „Westindische Inseln" bezeichnet. Begründe bitte!
10. Könnte man wohl sagen: „Die Astronauten sind die Entdecker von heute?"

Amerika

Die Fahrten und Entdeckungen gingen weiter. Andere wagemutige Seeleute und Abenteurer brachen in westlicher Richtung auf. An der Küste des neu entdeckten Landes entlang dehnten sich ihre Reisen.

Bald nachdem die Portugiesen um Afrika herum Indien erreicht hatten, segelten sie noch in östlicher Richtung weiter. 1500 stieß der erste von ihnen nach langer Fahrt durch den großen Ozean auf die Westküste Südamerikas. Immer stärker dämmerte die Erkenntnis, dass dieses von zwei Seiten angefahrene Land gar nicht zu Indien oder China gehörte, sondern ein eigener, bisher unbekannter großer Erdteil war, der zwischen Europa und Ostasien lag. Diese Ansicht wurde von einem italienischen Forscher und Seefahrer, *Amerigo Vespucci*, in einem Buch über die neu entdeckte Welt erstmals veröffentlicht. Nach ihm nannte man den Erdteil „Amerika".

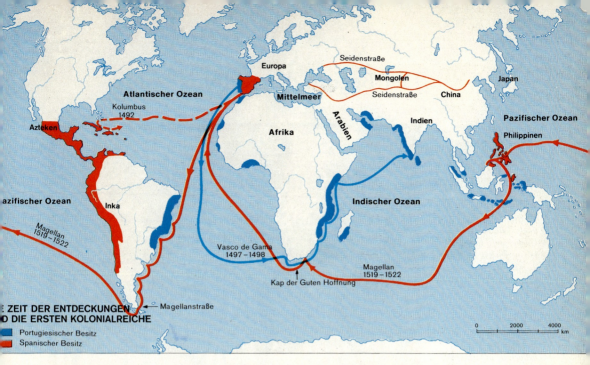

Die Umsegelung der Erde

1519 brach der in spanischen Diensten stehende Portugiese *Fernando Magellan* auf, um auf dem „spanischen" Wege, d. h. westwärts fahrend, nun wirklich nach Ostasien zu gelangen. Immer weiter südwärts ging die Fahrt an der südamerikanischen Ostküste entlang, aus dem Tropengebiet des Äquators hinaus bis zu den schneebedeckten Bergen des „Feuerlandes". Hier endlich fand der Forscher in der später nach ihm benannten Magellanstraße die ersehnte Durchfahrt in das andere große Weltmeer, das er den Pazifischen Ozean nannte. Die Fahrt war frei nach dem Chinesen- und Inderland.

Mit fünf Schiffen und 265 Mann Besatzung war Magellan von Sevilla aus aufgebrochen. 1522, nach 1124 Tagen Abwesenheit, landete ein einziges dieser Schiffe – nunmehr von Südosten kommend – mit 13 Mann Besatzung wieder in der Heimat. Aber Magellan selbst befand sich nicht darunter; er hatte nach einem Kampf mit den Eingeborenen sein Grab auf einer Insel im Pazifischen Ozean gefunden.

Arbeitsvorschläge

1. Hat es Amerigo Vespucci eigentlich „verdient", dass der amerikanische Kontinent nach ihm benannt wurde? Wie könnte Amerika mit größerer Berechtigung heißen?
2. 1124 Tage dauerte die erste Weltumsegelung. Die Seefahrer werden nicht ununterbrochen gesegelt sein. Wodurch könnte sich die Fahrt beispielsweise verzögert haben?
3. Stelle in einer Tabelle die vier wichtigsten Entdeckungsreisen zusammen:

Jahr	Reiseweg	Entdecker
1488	....	Bartholomeo Diaz
1492	....	....
1497–1498	....	....
1519–1522	....	....

Der Beginn der Kolonialpolitik

Ein Vorfahre Montezumas, der Aztekenherrscher Tizoc (1482 bis 1486), hat viele Nachbarstämme unterworfen. In diesem steinernen Relief ist er als siegreicher Feldherr dargestellt, der den Gegner am Haarschopf gepackt hat. Tizoc trägt einen reich verzierten Kopfschmuck mit wallendem Federbusch. Seine Waffen sind Schild und Wurfspeere. Der sich demütig niederbeugende, unterworfene Gegner hat ebenfalls noch seine Waffen in den Händen. Als diese Darstellung entstand, wusste man in Tenochtitlan (Mexiko) noch nichts von spanischen Eroberern.

Die Eroberung Mittel- und Südamerikas

Den Entdeckern folgen die Eroberer

Gegen Ende des Mittelalters hatte Venedig im Handel mit dem Orient die Vormachtstellung in Europa gehabt. Der Weg zu den Schätzen des Fernen Ostens führte durch das östliche Mittelmeer.

Die Forschungsreisen der Portugiesen und die kühne Fahrt des Kolumbus leiteten eine neue Zeit in der Geschichte Europas und der Welt ein. Jetzt ging der Reiseweg in die Länder des Fernen Ostens zum Mittelmeer hinaus und südlich um Afrika herum. Jetzt kannte man außerdem eine „Neue Welt" mit unermesslichen Reichtümern im Westen des Atlantischen Ozeans. Damit erlangten die europäischen Länder an der Atlantikküste die Vormachtstellung: zunächst Portugal und Spanien. Man wollte mit den fernen Ländern jedoch nicht nur handeln – man wollte sie jetzt selbst besitzen!

Den ersten raschen Entdeckungen folgte die Zeit der Besitznahme, der Erschließung der neuen Gebiete – und ihrer Ausplünderung. Den Entdeckern folgten die Eroberer!

Cortez erobert Mexiko (1519–1521). Ein Lebensbild

Im 15. Jahrhundert hatten im heutigen Mexiko die kriegerischen Azteken ein großes Reich gegründet und dabei andere Indianerstämme unterworfen. Hauptstadt dieses Reiches war Tenochtitlan (heute Mexiko-City), das mitten in einem See im Innern des Reiches lag und zu Beginn des 16. Jahrhunderts wohl 300 000 Einwohner hatte. Seit dem Jahre 1502 war Montezuma II. Herrscher dieses Reiches.

Die Ankunft der weißen Götter

Im Frühjahr 1519 brach im Palast des Königs Montezuma große Aufregung aus: Schnellläufer hatten von der Ostküste die Nachricht gebracht, dass weißhäutige Fremdlinge auf großen Wasserhäusern über das Meer gekommen und gelandet waren. Sie brachten riesige vierbeinige Wesen mit, von denen sie pfeilschnell dahingetragen wurden. Sie besaßen Rohre, aus denen sie Blitz und Donner über das Land schickten und so die Bäume des Waldes brachen. Und diese hellfarbigen bärtigen Fremden waren jetzt auf dem Marsch nach Tenochtitlan. Sie wurden begleitet von vielen tausend Kriegern der Uferstämme, gegen die Montezuma und seine Vorfahren Kriege geführt hatten.

Montezuma rief eilends seine Ratgeber zusammen. Was sollte geschehen? Die Meinung im Rat war geteilt. Einige der Krieger rieten zum sofortigen Widerstand gegen die Fremden. Andere sprachen dagegen: Vielleicht waren es Gesandte eines fremden Fürsten jenseits des Wassers. Dann war es ungastlich und ungerecht, ihnen sogleich feindlich entgegenzutreten.

Der Aztekenherrscher entschied sich nach langem Zögern, den Fremden eine Gesandtschaft mit prächtigen Geschenken entgegenzusenden: goldene Helme und Masken, Schmuck und Edelsteine. Gleichzeitig verbot er ihnen jedoch, sich seiner Hauptstadt zu nähern.

Die Inselstadt Tenochtitlan nach einer modernen Rekonstruktion. Die heutige Hauptstadt des Staates Mexiko, Mexiko-City, breitet sich weit über diese einstige Fläche hinaus aus. Dazu wurde um 1900 das Tal durch einen Tunnelbau künstlich entwässert.

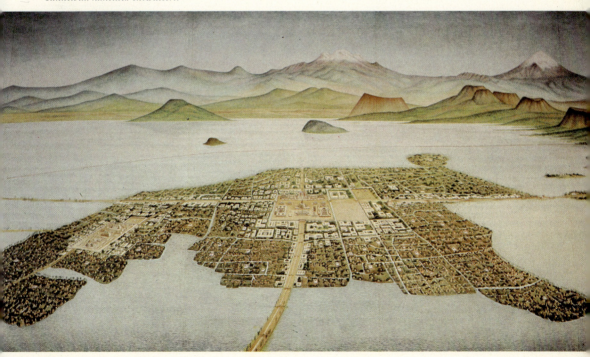

Die Bilder rechts oben zeigen kunstvolle Goldarbeiten der Indianer. Links ist ein Brustschmuck der Azteken abgebildet – der Kopf eines Totengottes mit hohem Kopfputz. Dieses Schmuckstück ist nur 11 cm hoch. Es wurde 1932 als Grabbeigabe entdeckt und gehört heute zu den Schätzen eines Museums in Mexiko-City.

Das rechte Bild zeigt den Griff eines Opfermessers aus dem Inkareich. Auch er ist als Figur eines Gottes gestaltet und mit Türkisen reich besetzt. Der Kopfschmuck soll wahrscheinlich eine solche Federkrone andeuten, wie sie unten abgebildet ist.

Diese Federkrone hat Montezuma 1519 Cortez geschenkt! Es ist ein kostbares Stück, für das etwa 250 heilige Vögel ihr Leben lassen mussten. Sie misst 170 cm in der Breite und ist fast 120 cm hoch. Der Kopfschmuck kam nach Wien und befindet sich noch heute dort.

Die Begegnung mit Montezuma

Die Fremden nahmen die Geschenke, aber sie rückten weiter auf die Stadt zu. Montezumas Zweifel und Sorgen wuchsen. Nach einer alten Sage hatte es in Mexiko vor vielen Jahren einen Gott mit heller Gesichtsfarbe und mit langem Bart gegeben. Er hatte den Mais eingeführt und den Menschen nur Segen gebracht. Dann aber war er nach Osten gewandert und über das Meer davongezogen. Doch die Priester hatten seine Wiederkehr vorausgesagt. Waren die Fremden Sendboten dieses Gottes? So musste es sein! Wie konnten sie sonst seinen Befehlen trotzen?

Am 8. November 1519 rückten die Weißhäute in Tenochtitlan ein, über einen der vier Steindämme, die vom Lande aus zur Hauptstadt führten. Montezuma empfing sie am Ende des langen Dammes. Seinen Kopf schmückte eine breite grüne Federkrone, verziert mit herrlichen Perlen und Edelsteinen. Er begrüßte die Ankömmlinge höflich und wies ihnen einen weiträumigen Palast als Quartier an. Noch immer wusste er nicht, wie er sich ihnen gegenüber verhalten sollte.

Begegnung zwischen Cortez und Montezuma. Hinter Cortez steht die indianische Dolmetscherin Marina, die Cortez von Kuba mitbrachte. Montezuma wird von aztekischen Häuptlingen begleitet.

Wer waren diese merkwürdigen Fremden nun wirklich? Keine „weißen Götter", sondern ein spanischer Adliger, Fernando Cortez mit Namen, und seine Streitmacht. Auf mannigfache Weise hatte er von dem Goldland Montezumas erfahren und daraufhin Soldaten und Seefahrer angeworben. Mit 600 Männern, 16 Pferden und 14 Kanonen war er aufgebrochen. Nun saß er in der Hauptstadt, und sein ganzes Denken kreiste nur um die eine Frage: Wie kann ich dieses goldreiche Aztekenland unter meine Herrschaft bringen?

Cortez in Tenochtitlan

Staunend sahen die Spanier das Leben in der mexikanischen Hauptstadt: Straßen und Plätze waren von vorbildlicher Sauberkeit. Inselgärten trugen die herrlichsten Früchte, Gemüse und Blumen. Großartige Tempel und Paläste drängten sich in einem Stadtteil. Täglich badete dieser Montezuma, und mehrmals am Tag wechselte er seine Kleider. Niemals legte er ein Gewand zum zweiten Male an, es wurde sofort an die Umgebung verschenkt.

Erlesenste Gerichte bedeckten seinen Esstisch – und sein Lieblingstrank war ein brauner, süßer Saft, den man „Chocolatl" nannte. Er wurde aus den Früchten des Kakaobaumes hergestellt. Nach den Mahlzeiten sog der Herrscher aus seiner reichverzierten Pfeife den Rauch eines brennenden, betäubenden Krautes ein, des „Tobaco".

Nein, dieser Fürst war kein „Wilder", ohne Lebensart und Kultur, und sein Land war keine Wildnis, von ungebildeten Eingeborenen bevölkert, wie die Spanier es sich am Anfang vorgestellt hatten. Dieses Reich war kultiviert und gepflegt wie die Reiche Europas, auch wenn sie hierzulande noch keine Feuerrohre, stählernen Waffen und Pferde kannten – und keine christliche Religion!

Aber der Götzendienst der Azteken erschien ihnen geradezu teuflisch: Gefangene legten sie über den Opferstein, öffneten mit einem steinernen Messer die Brust und rissen ihnen das zuckende Herz heraus.

So, glaubten sie, ihren blutdürstigen Göttern lebendige Kraft geben zu können. Voller Grauen hatte Cortez bei einem Besuch des Heidentempels auf einer Stufenpyramide diese Schlachtstätte erblickt. Schaudernd hatte einer seiner Soldaten die vielen gebleichten Menschenschädel zu zählen versucht, die auf einem weiträumigen Holzgerüst zur Schau gestellt waren.

Bild oben: Fernando Cortez (1485–1547), in einer mexikanischen Bilderhandschrift aus der Zeit um 1560 dargestellt.

Bild rechts: Um 1200 stellte ein Zeichner diese grausame Opferszene dar. Ein Gefangener liegt über dem Opferstein. Der Opferpriester hat mit einem Steinmesser die so herausgewölbte Brust geöffnet und schneidet das Herz heraus.

Stufenpyramiden der Azteken, hier im Tempelbezirk von Teotihuacan, 50 km nördlich von Tenochtitlan gelegen. Ähnlich wie diese Bauten wird auch die Stufenpyramide in Tenochtitlan ausgesehen haben.

Montezuma: Gefangener der Spanier

Wochen um Wochen saßen die Spanier in der Hauptstadt, ohne dass Cortez seinem Ziel näher gekommen war. Montezuma überhäufte ihn mit Geschenken aus Gold und Edelsteinen, aber umso mehr wuchs nur seine Gier.

Schließlich schien ihm der richtige Zeitpunkt zum Handeln gekommen. Mit einigen seiner Männer machte er sich auf zum Palast des Herrschers. Die Wachen wagten nicht, ihm entgegenzutreten; sie fürchteten sich vor den weißen Göttern und ihren Feuerrohren. Als die Spanier den Palast wieder verließen, führten sie in ihrer Mitte Montezuma mit sich. Es war unbegreiflich für die kriegerischen, stolzen Azteken, als sie erlebten, dass ihr verehrter Herrscher in das Quartier der Fremden umzog und alle Gegenwehr mit den Worten verbot, es sei sein eigener freier Entschluss, die weißen Götter dadurch zu ehren, dass er nunmehr die Wohnung mit ihnen teile.

Da der Herrscher der Azteken nun in Cortez' Hand war, konnte er ihn zu immer neuen Zugeständnissen erpressen. Es gab Unruhen im Land. Auf Cortez' Befehl ließ Montezuma die dafür verantwortlichen Häuptlinge und Fürsten in die Hauptstadt kommen und lieferte sie den Spaniern aus. Aus dem ganzen Lande wurden nunmehr die Schätze des Reiches als Tribut für die weißen Götter zusammengebracht – ein ungeheurer, nie gesehener Reichtum! Eilig ließ Cortez die Fülle der Schmucksachen, wertvollste Kunstwerke der mexikanischen Handwerkerkunst, zusammenstampfen, einschmelzen, zu Goldbarren gießen und mit dem Wappen Spaniens siegeln.

Den Höhepunkt der Macht über die Hauptstadt erreichte er, als er Montezuma zwang, an der Stelle des Tempels auf der Stufenpyramide eine christliche Kirche zuzulassen. Die Götzenbilder wurden die Pyramidenstufen hinabgeworfen, die blutigen Reste der Menschenopfer entfernt und das Kreuz sowie ein Marienbild aufgestellt. In feierlicher Prozession zogen die Spanier die 114 Stufen der Pyramide hinauf, um ihrem Gotte Lob und Dank zu sagen.

Der Aufstand der Azteken

Fast schien Cortez' waghalsiges Spiel gelungen, er schien der eigentliche Herr Mexikos zu sein. Doch da begingen die Spanier eine besonders üble Tat: Alljährlich im Mai fand ein Fest zu Ehren des Kriegsgottes statt. Wohl 600 der vornehmsten Azteken, fast alle Häuptlinge und Edlen des Reiches, waren zu diesem Fest in die Hauptstadt gekommen und hatten sich im Hof einer Götterpyramide versammelt. Auf ein Zeichen hin stürzten sich die Spanier auf die Festgemeinde, metzelten die Waffenlosen, Eingeschlossenen nieder und schleppten Kleider und Schmuck als Beute in ihren Palast.

Ein mexikanischer Künstler hat die Eroberung Mexikos in einer Bilderfolge festgehalten, hier den Angriff der Azteken auf die in ihrem Palast eingeschlossenen Spanier. Sie schleudern Wurfspeere in den Palast, der an einigen Stellen schon brennt. Die Spanier wehren sich durch Ausfälle auf ihren Pferden und durch Einsatz ihrer Kanonen. Montezuma (oben links) spricht von der Mauer des Palastes beruhigende Worte, wird aber mit Steinen beworfen.

Seit dieser Untat erhoben sich die Azteken gegen die Fremden. Tausende von aufgebrachten Kriegern belagerten mit durchdringendem Kriegsgeschrei ihren Palast, warfen Brände, schleuderten Pfeile und Speere. Die Spanier saßen in einer Falle. Als Cortez den gefangenen Montezuma zwang, von der Palastmauer aus sein Volk zum Gehorsam aufzufordern, schleuderten sie Steine und Speere auch gegen ihren Herrscher. Er wurde an der Stirn getroffen und starb wenig später.

Die Eroberer waren in einer verzweifelten Lage. In einer der folgenden Nächte setzte Cortez alles aufs Spiel und wagte mit seiner Streitmacht den Ausfall aus der Stadt über einen der Dämme hinweg. Es wurde ein fürchterlicher Rückzug. Von allen Seiten drängten Aztekenkrieger heran, viele tausend Mann. Mit Booten ruderten sie auf die Flüchtenden zu, zerrten sie in die Tiefe, sperrten den Damm. Zwar erreichten die Spanier das Festland, aber es war nur noch ein jämmerlicher Haufen: 500 Soldaten hatte Cortez verloren, dazu die meisten seiner indianischen Hilfstruppen, fast sämtliche Feuerwaffen und den größten Teil seiner Beute. In vielen weiteren Kämpfen konnte er sich schließlich zur rettenden Küste durchschlagen.

Die endgültige Eroberung

Cortez hatte Glück. An der Küste fand er Verstärkung vor, neue Geschütze, neue Pferde. Die Indianerstämme des Küstenlandes unterstützten ihn auch weiterhin, da sie sich mit Hilfe der Weißen von den übermächtigen Azteken befreien wollten. Mit einem frischen Heer zog er 1521 erneut vor die Hauptstadt Tenochtitlan. Doch dieses Mal belagerte er die Inselstadt. Tenochtitlan wurde vom Festland abgeschnitten und dabei auch die Wasser- und Lebensmittelzufuhr blockiert. Bald brachen Seuchen aus, Hunger und Durst zermürbten die Hunderttausende, die auf ihrer Insel zusammengedrängt waren. Dann plünderte und zerstörte er ein Gebäude nach dem anderen, bis sich schließlich die erschöpften Verteidiger ergaben. In der spanischen Stadt, die er an dieser Stelle erbauen ließ, war kaum noch ein indianisches Bauwerk erhalten.

Das eroberte Gebiet wurde eine spanische Kolonie – ebenso wie das Land der Küstenstämme, die Cortez geholfen hatten. Der erste Statthalter hieß Cortez.

Dieses Bild zeigt die endgültige Eroberung der Stadt. Über einen der Dämme dringen die Angreifer vor, an der Spitze Indianer der verbündeten Küstenstämme. Schon haben sie ein Verteidigungsgerüst überwunden, auf dem der Kopf eines geopferten Gefangenen befestigt ist. – Auf der unteren Seite des Dammes rudern aztekische Boote auf die Angreifer zu, auf der oberen greift ein spanisches Schiff an.

Arbeitsvorschläge

1. Cortez wendet bei seinen Zügen gegen Tenochtitlan unterschiedliche Methoden an, um die Stadt in seine Gewalt zu bringen. Welche?
2. Wie beurteilst du Montezumas Verhalten? Nenne mögliche Gründe dafür!
3. Stelle zusammen: Waffen der Spanier – Waffen der Azteken! Beachte dazu auch die Abbildungen!
4. Mit dem vorstehenden Lebensbild haben die Verfasser dieses Geschichtsbuchs versucht, die Eroberung Mexikos auch aus der Sichtweise der Betroffenen darzustellen. – Arbeite das Lebensbild noch einmal unter der Fragestellung durch, welche Abschnitte diese Sicht wiedergeben, welche die des Cortez!
5. Die Eroberer fanden in Mexiko bereits eine hohe Kultur vor. Nenne Beispiele! Betrachte dazu bitte auch die auf S. 23 abgebildeten Kunstgegenstände!
6. Vergleiche Tenochtitlan mit einer europäischen Stadt dieser Zeit!
7. Begründe bitte, warum gerade Portugal und Spanien eine Vormachtstellung im mittel- und südamerikanischen Raum einnehmen konnten!
8. Welche Seegebiete verloren in der Zeit der Entdeckungen wohl an Bedeutung?

Die Folgen der Eroberungen

Die Eroberung Mexikos und die Vernichtung der aztekischen Kultur ist nur ein Glied in der Kette von Eroberungszügen, mit denen die Europäer nunmehr die neu entdeckte Welt in ihren Besitz brachten. So folgte 1532 der Eroberungszug eines anderen Spaniers mit dem Namen *Pizarro* nach *Peru*. Er vernichtete das „Sonnenreich" der Inkas, und es ist eine ähnlich grausame Geschichte wie die Eroberung von Mexiko. Die Portugiesen eigneten sich vor allem in Indien und der vorgelagerten, gewürzreichen Inselwelt große Besitzungen an.

Die Kolonien

Die unterworfenen Gebiete außerhalb Europas wurden *Kolonien* genannt. Sie bildeten Anhängsel der europäischen Mutterländer und wurden von ihnen ausgebeutet. Sie standen in völliger Abhängigkeit.

Mit den Eroberungszügen begann die große Aufteilung der Erde unter die Völker Europas. Im 16. Jahrhundert bildeten sich zunächst die großen Kolonialreiche Portugals und Spaniens heraus. Später folgten die Kolonialreiche der Niederlande, Englands und Frankreichs. Es begann das Ringen der europäischen Staaten um die koloniale Vorherrschaft in der Welt.

Das Schicksal der Eingeborenen

Der Mönch *Bartolomeo de Las Casas* (1474–1566) war einige Zeit Bischof in Mexiko. Er berichtete 1542 über das Schicksal der Indianer in den neuen spanischen Kolonien:

> „Über diese sanftmütigen Menschen kamen die Spanier, und zwar vom ersten Augenblick, wo sie sie kennen lernten, wie grausame Wölfe, Tiger und Löwen, die man tagelang hat hungern lassen. Sie haben in diesen vierzig Jahren nichts anderes getan und tun auch heute nichts anderes als zerreißen, töten, ängstigen, quälen, foltern und vernichten … Und das alles in solchem Maße, dass auf der Insel Haiti von drei Millionen Seelen heute keine 200 Eingeborenen mehr da sind … Ich wage zu erklären, dass in der Zeit jener vierzig Jahre, da die Spanier in diesen Ländern ihre Schreckensherrschaft ausübten, mehr als zwölf Millionen Menschen unbillig ausgerottet worden sind."

(Nach: Geschichte in Quellen III, München 1966, S. 89)

Was war geschehen? Die Eroberer in Amerika hatten die Eingeborenen zusammengetrieben und unter schlimmsten Bedingungen zur Sklavenarbeit gezwungen. Sie mussten neue Städte errichten und in den Bergwerken Silbererz abbauen, bis sie umkamen. Vor allem starben auch Hunderttausende an den unbekannten Krankheiten, welche die Europäer mitbrachten, zum Beispiel Pocken und Pest.

Eingeborene werden von den Spaniern gezwungen, geraubte Schätze fortzuschaffen. Welche Handlungsweisen der Spanier kannst du im Einzelnen bezeichnen?
Viele solcher Kostbarkeiten wie der vorn abgebildete Brustschmuck mögen auf diese Weise nach Europa gekommen und eingeschmolzen worden sein!

Zuckerrohr. Die Pflanzen wurden bis zu 6 m hoch. Ihre Ernte war härteste Arbeit.

Auf Las Casas Betreiben wurden die „Neuen Gesetze" erlassen, Vorschriften für menschlichere Behandlung der Eingeborenen in den spanischen Kolonien. Freiheit und Recht sollten allen Bewohnern sicher sein – in Wirklichkeit aber blieb fast alles beim Alten.

Nach und nach kamen immer mehr Spanier und Portugiesen in die neuen Gebiete. In den fast menschenleeren Räumen legten sie große landwirtschaftliche Betriebe („Plantagen") an. Hier produzierten sie für den Verkauf in Europa die neuen „Kolonialwaren": Zucker vor allem (durch Anbau von Zuckerrohr), aber auch Kaffee, Tabak und Kakao. Um den Mangel an Arbeitskräften zu beseitigen, gingen sie dazu über, Negersklaven aus Afrika in das Land zu holen. Damit begann eines der schlimmsten Kapitel in der Geschichte der Neuzeit: die Negersklaverei.

Arbeitsvorschläge

1. Stelle bitte im Einzelnen heraus, was die Eroberung durch die Europäer für die Eingeborenen bedeutete!
2. Vergleiche: Was wollte Cortez, was wollte Las Casas in der „Neuen Welt"?
3. Stelle nach der Karte auf S. 19 in einer Tabelle die Gebiete zusammen, die a) zum spanischen, b) zum portugiesischen Kolonialreich gehörten!
4. Amerikanische Geschichtsforscher haben die Bevölkerungsentwicklung einer mexikanischen Provinz untersucht und sind zu den folgenden Ergebnissen gekommen. Vergleiche sie mit den Aussagen des Bischofs Las Casas!

Einwohnerzahlen der Provinz Mixteca Alta (geschätzt)						
1520	1532	1569	1580	1660	1742	1803
700 000	528 000	100 000	57 000	30 000	54 000	76 000
Nach: Die Entdeckung und Eroberung der Welt (Band 1), München 1980						

5. Welche Staaten gibt es heute in Süd- und Mittelamerika? Liste sie bitte nach deinem Atlas auf! Welcher südamerikanische Staat erinnert noch an Kolumbus?
6. Informiere dich über das moderne Mexiko! Wie ist die Lage der Indianer heute in Mexiko, wie allgemein in Mittel- und Südamerika? Welche Rolle spielt dort heute die Kirche? – Sammle Bilder aus dem heutigen Mittel- und Südamerika und hefte sie an die Stecktafel!

Afrika und der Sklavenexport nach Amerika

Europäer und Afrikaner

Auch die Afrikaner waren von den Europäern „entdeckt" worden, als die Portugiesen sich an der Küste des Kontinents immer weiter vorgetastet hatten. Auch hier war es zu Begegnungen zwischen Eingeborenen und Weißen gekommen, wie wir sie von den Berichten des Kolumbus und von der Eroberung Mexikos kennen. Auch hier hatten die Menschen keineswegs darauf gewartet, von den Europäern „entdeckt" zu werden.

Das Auftauchen der Weißen an der afrikanischen Westküste (im Gebiet des heutigen Angola) haben ein Afrikaner und ein Portugiese unterschiedlich beschrieben.

Das Auftauchen der Europäer in Afrika

aus afrikanischer Sicht:

Unsere Väter lebten behaglich in der Lualaba-Ebene. Sie hatten Vieh und Ackerfrüchte; sie hatten Salzbecken und Bananenbäume. Plötzlich erblickten sie ein großes Schiff auf der See. Es hatte weiße Segel, die wie Messer blitzten. Weiße Männer kamen aus dem Wasser, die sprachen in einer Weise, die niemand verstand. Unsere Ahnen fürchteten sich, sie sagten, das seien Vumbi: Geister, die zur Erde zurückkämen. Sie trieben sie mit Pfeilschauern in die See zurück. Aber die Vumbi spien mit Donnergetöse Feuer. Sehr viele Menschen wurden getötet … Unsere Väter verließen die Lualaba-Ebene … Sie zogen sich zum Fluss Lukala zurück. Andere blieben nahe der See.

Das große Schiff kam zurück, und wieder erschienen weiße Männer. Sie fragten nach Hühnern und Eiern; sie gaben Kleider und Perlen.

Wieder kamen die Weißen zurück. Sie brachten Mais und Maniok[1], Messer und Beile, Erdnüsse und Tabak. Von dieser Zeit bis heute haben die Weißen uns nichts als Krieg und Elend gebracht.

aus portugiesischer Sicht:

Diese Neger, Männer und Frauen, liefen zusammen, um mich zu sehen, als ob ich eine Wundererscheinung gewesen wäre. Es schien für sie eine neue Erfahrung zu sein, einen Christenmenschen zu sehen. Sie wunderten sich nicht weniger über meine Bekleidung als über meine weiße Haut. Meine Kleider waren nach spanischer Mode angefertigt: ein Wams aus schwarzem Damast mit einem kurzen Mantel aus grauer Wolle darüber. Sie untersuchten den Wollstoff, der ihnen neu war, wie auch das Wams mit der größten Verwunderung; einige berührten meine Hände und Gliedmaßen und rieben daran mit Speichel, um herauszufinden, ob das Weiß natürlich oder gefärbt sei. Als sie sahen, dass es sich um die natürliche Hautfarbe handelte, waren sie über alle Maßen erstaunt.

[1] Pflanze, aus deren Knolle ein Speisemehl gewonnen wird

(Nach: Die Entdeckung und Eroberung der Welt, Band I, München 1980, S. 188 f.)

Arbeitsvorschläge

1. Lies noch einmal auf S. 12 über die Vorstöße der Portugiesen entlang der afrikanischen Westküste nach! Bestimme auf der Karte S. 19 die ungefähre Lage des heutigen Angola!
2. Wir sprechen von „Entdeckern" und „Entdeckungen". Aus wessen Sichtweise sind diese Bezeichnungen nur zu verstehen?
3. Arbeite die Beschreibung des Auftauchens der Portugiesen aus afrikanischer Sicht durch:
   a) Wie und wovon lebten die „Väter"? Wie kann man ihre Lebensweise bezeichnen?
   b) Wie läuft die Begegnung mit den Europäern wohl im Einzelnen ab?
   c) Welche mit den unbekannten Wesen verbundenen Erscheinungen wirken besonders unbegreiflich? Wie deuten die Eingeborenen die unbekannten Wesen?
   d) Welche Folgen hat die Begegnung für die „Väter"?
   e) Wie entwickeln sich offenbar die weiteren Beziehungen? Welche Güter werden zunächst getauscht?
   f) Welche Güter und Nahrungsmittel werden durch die Weißen bekannt?
   g) Welche Kennzeichnung der Ankommenden scheint dir aus dieser afrikanischen Sicht am treffendsten: „Interessante Gäste", „Ungebetene Eindringlinge", „Gefährliche Feinde"?
4. Untersuche nun die Sicht des portugiesischen Seefahrers:
   a) Verläuft die erste Begegnung mit den Eingeborenen friedlich oder kriegerisch?
   b) Wie sieht sich der Portugiese gedeutet?
   c) Was erregt die besondere Aufmerksamkeit der Eingeborenen?
   d) Welche Kennzeichnung der Eingeborenen scheint dir aus dieser europäischen Sicht am treffendsten: „Neugierige Kinder", „Gefährliche Wilde", „Billige Arbeitskräfte"?
5. Vergleiche schließlich das Verhalten der Eingeborenen nach dem Bericht des Kolumbus, nach dem Bericht der Eroberung Mexikos und nach diesen beiden Darstellungen! Wo finden sich Gemeinsamkeiten, wo Unterschiede?

Kunstwerke wie der Kopf eines Königs aus dem 13. Jahrhundert sind Zeugnisse der Kultur in Westafrika vor dem Auftauchen der Europäer (Bild links). Das rechte Bild zeigt einen portugiesischen Afrikafahrer, wie ihn Eingeborene im 16. Jahrhundert dargestellt haben, vielleicht einen Sklavenhändler.

Ein Land von Wilden?

Vor dem Auftauchen der Europäer lebten viele der Afrikaner als Ackerbauern und Viehzüchter, als Sammler und Jäger. Aber es gab auch afrikanische Reiche mit großen Städten und ausgebauten Straßen. Der arabische Reisende Ibn Battuta besuchte in den Jahren 1352/53 das westafrikanische Königreich Mali (am Oberlauf des Niger) von der Mittelmeerküste aus. Seine Erfahrungen und Erlebnisse beschrieb er in einem Bericht.

Das westafrikanische Königreich Mali im 14. Jahrhundert

Zwei Monate lang zogen wir mit unseren Kamelen durch die endlose Wüste, nur gelegentlich einen Aufenthalt einlegend. Schließlich erreichten wir die Stadt und das Land Mali.

Es ist eines der größten Reiche der Erde. Sultan Kankan Musa, ein tapferer und kluger Herrscher, hat sein Land durch Feldzüge und Weisheit ausgedehnt und seinen Untertanen zu Reichtum verholfen. Er unterhielt ständige Beziehungen zu Ägypten und schickte jährlich 12 000 Kamele von Mali nach Kairo. Mit dem edlen und berühmten Sultan von Marokko, Abu al-Hassan, pflegte er freundschaftliche Verbindungen.

Als ich in die Hauptstadt kam, herrschte dort der zweite Sohn Kankan Musas, Suleyman. Er ist ein weiser und großer Herrscher und erlaubte mir, bei ihm zur Audienz zu erscheinen. Als er mich empfing, saß Sultan Suleyman auf einem Thron, mit einem roten Gewand aus den Ländern der Christen bekleidet, und ließ sich mit einem großen Schirm, auf dessen Spitze ein Vogel aus reinem Gold befestigt war, vor der Sonne schützen. Er ist ein strenger, aber gerechter Herrscher.

Die Neger von Mali haben mehr als alle anderen Abscheu vor Ungerechtigkeit. So ist der Sultan unerbittlich, wenn sich jemand eines Vergehens der Ungerechtigkeit schuldig macht.

Als ich zum Empfang beim Sultan war, traten Tänzer auf, die vor dem Gesicht abscheuliche Masken trugen, die mit bunten Federn geschmückt waren und vorne in einem hässlichen roten Schnabel endeten. Sie tanzten vor Sultan Suleyman und sprachen eigenartige Verse.

Das Land hat viele und fruchtbare Felder. Die Menschen treiben Handel; denn von überall kommen Karawanen hierher. Die Bewohner leben einfach; ihre Hauptmahlzeit ist ein mit saurer Milch verdünnter und mit Honig gesüßter Hirsebrei.

In diesem Land fühlt man sich vollkommen sicher. Weder die Eingeborenen noch die Reisenden haben Überfälle oder Gewalttaten zu befürchten. Der Reisende kann immer gewiss sein, Nahrung kaufen zu können und eine gute Unterkunft für die Nacht zu finden.

(Gekürzt nach: Ibn Battuta, Reisen ans Ende der Welt, Tübingen 1974, S. 298–300)

Arbeitsvorschläge

1. Wie ist die Lebensweise der Bewohner? Mit welchen Staaten wird Handel getrieben? Welche Vorsorge für reibungslosen Güteraustausch ist offenbar getroffen?
2. Wie kann man das Auftreten und Verhalten des Herrschers kennzeichnen? Mit welchen Worten würdest du diesen Staat insgesamt beschreiben?

Die Negersklaverei

Bereits im 16. Jahrhundert begannen europäische Afrikafahrer ein neues „Geschäft". Sie fuhren zur afrikanischen Westküste und fingen oder kauften hier Sklaven ein, die sie nach Amerika brachten und mit großem Gewinn verkauften. Von der Peitsche getrieben, mussten sie in den Bergwerken und Werkstätten, auf den Gütern und Zuckerrohrplantagen härteste Arbeit leisten. „Es ist in höchstem Maße verdammungswürdig, dass man die Neger an der Küste Afrikas wie Wild einfängt, sie in Schiffe pfercht, nach Indien verfrachtet und dort mit ihnen so umgeht, wie es täglich und stündlich geschieht", schrieb jetzt Las Casas. Die meisten von ihnen starben schon nach kurzer Zeit.

Bis weit ins 19. Jahrhundert hinein dauerte der schändliche Sklavenhandel. Er zerstörte die alten Kulturen und entvölkerte weite Teile Afrikas. Für Millionen Afrikaner bedeutete er kaum vorstellbare Leiden.

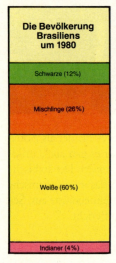

Die Bevölkerung Brasiliens um 1980
- Schwarze (12%)
- Mischlinge (26%)
- Weiße (60%)
- Indianer (4%)

Arbeitsvorschläge

1. Du hast schon in früheren Zeiten der Geschichte etwas über Sklaven gehört. In welchem Zusammenhang?
2. Wer hatte Interesse und Gewinn am Sklavenhandel?
3. Fertige eine Niederschrift über den Dreieckshandel!
4. Beschreibe mit deinen Worten das nebenstehende Schaubild! Wie hat sich die Zusammensetzung der Bevölkerung im heutigen Brasilien seit der Eroberung durch die Europäer verändert?
5. Welche Erdteile gehören zur „Alten Welt", welche wohl zur „Neuen Welt"?
6. Stelle zusammen: Was die Europäer im 16. Jahrhundert von der Erde kannten!

Sklaventransport an der afrikanischen Küste. – Mehrere Jahrhunderte lang legten die Europäer auf dem afrikanischen Kontinent nur Küstenstützpunkte an, vor allem aus klimatischen Gründen. Von diesen Stützpunkten aus betrieben sie den Fang oder den Einkauf der Sklaven von einheimischen Zwischenhändlern. Manchmal handelten sie auch Gold und Elfenbein ein. Bezahlt wurde mit Waren, die sie aus Europa mitbrachten (vgl. die Karte rechts). – Beschreibe bitte Einzelheiten der Bilddarstellung!

Das Innere eines Sklavenschiffes (Modell). Während der Überfahrt nach Amerika lagen die Schwarzen eng zusammengepfercht auf mehreren niedrigen Decks im Bauch des Schiffes. Oft starb jeder zweite von ihnen bereits unterwegs.

Das „Geschäft" der europäischen Sklavenhändler bestand in dem „Dreieckshandel", den sie nun betrieben und der aus der nebenstehenden Karte ersichtlich ist. Insgesamt wurden zwischen 1500 und 1870 mehr als zehn Millionen Negersklaven nach Amerika und Europa verschleppt. Etwa die gleiche Anzahl dürfte auf dem Transport umgekommen sein.

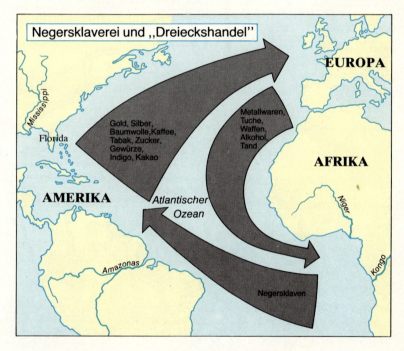

Wir merken uns

Am Ausgang des Mittelalters wurde das alte Weltbild von der Erde als Scheibe durch das neue Weltbild von der Erde als Kugel verdrängt. Auf der Suche nach einem Westweg nach Indien entdeckte Kolumbus 1492 Amerika. Dem Entdecker folgten hier wie anderswo die Eroberer. Zu ihnen gehörte Cortez in Mexiko (1521).

Die unterworfenen Gebiete wurden zu Kolonien der Eroberer und von diesen ausgebeutet. Die Kolonialreiche Spaniens und Portugals standen am Anfang der europäischen Ausbreitung über die Erde.

Die Negersklaverei ließ weite Landstriche Afrikas veröden. Sie ist ein schändliches Kapitel europäischer Geschichte.

2 Die frühe Neuzeit in Europa

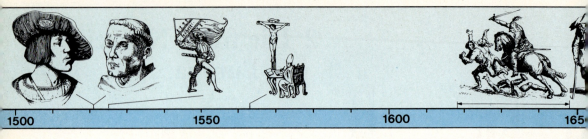

Vom Wandel der Zeit

Unmerklich verändert sich vieles im Lauf der Geschichte. Erst dem rückschauenden Betrachter, der aus dem Abstand heraus die Jahrzehnte und Jahrhunderte übersieht, wird plötzlich klar: Wie ganz anders ist es doch heute als vor 100 oder 200 Jahren! Wie anders sind wir als unsere Eltern und Voreltern! Aber wann hat sich eigentlich diese Veränderung vollzogen? Wo liegen die Grenzen der Zeiten? Keine bestimmte Jahreszahl trennt das „Altertum" vom „Mittelalter" und das „Mittelalter" von der „Neuzeit", und doch sind sie so gänzlich voneinander verschieden!

Noch bestand, als Kolumbus westwärts segelte und dabei Amerika entdeckte, im Abendland das „Heilige Römische Reich Deutscher Nation". Aber wie anders sah es doch jetzt in ihm aus als etwa zu Barbarossas Zeiten! Fast alles hatte sich gewandelt. Die Zeit des Rittertums war allmählich dahingegangen. Viele der einstmals so stolzen adligen Herren waren verarmt und zu Raubrittern und Strauchdieben geworden. Das Städtewesen war dafür mächtig emporgekommen, und die Bürger bestimmten jetzt – neben den Fürsten – mit ihrem Geld und Handel am stärksten das Bild der neuen Zeit.

> „So jemand lieset alle Chroniken, so findet er von Christi Geburt an nichts Gleiches ... Solch Bauen und Pflanzen ist nicht gewesen in aller Welt. Wer hat auch je solch Kaufmannschaft gesehen, die jetzt um die Welt fährt. So sind aufgestiegen allerlei Künste wie Malen und Kupferstechen, dass es seit Christi Geburt nicht desgleichen hat. Dazu sind jetzt so scharfverständige Leut, die nichts verborgen lassen ..."

So schrieb um 1520 ein deutscher Mönch und Professor der Universität Wittenberg, *Martin Luther*. Wie Luther hatten um 1500 viele Menschen das Empfinden, am Beginn einer „neuen Zeit" zu stehen. Bis heute bezeichnen wir die Zeit seit 1500 als die *Neuzeit*.

Arbeitsvorschlag

Du kannst auch für deine Familie eine Zeitleiste anlegen. Du zeichnest etwa die Jahre seit 1900 auf und heftest dazu die einzelnen Fotos: die Kinderbilder deiner Urgroßeltern, Großeltern und Eltern, die späteren Bilder, deine eigenen und die der Geschwister. Du vermerkst daran die einzelnen Lebensdaten: Geburt, Schulbesuch, Hochzeit, Wechsel des Wohnortes und so fort – und du begreifst am Beispiel deiner Familie den *Wandel der Zeit*.

◁ *Die Belagerung Magdeburgs während des Dreißigjährigen Krieges 1631 (vgl. S. 73/74)*

Zeichen einer neuen Zeit

Pulvergeschütz

Lunte

Erfindungen und Neuerungen

Erfindungen leiten die Neuzeit ein

Gegen Ende des Mittelalters begannen die Menschen stärker als bisher, die Natur zu erforschen und Experimente durchzuführen. Ihre Erfindungen wurden – wie die großen Entdeckungen – eine Grundlage der neuen Zeit.

Hier ist eine Liste der wichtigsten Erfindungen:

Um 1200 die erste Magnetnadel als Wegweiser auf See (1269 Kompass);	um 1405 die Kunst des Strickens;
um 1220 die erste datierte Windmühle in Deutschland (in Köln);	1423 der älteste datierte Holzschnitt;
1298 das erste Spinnrad (in Speyer);	um 1445 der erste europäische Buchdruck (in Mainz);
1331 die ersten Pulvergeschütze (in Oberitalien);	1446 der älteste datierte Kupferstich;
1390 die erste Papiermühle (in Nürnberg);	1492 der erste Globus (in Nürnberg);
	1510 die erste Taschenuhr (in Nürnberg).

Die erste Taschenuhr, die der Schlossergeselle *Peter Henlein* (1480–1542) erfunden hat. Die Menschen kannten im Altertum bereits *Sonnen-, Sand-* und *Wasseruhren*. Auch *Räderuhren*, bei denen der gleichmäßige Lauf des Räderwerks z. B. durch ein Pendel erreicht wurde, waren bereits etwa 500 Jahre alt, als Henlein seine Erfindung machte. Es gelang ihm, durch eine Spirale *innerhalb* der Uhr und eine „Unruhe" den gleichmäßigen Lauf zu erreichen und Uhren etwa in der Größe eines Hühnereis herzustellen. Damit hatte er eine *tragbare* Uhr erfunden, die zudem in jeder Lage funktionierte. Die Zeitgenossen nannten sie „Nürnbergisches Ei".

Der Minutenzeiger wurde erst gegen 1700 eingeführt.

Johann Gutenberg, Erfinder des europäischen Buchdrucks.
Ein Lebensbild

Der geheime Plan

Im Jahre 1434 saß Johann Gutenberg in seinem Hause bei Straßburg. Er war Goldschmied und Spiegelmacher von Beruf und bei einem Aufruhr aus seiner Heimatstadt Mainz geflohen.

Gutenberg galt als ein tüchtiger Meister und hatte sein gutes Auskommen. Insgeheim aber sann er einem ganz neuen, unerhörten Werke nach. Er wollte Bücher herstellen – nicht, wie die Mönche und die Schreiber in den Schreibstuben es taten, indem sie Blatt für Blatt sorgfältig mit Feder und Tinte beschrieben und immer wieder abschrieben –, er wollte die mühsame Arbeit gleich mit einem Male hundertfach, mit lauter gleichartigen Stücken schaffen. Er wollte den Text mit Farbe auf die Blätter aufdrücken, hundertfach drucken – aber wie?

Der Letterndruck

Gutenberg wusste, wie man seit vielen Jahren schon mit Holztafeln Muster und Bilder druckte. Man schnitt die Bilder „spiegelverkehrt" in die fein geglättete Oberfläche eines Holzbrettes ein und druckte diesen „Holzschnitt" auf Pergament, Papier oder Stoff mit schwarzer oder roter Farbe ab. So gingen Heiligenbildchen und andere einfache Darstellungen, hundertfach vervielfältigt, ins Volk. Schließlich hatte man ganze Gebete, Lieder, Psalmen und Geschichten aus der Bibel Wort für Wort in solche Holztafeln eingeschnitten und abgedruckt.

Gutenberg hielt ein im Holztafeldruck hergestelltes „Buch" in der Hand; jedes Blatt war nur auf einer Seite bedruckt. Wie schwierig war es gewesen, all diese Wörter spiegelverkehrt gleichmäßig in die Tafel zu schneiden! Wenn nur ein einziges Wort, nur ein einziger Buchstabe misslang, war die ganze Seite verpfuscht. Hier am Ende war die Ecke eines Buchstabens ausgebrochen, und ein Schreiber hatte mit seiner Feder die Lücke ausgefüllt.

Man müsste den Text der Drucktafel in die einzelnen Wörter, ja Buchstaben auflösen, dachte Gutenberg. Dann könnte man jede Tafel aus einzelnen Buchstaben zusammensetzen, das Ganze zusammenbinden und abdrucken. Nach dem Druck könnte man die Tafel wieder aufbinden und aus den einmal geschnittenen Buchstaben, den „Lettern" (lateinisch: littera = der Buchstabe), neue Texte zusammenstellen.

Aber dieser „Letterndruck" wollte nicht recht gelingen. Jahr um Jahr sann Gutenberg darüber nach und versuchte immer wieder aufs Neue, seine Idee in die Tat umzusetzen. Doch die kleinen Holzbuchstaben waren fast noch schwerer auszuschnitzen als die Platte. Sie splitterten und quollen. Sie hatten kleine Abweichungen und Größenunterschiede, welche die Zeilen auf- und abwandern ließen und die Gleichmäßigkeit des Schriftbildes störten.

Gutenberg war ja gelernter Goldschmied, ein Metallarbeiter. Man müsste die Lettern, statt sie aus Holz zu schnitzen, in Metall formen, dachte er. Metall splittert und quillt nicht. Aber wie konnte er so viele kleine Buchstaben, wie er zu einem Buche oder auch nur zu einer Seite brauchte, in hartem Metall ausschneiden? Das war ja noch schwieriger und mühsamer!

Johann Gutenberg (1397–1468)

Der wichtigste Beschreibstoff des Mittelalters war zunächst das Pergament, das aus enthaarten, geglätteten und getrockneten Häuten hergestellt wurde. Man verwendete zumeist Häute von Schafen, Ziegen und Kälbern. – Vom 14. Jahrhundert an trat mehr und mehr das Papier an die Stelle des Pergaments. Besondere Handwerker, die „Papyrer", stellten mit Hilfe der Wasserkraft aus Lumpen und Wasser einen Papierbrei her. Aus diesem Brei schöpft auf der Abbildung rechts der Papyrer mit einer flachen Form Portionen. Diese ergeben – gepresst und anschließend getrocknet – je ein Blatt Papier. Der Junge im Vordergrund trägt einen fertigen Stoß Papier davon.

Er fand die Lösung. Er schnitzte sich eine Holzletter, die drückte er tief ab in einem Kasten mit feinem, feuchtem Tonsand. Den Abdruck goss er mit Blei aus, so erhielt er eine Letter aus Blei.

Die Buchenholzletter konnte er immer wieder als Vordruck für neue, gleichartige Bleilettern verwenden. Aber auch dieses Gießen war mühevoll, das kleinste herabrieselnde Sandkorn zerstörte die Form.

Er arbeitete Tage und Nächte, um ein paar Dutzend brauchbarer Bleilettern zu erhalten. Und das Alphabet hatte 52 verschiedene kleine und große Buchstaben, ohne Zahlen und Satzzeichen! Außerdem brauchte er für eine Seite ja nicht nur ein a, ein e, sondern viele! Doch der Anfang war gemacht.

Die Druckerwerkstatt

Es war das Jahr 1444. Über ein Jahrzehnt schon hatte Gutenberg sich um seine Erfindung bemüht. Nun war er dem Ziel seines Lebens ganz nahe gekommen. Auf einem schrägen Pult standen viele Kästchen mit Bleilettern – in jedem dieselbe Art. Gutenberg nahm eine Holzschiene und setzte einige Lettern darauf: Johann

Er hielt sie fest und trat damit vor den selbstgefertigten Spiegel aus poliertem Silber. „Johann", sagte da das Spiegelbild. Gutenberg ging wieder zum Setzpult und fügte eine Letter ohne Zeichen dazu; dann griff er weitere Buchstaben, Stück um Stück. Er umwand die Lettern auf der Schiene mit einer Schnur, knotete fest, rieb mit dem Lappen Rußfett auf die gereihten Bleikörper und drückte die Schiene auf ein Stückchen Pergament.

Johann Gensfleisch zum Gutenberg aus Mainz/anno 1444

stand da. Gutenberg druckte nochmals, wiederum. Eine Zeile nach der anderen und alle gleichmäßig und schön, und jede sagte dasselbe: seinen Namen, den Namen des Erfinders!

Erregt und glücklich ging Gutenberg in seiner Werkstube hin und her. Dicht waren die Fensterläden vor den Butzenscheiben geschlossen, denn niemand sollte ahnen, welch wunderbarer Plan hier in der Spiegelmacherwerkstatt verwirklicht wurde. In der äußeren Ecke seiner Stube stand groß und ungefüge eine Presse, wie er sie den Winzern abgeguckt hatte. Aber es war keine Kelter, um den süßen Saft aus den Trauben zu treiben. Er konnte mit der Schraubspindel, dem „Pressbengel", zwei Platten fest aufeinanderpressen. So erhielt man einen gleichmäßigen, sauberen Druck.

Alles war zum Werke bereit. Doch da überfiel Kriegsvolk Straßburg, und Gutenbergs Haus ging mit Werkzeug und Gerät in Flammen auf.

Das erste gedruckte Buch

Als armer Mann kehrte Gutenberg in seine Heimatstadt Mainz zurück. In einer kleinen Werkstatt begann er sein Werk von neuem.

Er kaufte neues Werkzeug, eine neue Presse. Er schnitt sich neue Musterlettern, nicht mehr in Holz, sondern in hartem Metall. Diese Metallletter drückte er auch nicht mehr immer wieder in Tonsand ab, sondern schlug sie in ein Kupferklötzchen ein. So erhielt er eine *beständige* Gießform. Er nannte sie die „Mutter", die „Mater" oder *„Matrize"*, denn sie sollte die „Mutter" von unzählig vielen Lettern sein, die er in dieser einen Form gießen wollte.

1445 druckte Gutenberg das erste Buch mit Einzellettern. Es war ein Schulbuch, eine lateinische Sprachlehre von 14 Seiten Umfang. Es hatte eine Auflage von 300 Stück, und jedes kostete einen Gulden.

Jetzt wollte Gutenberg das Beste, das Schönste drucken, was die Menschen an Gedanken und Worten besaßen: die Bibel, die Heilige Schrift! Aber er brauchte dazu viel Geld.

Die Herstellung einer Bleiletter

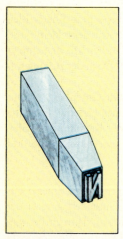
Musterletter aus hartem Metall

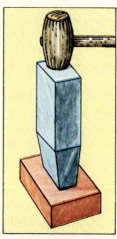
Die Musterletter wird in ein Kupferklötzchen eingeschlagen.

Die so entstandene Gießform, die Matrize, wird ausgegossen.

Mit jedem Guss entsteht eine fertige Bleiletter.

Der Bibeldruck

Gutenberg wandte sich an einen reichen Mainzer Kaufmann, Johann Fust. Fust überrechnete das Geschäft: 500 Gulden etwa zahlte man für eine handgeschriebene Bibel. Mit Gutenbergs neuer Drucktechnik konnte man so eine Bibel für höchstens 20 Gulden herstellen – nicht nur eine, sondern Hunderte, Tausende! Ja, je mehr man druckte, je höher die Auflage war, um so billiger konnte das einzelne Stück werden. Wenn man eine solche Bibel für nur 100 Gulden verkaufte, erhielt man das Fünffache der Herstellungskosten. Das waren 400 % Gewinn. Es lohnte sich schon, sein Geld in dieses Geschäft zu stecken!

Am 22. August 1450 unterzeichneten Gutenberg und Fust ihren Vertrag vor dem Stadtschreiber. Fust gab 800 Gulden Kapital – dafür konnte man eine ganze Straßenseite mit Häusern in Mainz kaufen! Gutenberg setzte als Sicherheit die Druckerei mit allen Lettern und Geräten dagegen. Er gab seine große Erfindung als Pfand.

Nun begann ein emsiges Schaffen in der Mainzer Werkstatt. Aus alten Messbüchern und Bibelhandschriften suchte Gutenberg die schönsten Schriftformen heraus und zeichnete sie ab. Der Druck sollte doch so schön wie eine handgeschriebene Bibel werden! 290 verschiedene Buchstaben und Satzzeichen arbeitete er als Musterlettern in Metall nach und stellte Matrizen davon her. Zusammen mit zwei Gehilfen goss er dann die Drucklettern – viele Hunderte der gleichen Art.

Ein Schönschreiber, Peter Schöffer, schrieb aus einer großen Bibelhandschrift Seite für Seite ab. Er reichte die einseitig beschriebenen Blätter den Setzern hinüber. Die saßen an großen Schrägpulten, nahmen die Buchstaben aus den einzelnen Kästen und setzten sie aneinander, Wort für Wort, Zeile für Zeile. Jede Zeile musste gleich lang sein. 42 Zeilen untereinander ergaben eine Spalte, zwei Spalten den „Satz" für eine Seite.

Eine frühe Buchdruckerei

Die Bibel Gutenbergs

Ein Geselle stand vor dem Tisch, in jeder Hand einen Lederballen, und rieb den Drucksatz mit Rußfett, der Druckerschwärze, ein. Ein Blatt Papier wurde daraufgespannt, dann kam beides in die Presse. Als der Pressbengel angezogen wurde, druckten die Lettern gleichmäßig die schwarze Farbe auf das Papier.

Aber da hatte doch der Druckfehlerteufel wieder sein unnützes Werk getrieben! Der Satz ging noch einmal zurück an die Setzer, die den Fehler korrigieren mussten.

200-mal wurde jeder Satz abgedruckt, davon etwa 30-mal auf schneeweißes Pergament. Für jede einzelne Pergamentbibel waren 200 bis 400 Lamm- oder Kalbfelle erforderlich. Dann wurde der Satz aufgelöst. Die Lettern wanderten gereinigt zurück in die einzelnen Kästen, um zu neuen Seiten zusammengesetzt zu werden. 1282 große Seiten würde das Bibelwerk umfassen.

Fünf Jahre lang arbeitete Gutenberg an dem großen Werk.

Als nur noch wenige Seiten zu drucken waren, erschien Fust plötzlich in der Stube des Meisters. Er forderte sein Geld zurück. Er behauptete, dass er selbst in Geldnöten sei und nicht länger warten könne. Wollte er sich jetzt, so kurz vor der Vollendung, in den Besitz des Ganzen setzen? Woher sollte Gutenberg denn das Geld nehmen, es war ja noch keine einzige Bibel verkauft!

Das Gesetz sprach für Fust. Gemäß dem unterschriebenen Vertrag wurde die Werkstatt mit allen Einrichtungen und allen fertigen Bibelseiten Fust als Eigentum zugesprochen.

Peter Schöffer führte jetzt, als neuer Teilhaber Fusts, die Werkstatt und brachte in kurzer Zeit den Bibeldruck zu Ende. Er heiratete Fusts Tochter – nun machten Fust und Schöffer das große Geschäft ihres Lebens. Sie verkauften die Bibeln. Sie hatten den finanziellen Nutzen und galten vor aller Welt als die Erfinder der neuen „Schwarzen Kunst". Von Gutenbergs Werk und Verdienst wusste kaum ein Mensch.

Im Jahre 1468 starb Johann Gutenberg in Mainz, 71 Jahre alt, enttäuscht, erblindet und unbekannt.

Arbeitsvorschläge

1. Stelle nach dem Text die einzelnen Arbeitsgänge in Gutenbergs Werkstatt beim Bibeldruck zusammen! Vergleiche nun den Text mit der Abbildung auf S. 41! Welche im Text beschriebenen Arbeitsgänge sind sichtbar, welche nicht?
2. Worin unterscheidet sich die Gutenberg-Bibel von einer Bibel, die in unseren Tagen gedruckt wurde?
3. Welcher entscheidende Fortschritt war mit dem Drucken gegenüber dem handschriftlichen Abschreiben erreicht?
4. Welche Veränderungen bewirkte der Buchdruck in einzelnen Lebensbereichen? Denke an Schule und Universität, Politik, Wirtschaft, Informationswesen usw.!
5. Mit welchen Erfindungen unseres Jahrhunderts im Bereich der Nachrichtenübermittlung könnte man die Erfindung des Buchdrucks vergleichen?

Leipzig, die Bücherstadt Deutschlands

Ein „Gutenberg-Museum" hält heute in Mainz die Erinnerung an den großen Erfinder wach. Zur *Bücherstadt* aber wurde Leipzig, die Messe- und Universitätsstadt in der Mitte des damaligen Deutschlands. Bereits 1481 wurde hier das erste Buch gedruckt, im Jahre 1700 waren es 276, 1800 über 1600 Bücher. Damit hatte Leipzig die Konkurrenzstadt Frankfurt am Main weit überflügelt. Um 1750 erschien in Leipzig das erste große Nachschlagewerk in deutscher Sprache, ein 64 Bände umfassendes Lexikon. Ein Leipziger, *Immanuel Breitkopf,* erfand 1754 ein System, auch *Noten* mit beweglichen Lettern zu drucken. Das war eine wichtige Ergänzung zu Gutenbergs Erfindung!

Dreißig Jahre später schrieb ein Besucher der Stadt:

> „In keiner Stadt Deutschlands, selbst in Wien, wird … so viel gedruckt, als hier in Leipzig. Es gehen in den zwölf Druckereien unserer Stadt beständig zwischen sechzig und siebenzig Pressen. Jede Presse ist gewöhnlich mit vier Leuten besetzt …
>
> Die hiesigen Buchhändler … haben meistenteils selbst einen starken Verlag und treiben unter allen Buchhändlern Deutschlands den stärksten Handel in allen Gegenden Europas, man könnte fast sagen, der Erde. Schriften [Notenlettern], welche in der Breitkopfischen Schriftgießerei gegossen werden, gehen bis nach Amerika."
>
> *(Johann Gottlieb Schulz, Beschreibung der Stadt Leipzig, Leipzig 1784, S. 421 f.)*

Die Altstadt Leipzigs im Jahre 1617. Der große Platz – fast in der Bildmitte – ist der Markt mit dem Rathaus. Links davon erhebt sich der Turm der Thomaskirche. Die große Kirche im rechten Bildteil ist die Nikolaikirche.

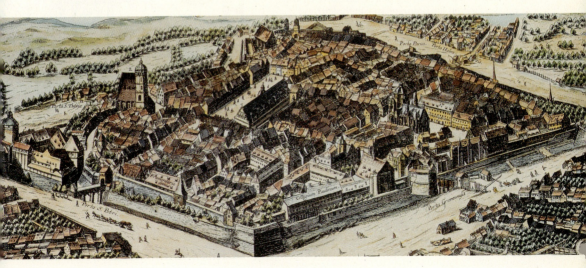

Neuerungen im Bergbau

Die Wasserkunst

Besonders wichtig wurden auch die Neuerungen im Bergbau. Einen entscheidenden Fortschritt kannst du diesen Bildern aus dem frühen und dem späten 16. Jahrhundert entnehmen.

Das Bild rechts zeigt eine „Wasserkunst". Von weither führten die Bergleute Wasser heran und leiteten es auf große Schaufelräder, die beispielsweise mit einer Seilwinde verbunden waren. Je nachdem, auf welche Radseite das Wasser geleitet wurde, drehte die Wasserradseilwinde einen Kübel in den Schacht hinein oder zog ihn heraus. Auf welche Weise wird auf dem Bild oben das Erz aus der Tiefe an die Erdoberfläche befördert?

Immer noch war die Arbeit der Bergleute hart und gefährlich – sie ist es bis heute geblieben. Und wie wenig wurde doch, gemessen an den heutigen Maßstäben, geschafft! Von einer Silbergrube in St. Andreasberg (Harz) wissen wir, dass die Bergleute zehn Stunden vor Ort arbeiten mussten. Dazu kamen die Anmarschwege und die langen Zeiten des Ein- und Ausstiegs auf rutschigen Leitern. Bis zur untersten Sohle in 800 m Tiefe brauchte man 2½ Stunden. Den Aufstieg schaffte man in 1½ Stunden. Das war eine Arbeitszeit von 14 Stunden im Schacht. – Mit Schlegel und Pickel konnte der Hauer den Stollen in einem Arbeitsjahr um 3 m vorwärts treiben. Die Gesamtlänge der Stollen in St. Andreasberg beträgt 300 km.

Wie mochte der Tageslauf eines Bergmanns wohl aussehen? Mache dir auch die Arbeitsleistung der Bergleute an den Zahlen ganz klar!

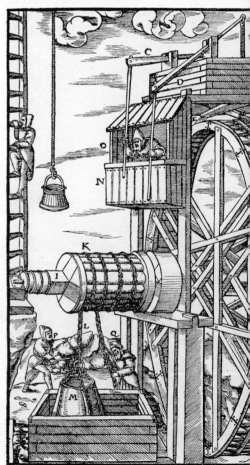

44

Die Bergstadt Freiberg

Fuhrleute aus Halle entdeckten auf ihrem Weg in das benachbarte Böhmen 1168 ein Stück Silbererz in ihren Räderspuren. Das war der Beginn der Stadt Freiberg im östlichen Erzgebirge. An der Fundstelle hatte sich bisher nur eine Siedlung von Rodungsbauern befunden. Jetzt wanderten Bergleute aus dem Harz zu, die bald ausgedehnte, überaus reiche Lagerstätten (Silbererz) fanden und auszubeuten begannen. Kaufleute und Handwerker siedelten sich an; es entstand eine städtische Siedlung. Markgraf *Otto von Meißen* verlieh ihr um 1188 Stadtrecht, und die junge Stadt brachte ihm so große Einnahmen, dass er noch zu Lebzeiten den Beinamen „der Reiche" erhielt.

Aber auch die Bergstadt selbst blühte auf, geschützt von einer Burg des Landesherrn. Ihr Reichtum erlaubte im 13. Jahrhundert den Bau einer mächtigen Stadtmauer und eines prächtigen Rathauses. Vier Kirchen überragten mit ihren Türmen die Mauer. Die berühmte Goldene Pforte, um 1230 entstanden, wurde mit ihrem reichen Figurenschmuck eines der schönsten Kirchenportale Deutschlands. Zu dieser Zeit hatte Freiberg etwa 5000 Einwohner; um 1600 waren es bereits 13 000 (Berlin 12 000).

Im 16. Jahrhundert gingen von Freiberg viele Anstöße für Verbesserungen im Bergbau aus. Die „Wasserkunst" auf der Vorseite gehört dazu. Ein Freiberger Bürger, der sich *Georg Agricola* nannte, hat dieses Wunderwerk (der Durchmesser des Rades beträgt fast 11 Meter) in einem Buch überliefert.

Bild rechts: Die Goldene Pforte am Freiberger Dom, im romanischen Baustil aus Sandstein gemeißelt, kündet noch heute vom Reichtum Freibergs im 13. Jahrhundert. – Bild links: Die um 1510 entstandene Tulpenkanzel im gotischen Stil. Wie eine aus dem Boden wachsende Tulpe steht sie im Inneren des Doms. Der am Fuß der Kanzel Dargestellte ist wahrscheinlich der Stifter.

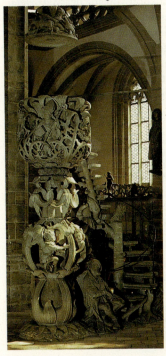

Geschichte und Gegenwart

Wir besichtigen ein technisches Denkmal

Der Frohnauer Hammer

Neben Freiberg war Annaberg eine der bedeutendsten Bergstädte Sachsens im Erzgebirge, und mit einer Einwohnerzahl von etwa 12 000 um das Jahr 1600 stand es Freiberg nur wenig nach. Zu dieser Zeit gab es im Annaberger Gebiet zahlreiche *Hammerwerke:* Anlagen, in denen mit der Kraft des Wassers schwere Hämmer in Bewegung gesetzt wurden. Man nannte eine solche Anlage kurz *Hammer*.

Der Frohnauer Hammer ist bis in unsere Zeit erhalten geblieben. Ein winziger Bach setzte mit seiner Kraft ein Wasserrad in Bewegung, an das ein zylinderförmiger, hölzerner Hohlkörper, eine *Welle*, angeschlossen war. Diese Welle hob – sich drehend – im Wechsel die drei Hämmer, die beim Niederfallen Schmiedestücke auf dem Amboss bearbeiteten.

Technische Denkmäler und ihr Besuch

Wir bezeichnen eine Anlage wie den Frohnauer Hammer als ein *technisches Denkmal*. Darunter verstehen wir ein Bauwerk, das aus der Vergangenheit stammt und bei uns das Verständnis für Arbeitsvorgänge früherer Zeiten wecken kann. Solche Bauwerke sind – anders als *Kunstdenkmäler* – ohne die Absicht errichtet worden, einst als „Denkmal" zu dienen. Die Aufgabe eines Hammerwerks mit seinem Wasserrad, seiner Welle und seinen Hämmern war es, Eisen oder anderes Metall zu schmieden. Auf kunstvolles Aussehen wurde kein Wert gelegt. – So steht der Frohnauer Hammer heute als ein aussagekräftiges Denkmal für den Produktionsvorgang der Metallverarbeitung in früheren Jahrhunderten vor uns.

Wie aber können wir uns bei einem Besuch die „Aussagen" eines solchen Denkmals erarbeiten? Am wichtigsten ist die Vorbereitung. Zu ihr gehört vor allem der Versuch, Informationsmaterial (Prospekte, Bücher) zu beschaffen, aber auch die Prüfung, ob Gruppen für bestimmte Beobachtungsaufgaben gebildet werden sollten. Die Tabelle nennt Beispiele dafür.

---

1. Zusammenstellen, aus welchen einzelnen Teilen das technische Denkmal besteht und aus welchen Materialien es errichtet wurde.

2. Feststellen, wie die Anlage zu ihrer Umwelt liegt (z. B. Wege, Gleisanschlüsse, Bebauungen).

3. Untersuchen, wie sich die Anlage – erkennbar oder vermutlich – auf die Umwelt ausgewirkt hat (z. B. Teichanlagen, Abholzungen, Zerstörungen durch Abgase oder Abwässer).

4. Prüfen, wo die Wohnstätten der Beschäftigten, der Besitzer gelegen haben (oder gelegen haben könnten) und welche Verschiedenartigkeiten sie ggf. aufweisen.

5. Nachdenken und Niederschreiben, wie einzelne Arbeitsplätze in der Anlage beschaffen waren, welche Kenntnisse oder Fertigkeiten sie verlangten und welche körperlichen Anforderungen sie stellten.

6. Nachvollziehen, welche einzelnen Arbeitsgänge den Gesamtablauf des Produktionsvorgangs ausmachten.

7. Festhalten, welches „Inventar" (Einrichtungsgegenstände, Arbeitsgerät) zu dieser Anlage noch vorhanden ist.

8. Überlegen, durch welche technischen Neuerungen („Innovationen") die Anlage wohl veraltete bzw. überflüssig wurde.

Der Frohnauer Hammer bei Annaberg-Buchholz. Von 1621 bis 1904 diente er als Verarbeitungsstätte für Silber, Kupfer und Eisen. Die drei Hammer wiegen 2 ½, 5 und 6 Zentner. Sie werden von dem kleinen Bach (links) neben der Anlage in Bewegung versetzt. Die Übertragungseinrichtungen (Wasserrad und Welle) sind auf diesen Bildern nicht erkennbar.

Ein Schmiedehammer. – Ein im Bild nicht sichtbares Wasserrad treibt die Welle (Y) an. Auf dieser Welle sitzen Nocken, die bei der Drehung den Hammer anheben („aufwerfen"). Dabei schützt ein eiserner Ring (r) den hölzernen Hammerstiel vor Beschädigungen. Durch das Weiterdrehen der Welle fällt der Hammer auf den Amboss (LW) nieder. Auf dem Amboss liegt das glühende Schmiedestück (BA).

Die militärische Revolution

Schießpulver und Geschütz

Einem Mönch, *Berthold Schwarz* in Freiburg, hat man die Erfindung des *Schießpulvers* in Europa zugeschrieben. Dies ist eine Mischung aus Salpeter, Schwefel und Kohle, die das Kriegswesen seit dem 14. Jahrhundert entscheidend veränderte. Die Explosion dieses Pulvers setzte eine bisher nicht dagewesene Zerstörungskraft frei.

Schießpulver wurde in einem Eisen- oder Bronzerohr fest gestopft und dann durch eine Lunte entzündet. Durch die Explosion entstand eine solche Schubkraft, dass man schwere Stein- oder Eisenkugeln aus dem Rohr heraus gegen Mauern oder Türme schleudern und diese zum Einsturz bringen konnte. Das war die Erfindung des *Geschützes*.

Immer größere und schwerere Geschütze wurden gebaut, manche mit einer Länge von drei Metern und einem Gewicht von acht Tonnen. Sie konnten steinerne Kugeln mit einem Durchmesser bis zu 80 cm verschießen, die ein Gewicht von vierzehn Zentnern hatten.

Die Pulvergeschütze brachten eine völlige Umgestaltung des Kriegswesens mit sich. Und sie gaben den Westeuropäern einen entscheidenden Vorteil gegenüber den Völkern anderer Kontinente. Mit Hilfe des Schießpulvers begannen die Europäer, ihre Herrschaft über den gesamten Erdball auszudehnen, zuerst über die Azteken und die Inka.

Oben: Transport eines schweren Geschützes im 16. Jahrhundert.

Rechts: Nach der Einführung des Schießpulvers boten auch die stolzen Ritterburgen keinen Schutz mehr. Das Bild zeigt eine mit Pulvergeschützen beschossene Burg. – Auf dieser Zeichnung von Baldung Grien (um 1500) sind die Folgen gut zu erkennen. Der Turm rechts ist eingestürzt, in ihm ist ein notdürftiger Holzbau errichtet. Welches Gebäude hat außerdem schwere Beschädigungen erlitten?

„Ein zentrales Charakteristikum der europäischen Expansion in Übersee seit dem Mittelalter [ist] die ... Überlegenheit der Waffen ... der Europäer gegenüber den meisten anderen Völkern. Angesichts der vielen Statistiken über den europäischen Import asiatischer Gewürze, über die Silbergewinnung im kolonialen Amerika oder den Export afrikanischer Sklaven vergisst man leicht, dass all diese wirtschaftlich lukrativen [einträglichen] Geschäfte letztlich auf militärischer Stärke basierten ... In Mittel- und Südamerika lösten in der ersten Hälfte des 16. Jahrhunderts kleine Gruppen von Europäern den Zusammenbruch zweier riesiger Reiche aus, die zusammen fast zwei Fünftel der Weltbevölkerung beherrscht hatten."
(Geoffrey Parker, Die militärische Revolution, Frankfurt 1990, S. 143)

Gewehr und Armbrust

Aus dem „schweren" Pulvergeschütz entwickelte man bald auch „leichteres" Kriegsgerät: die *Handfeuerwaffen*, die Vorläufer unserer heutigen Gewehre und Maschinenpistolen. Die ersten Handfeuerwaffen – z. B. die *Hakenbüchsen* – waren freilich so unhandlich, dass sie von zwei Männern bedient und auf ein Untergestell gesetzt werden mussten. Es dauerte auch etwa fünf Minuten, bis ein solches Schießgewehr wieder geladen war, und die Treffgenauigkeit reichte etwa hundert Meter weit.

Da konnten die *Armbrustschützen* noch eine Weile mithalten. Ein tüchtiger Bogenschütze konnte pro Minute bis zu zehn seiner Stahlpfeile verschießen und noch über 200 Meter sehr genau treffen. Erst ab 1550 brachte die Entwicklung der handlicheren *Muskete* den Sieg der Handfeuerwaffe. Ihre Bleigeschosse durchschlugen noch auf 100 Meter einen Plattenpanzer und machten den *Musketier* zum Herrn des Schlachtfelds.

Arbeitsvorschläge

1. Betrachte auch das Pulvergeschütz auf S. 37! Erläutere seine Funktionsweise! (Das Zündloch ist gut zu erkennen. Wozu diente die Lunte?)
2. Untersuche das Kriegsgeschehen bei der Belagerung Magdeburgs (S. 34/35)! In welcher Weise ist die Stadtbefestigung gegenüber dem Mittelalter ausgebaut worden?
3. Prüfe nach Text und Bildern, ob auch Cortez bereits Geschütze einsetzte!

Oben: Armbrustschütze (um 1450). – Links: Armbrust mit Winde. Wozu dienen Fußbügel und Winde? – Unten: Abschuss einer Hakenbüchse (um 1500). Warum waren zwei Männer zur Bedienung notwendig?

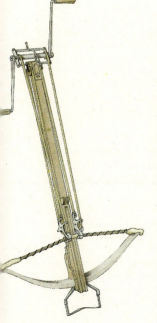

Humanismus und Renaissance

Der Übergang vom Mittelalter zur Neuzeit war nicht nur die große Zeit der Entdecker und Erfinder, sondern auch die große Zeit der Gelehrten und Künstler.

Die Gelehrten

Die mittelalterliche Wissenschaft war Theologie gewesen, das heißt Gotteswissenschaft. Jetzt wandten sich die Gelehrten *dieser Welt* zu: Sie wollten die Wissenschaft *für den Menschen* pflegen, und so nannten sie sich „Humanisten" (nach dem lateinischen Wort humanum = auf den Menschen bezüglich). *Humanismus* wurde das verbindende Wort dieser Zeit. Die Bildung des Menschen sah man als die große Aufgabe. Der Mensch sollte sich auf dieser Erde zurechtfinden, sie erforschen und die Gesetze der Natur erkennen.

Wie die Seefahrer dieser Zeit die neue Welt der fernen Länder entdeckten, so entdeckten die Humanisten in der Welt der Griechen und Römer des Altertums eine Kultur voller Daseinsfreude und griffen sie auf. Man wollte jetzt denken und leben, bilden und bauen wie die Alten. Eine Erneuerung des Altertums strebte man an, seine Wiedergeburt (*Renaissance*, wie es auf Französisch heißt).

So bemühten sich die Humanisten vor allem um die griechische und die lateinische Sprache, über die sie die Gelehrsamkeit und Kunst des Altertums zu erschließen suchten. Hochmütig blickten sie auf die seither vergangenen Jahrhunderte zurück und nannten sie „das finstere Mittelalter".

Die Künstler

Wie die humanistischen Gelehrten, so suchten auch die Künstler an die Schöpfungen des Altertums anzuknüpfen. Sie versuchten, den Menschen in seiner Natürlichkeit darzustellen. Sie beobachteten die Menschen in ihrer Freude und in ihrem Schmerz und gestalteten sie nach.
Über den Maler *Leonardo da Vinci* (1452–1519) wird berichtet:

> „Zeitgenossen, die mit ihm verkehrten, erzählen, er wollte einmal ein Bild mit lachenden Bauern malen. Da wählte er Leute aus, die er für geeignet hielt, machte sie zutraulich und gab ihnen dann mit Beiziehung einiger Freunde ein Essen. Dabei setzte er sie in seine Nähe und erzählte ihnen die größten Schnurren und Lächerlichkeiten von der Welt, sodass sie, ohne seine Absicht zu merken, lachten, bis sie fast die Mundsperre bekamen.
> Er achtete dabei genau auf alle ihre Bewegungen ... und prägte sie sich ein. Dann, als sie fort waren, ging er in seine Kammer und zeichnete sie so vollendet, dass die Beschauer über das Bild nicht weniger lachen mussten, als wenn sie die Geschichten Leonardos bei der Tafel gehört hätten."
>
> *(Zitiert nach: Kurt Fina, Geschichte konkret, Würzburg 1975, S. 46)*

Humanismus und Renaissance hatten in Italien ihren Ursprung. Zu den bedeutendsten Künstlern zählten dort neben Leonardo da Vinci noch *Michelangelo* (1475–1564) und *Raffael* (1483–1520). In Deutschland ist *Albrecht Dürer* (1471–1528) der überragende Künstler.

In den Jahren 1308–1311 schuf der Maler Duccio aus der italienischen Stadt Siena das Bild der thronenden Madonna mit dem Jesuskind im Stil seiner Zeit. Zweihundert Jahre später (um 1505) gestaltete Michelangelo ein ähnliches Motiv: die Heilige Familie.
Beschreibe doch bitte einmal die Unterschiede! Was hat das untere Bild mit der „Wiedergeburt des Altertums" zu tun, was mit dem obigen Quellentext über Leonardo da Vinci? Achte aber auch auf den Hintergrund, auf die „Perspektive"! Berücksichtige die Anordnung der Gestalten, die Farbe, die Wiedergabe der einzelnen Gesichter! Du erkennst die ganz andere Art der künstlerischen Darstellung des Renaissance-Malers. Ist das Bild des Duccio aber „schlechter"? Was meinst du dazu?

51

Die neue Macht: das Kapital

Die Fugger als Kaisermacher

Um das Jahr 1500 hatte das Augsburger Geschlecht der Fugger einen ungeheuren Reichtum angesammelt – wohl den größten in ganz Europa. Die Fugger finanzierten Kriege und Bauten mit ihrem Geld, ihrem *Kapital*. Als im Jahre 1519 eine Kaiserwahl stattfand, lieh der Kaufherr Jakob Fugger einem Bewerber um die Kaiserkrone mehrere hunderttausend Gulden. Damit konnte dieser seine Wähler, die Kurfürsten, bestechen. Mit Recht schrieb *Jakob Fugger* – der „Reiche", wie man ihn nannte – wenige Jahre später an den so gewählten Kaiser Karl V.: „Es ist auch bekannt und liegt auf der Hand, dass Eure Kaiserliche Majestät die Römische Krone ohne meine Hilfe nicht hätte erlangen können …"

Die Handelsherren

Woher hatten die Fugger eine solche Macht, einen solchen Reichtum? Ursprünglich waren sie eine Handwerkerfamilie gewesen, der Weberzunft ihrer Vaterstadt zugehörig. Dann waren sie *„Verleger"* geworden: Sie arbeiteten nicht mehr selbst in ihrer Werkstatt, sondern holten die Rohstoffe, Woll- und Leinengarne, heran. Diese Rohstoffe gaben sie an andere Weber weiter und kauften ihnen die fertigen Tuche ab. Die Fertigwaren vertrieben sie mit ihren Planwagen weithin. Immer mehr Weber wurden von den Fuggern „verlegt". Sie konnten die Rohstoffe nicht mehr selbst einkaufen und ihre Fertigwaren nicht mehr selbst auf dem Markt verkaufen. So gerieten sie in Abhängigkeit von den Fuggern. Die aber wurden reich dabei.

Immer weiter dehnten sie ihre Fahrten und Geschäfte aus. Sie handelten nicht mehr nur mit Stoffen, sondern auch mit Gewürzen und anderen Luxusgütern. In einer Reihe von europäischen Städten gründeten sie Niederlassungen. Sie waren *Großhändler* mit einem umfangreichen Warenangebot geworden.

Viele wollten an dem Luxus teilhaben, den die Fugger anboten, nicht alle konnten jedoch bezahlen. Manche Fürsten verpfändeten ihnen statt dessen ihre Bergwerke. So stiegen die Fugger auch in den Bergbau ein. Sie erwarben Silber- und Kupferbergwerke, verhütteten die gewonnenen Erze und verkauften das Silber und das Kupfer mit hohem Gewinn. Ihre Bergwerke lagen in Tirol, auf dem Balkan und in Spanien. Sie waren damit *Großindustrielle* geworden, Bergwerks- und Hüttenunternehmer.

Wie verändern die Verleger die Situation der Weber? Erläutere bitte das Schaubild nach dem vorstehenden Text!

Die Kapitalherren

In den Händen der Fugger und weniger anderer Familien häufte sich das Geld Europas. Sie borgten den ewig geldhungrigen Landesherren große Summen. Sie machten auch Geschäfte mit Kaisern und Päpsten und handelten sich damit Pfänder und Vorrechte ein. So waren sie auch reich genug, die Bestechungsgelder für die Kaiserwahl aufzubringen.

Der frühe Kapitalismus

Die Fugger sind ein Beispiel für die *Anfänge des Kapitalismus* in Europa. In dieser Zeit wurde das Geld immer stärker zum Schlüssel der Macht. In dieser Zeit aber riss auch der Gegensatz zwischen Arm und Reich in neuer Weise auf: Den wenigen Unternehmern und ihrem oft märchenhaften Reichtum stand eine Schicht entrechteter und besitzloser Arbeitnehmer gegenüber. Es waren zuerst die Webstuben und die Bergwerke, in denen sich Massen von Arbeitern sammelten, die in allem der Gnade und Ungnade ihres Arbeitsherrn ausgeliefert waren.

Jakob Fugger (1459–1525) und sein Hauptbuchhalter im Kontor. Die Schilder an dem Schrank im Hintergrund nennen einige der Orte, in denen die Fugger eigene Niederlassungen hatten. Ofen ist Budapest, Craca ist Krakau, Antorff ist Antwerpen.

Arbeitsvorschläge

1. Stelle die einzelnen Stufen des Aufstiegs der Fugger zusammen! Vielleicht kannst du sie auch bildlich darstellen?
2. Du kannst die Städte mit Niederlassungen der Fugger in eine Umrisskarte von Europa einzeichnen und durch Striche mit Augsburg verbinden. So erhältst du ein „Spinnennetz" der Fuggerschen Handelsverbindungen! Welche dieser Städte waren für den Handel über See wichtig?
3. Was bedeutete es im Einzelnen für die Weber, dass sich zwischen sie und den Markt ein „Verleger" schob?
4. Wie ist das Verhältnis von „Unternehmern" und „Arbeitnehmern" heute bei uns?

Wir merken uns

Die Zeit um 1500 war eine Zeit zahlreicher Erfindungen, darunter die Erfindung des Buchdrucks durch Johann Gutenberg.

Durch die Erfindung des Schießpulvers wurde das Kriegswesen völlig umgestaltet. Die neuen Feuerwaffen setzten sich im 16. Jahrhundert durch.

Mit Humanismus und Renaissance entwickelten sich neue Anschauungen über die Stellung des Menschen in der Welt. Sie fanden in den Werken der Gelehrten und Künstler ihren Ausdruck.

Um 1500 erreichte der frühe Kapitalismus in Deutschland seinen Höhepunkt. Beispielhaft dafür stehen die Fugger in Augsburg.

Deutschland zu Beginn der Neuzeit

Der Aufstieg der Habsburger

Kaiser und Fürsten

Wie wir bereits erfahren haben, wurde im Jahre 1519 Karl V. zum deutschen Kaiser gewählt. Er stammte aus dem damals sehr mächtigen Geschlecht der *Habsburger*, das seit 1273 wiederholt deutsche Kaiser und Könige gestellt hatte.

Mächtig war, wer viel eigenes Land besaß: wer über reiche Einnahmen aus Wald, Flur und Bergwerken verfügen sowie hohe Steuern von den Städten seines Landes einziehen konnte. Deshalb versuchten alle neugewählten Kaiser und Könige dieser Zeit, ihren eigenen Landbesitz zu erweitern: durch Kriege und Käufe, vor allem aber durch Heirat. Nur so, mit der Stärkung ihrer *„Hausmacht"*, konnten sie gegenüber den Fürsten unabhängiger werden.

Die Habsburger

Mit großem Geschick – besonders durch eine kluge „Heiratspolitik" – brachten die Habsburger eine riesige Hausmacht zusammen. Als Graf Rudolf von Habsburg 1273 gewählt wurde, besaß er nur im Südwesten des Reiches etwas Land, in der heutigen Schweiz. Als der junge Karl V. 1519 gewählt wurde, bestand seine Hausmacht außerdem aus Österreich, der Steiermark, Kärnten, Krain, Tirol, Burgund, Luxemburg, den Niederlanden, Spanien und Sardinien, Sizilien und Neapel.

Arbeitsvorschläge

1. Untersuche zunächst bitte die Karte unten! – Welcher europäische Staat wird sich durch die habsburgische Hausmacht besonders bedroht gefühlt haben? Welche Kolonialgebiete wurden in der Regierungszeit Karls V. unterworfen? Fertige eine Faustskizze der Mächte Europas im Jahre 1519 an!
2. Das Kartenbild rechts mag dir wie ein bunter Flickenteppich erscheinen. Welche unterschiedlichen Bezeichnungen der Herrschaftsgebiete (Königreich und dgl.) kannst du ermitteln? Zu welchem Herrschaftsgebiet hat dein Wohnort damals gehört?

Diese Karte zeigt die Hausmacht der Habsburger, nicht bei der Wahl, sondern beim Tode Karls V. Damals wurde die Hausmacht in eine spanische und eine deutsche Hälfte geteilt. Karl V. herrschte aber noch über das gesamte Gebiet und war zugleich Kaiser des „Heiligen Römischen Reiches Deutscher Nation". Der Kasten bezeichnet den Kartenausschnitt auf der folgenden Seite.

Das Reich zur Zeit Karls V.

Das Reich und Europa

Wie sah es zu Beginn der Neuzeit im Deutschen Reich und in Europa aus? Vor welchen Aufgaben stand ein Kaiser?

Das „Heilige Römische Reich Deutscher Nation" umfasste:
die Gebiete der 7 Kurfürsten,
die Gebiete von 33 deutschen und nochmals 33 ausländischen Fürsten,
50 Bistümer,
76 Abteien und kleinere kirchliche Herrschaften,
107 Grafschaften und andere kleine Herrschaften,
85 freie Reichsstädte.

Das war eine Fülle von „Territorien": Länder, die weitgehend selbstständig waren und miteinander oder gegeneinander ihre Politik führten.

Kaiser Karl V. (1500–1558) als junger Mann, etwa zur Zeit des Reichstages in Worms 1521

War dieses Reich noch wirklich ein „Reich", ein geordneter Staat in der Hand seines Herrschers? War es nicht vielmehr ein wirres Durcheinander vielfältiger Machtansprüche, ein Gebilde ohne Einheit und ohne gemeinsame Interessen?

Es bedurfte einer Stärkung der Zentralgewalt, der Macht des Kaisers. Es musste eine *Reichsreform* durchgeführt werden!

Man musste eine allgemeine *Reichssteuer* erheben, einen „gemeinen Pfennig", und regelmäßige Beiträge für ein *Reichsheer*. Man musste durch ein *Reichsgericht* den Landfrieden sichern, damit endlich Straßenraub und Selbsthilfe aufhörten. Man musste schließlich dem Kaiser eine *Reichsregierung* zur Seite stellen.

Und in *Europa?*

In *Rom* saß das Oberhaupt der Christenheit, der allumfassenden katholischen Kirche. Aber der Papst war zugleich auch weltlicher Herrscher, Herr des Kirchenstaates, und als solcher in die Streitigkeiten der europäischen Politik verflochten wie alle übrigen Fürsten. Die Kirche war „verweltlicht", sie war nicht mehr nur eine Sache des Glaubens und der Gemeinschaft der Gläubigen. Immer wieder forderten fromme Leute eine Reform, eine Erneuerung der Kirche, ihre Zurückführung zum alten frommen Dienst.

Dann war da *Frankreich*. Dessen König Franz I. war heftigster Mitbewerber um die Kaiserkrone gewesen. Die Gegnerschaft blieb. Frankreich verhandelte überall um Bundesgenossenschaft gegen den neuen Kaiser – sogar mit dem Erzfeind der Christenheit, dem Sultan der Türken!

Frankreich lag als Staat straff in der Hand seines Königs. Die Gelder aus allen Quellen flossen dem Herrscher zu, der damit seine Politik treiben konnte. Überall tauchten seine Goldstücke auf, im Reich wie in den übrigen Staaten Europas: als Schmiergelder für die geheimen Anhänger. Dagegen war der Kaiser in seinem zersplitterten und ungeordneten Reich fast ein armer Mann!

Es war ein Europa voller Unfriede!

36 Jahre Krieg in Europa

Als der junge Karl den Thron von Aachen bestieg, hatte er gemeint, seine erste Aufgabe würde sein, Frieden und Ordnung, Recht und Sicherheit in dem ihm anvertrauten Reich zu schaffen. Aber mit dem Beginn seiner Herrschaft begannen auch die Kriege, die dann Jahr um Jahr seines Lebens füllten, die seine Kräfte in Anspruch nahmen und verzehrten, bis er nach 36 Jahren Regentschaft und Krieg die Krone niederlegte – ohne seinem Ziel näher gekommen zu sein. 36 Jahre Krieg in allen Teilen und an allen Grenzen seines Reiches: in Spanien, Italien, Frankreich, Deutschland, auf dem Balkan, im Mittelmeer und in Nordafrika.

Kriege gegen Frankreich

△ *Kämpfende Landsknechte in einer Schlacht zwischen Frankreich und Habsburg (1525)*

Viermal führte Karl V. lange Kriege mit seinem Gegner Franz I. von Frankreich. Über 20 Jahre Krieg brachten kein wesentliches Ergebnis, denn die entscheidende Ursache blieb. Solange Deutschland, Italien und Spanien in der Hand eines Mannes, des Kaisers, waren, fühlte sich Frankreich durch solche Umklammerung aufs Stärkste bedroht. Die übergroße Macht Habsburgs störte das Gleichgewicht in Europa. So hatte Franz I. jedesmal neue Bundesgenossen gefunden, wenn er von Karl besiegt worden war, und jeder Friedensschluss war nur eine Atempause vor neuem Ringen.

Diesen Landsknecht zeichnete Albrecht Dürer aus Nürnberg.

Fast 30 Jahre nach dem Reichstag in Worms schuf der berühmte italienische Maler Tizian dieses Bildnis Karls V., der jetzt 48 Jahre alt war. – Vergleiche beide Bilder des Kaisers miteinander!

Kriege gegen die Türken

Als seinen eigentlichen Gegner sah der glaubenseifrige Kaiser Karl den vordringenden Sultan der „heidnischen" Türken an. 1525 eroberte Suleiman der Prächtige das Königreich Ungarn. 1529 stand er mit seinen Truppen vor Wien und bedrohte so unmittelbar die habsburgische Hausmacht. Gleichzeitig brandschatzten Seeräuber von Nordafrika aus die Küsten Spaniens, Siziliens und Italiens.

Es gelang dem Kaiser nicht, die Macht der Türken zu brechen. Kaum, dass er die Grenzen seines Reiches gegen diese Bedränger wahrte, denn immer hatte er zugleich im Rücken seine anderen Gegner.

Die Landsknechte

Diese Kriege wurden nicht mehr, wie zu Barbarossas Zeiten, mit Ritterheeren ausgefochten. An die Stelle der gepanzerten Lehnsleute, die vom Pferd herab mit Schwert und Lanze den Gegner bekämpften, war das Fußvolk der Landsknechte getreten. Sie wurden von den kriegführenden Herren angeworben und bezahlt.

Es waren sonderbare Kriege. Nicht die Waffen waren eigentlich entscheidend, die Spieße, Hellebarden, Schwerter, die Armbrüste und Hakenbüchsen, die Feldschlangen und Mörser, sondern das Geld, der Sold, mit dem man die rauhen, wilden Kriegsgesellen entlohnte. Man schlug mit den gemieteten und bezahlten Kriegsknechten die gemieteten und bezahlten Kriegsknechte des Gegners. Und nach jedem Feldzug, nach jeder Schlacht mussten Sieger wie Besiegte ihre kostspieligen Lohntruppen sofort wieder entlassen – weil die Kassen leer waren! Oft genug plünderten dann die siegreichen Söldner im eigenen Land, um sich für nicht gezahlten Sold schadlos zu halten.

Die Abdankung des Kaisers

In den Jahren der Regierung Karls V. war die Hausmacht der Habsburger weit über Europa hinausgewachsen. Immer wieder meldeten Karls Statthalter die Unterwerfung neuer Gebiete in Mittel- und Südamerika. Alle fremden Schätze freilich, die seine Häfen am Atlantik erreichten, verschwanden in seinen ewigen Kriegen sofort wie in einem Fass ohne Boden. Im Reiche selbst missglückten alle Versuche zu der dringend notwendigen Reform. Zu allem aber kam das Ringen um den rechten Glauben, das die Regierungszeit Karls vom ersten Tage an erfüllte. Der Kaiser war ein frommer, gläubiger Christ, der es ernst nahm mit seinem Amt als oberster Schutzherr der Kirche. Aber er sah die Glaubenseinheit seines Reiches und Europas zerbrechen. Gichtgekrümmt und von Atemnot gequält, verzichtete er schließlich 1556 auf den Thron.

Wir merken uns

Durch ihre Heiratspolitik wurden die Habsburger zu einer Großmacht. Karl V. vereinigte unter seiner Herrschaft weite Gebiete Europas und Amerikas. Seine Regierungszeit (1519-1556) war erfüllt von ständigen Kriegen, vor allem gegen die Franzosen und gegen die Türken.

Die Zeit der Reformation

Martin Luther und sein Werk

Kirchliche Missstände

Nicht nur Kriege und Kämpfe gegen äußere Feinde hatten die Zeit Karls V. erfüllt. Bis in unsere Gegenwart bedeutungsvoll wurde vielmehr ein Ereignis im Bereich des Glaubens: *die Reformation*, die Entstehung eines neuen, „evangelischen" Bekenntnisses.

Immer wieder war die Forderung nach einer Änderung der Zustände in der Kirche erhoben worden. In vielem war die Kirche verweltlicht. Der Papst hatte sich in Rom mit einer Pracht umgeben, die in Europa einzig war. Hohe Kirchenämter waren verkauft worden, um Geld in die Kassen zu bringen. Prunkvolle Bauten und Kunstwerke sollten die Größe des Papsttums deutlich machen.

Luthers neue Lehre

Der Anstoß zur Reformation war 1517 in dem sächsischen Städtchen Wittenberg erfolgt. Dort hatte der Mönch und Professor der Theologie, *Dr. Martin Luther,* Streitsätze („Thesen") verkündet, die sich vor allem gegen den Handel mit „Ablassbriefen" richteten, wie er damals betrieben wurde. Diese Thesen Luthers hatten das ganze Land erregt und ihn zum Anführer einer breiten Bewegung gemacht, die sich gegen das damalige Bild der Kirche richtete.

Bald nach 1500 hatte der Papst einen großen „Ablass" verkündet. Wer einen „Ablassbrief" kaufte, dem sollten die Strafen im Fegefeuer für seine Sünden erlassen sein. Die Gelder waren für den Neubau der Peterskirche in Rom bestimmt. Mönche durchzogen das Land und verkauften die Ablassbriefe. Sie fragten nicht viel danach, ob die Menschen ihre Sünden auch bereuten.

Der Mönch Tetzel trieb bei Wittenberg sein Unwesen. Unser Spottbild legt ihm die Worte in den Mund:
„Sobald der Gulden im Becken klingt, im Hui die Seel' in den Himmel springt."

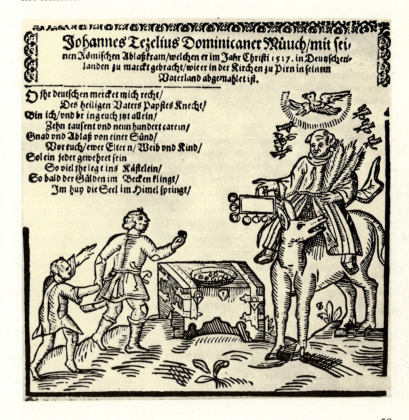

Das Bild links stammt aus einer Flugschrift gegen den Papst. Er ist als Drache dargestellt, der den Mönch Luther anspringt. Aus seinem Rachen speit er Wasser, um das Licht in Luthers Hand – Gottes Wort, das Evangelium – auszulöschen. Und mit seinen Krallen will er die Bibel zerfetzen. Aber er kann Luther nichts anhaben. – Im Hintergrund flüchtet ein Ablasshändler, begleitet von den „Klostermäusen" und verfolgt von einem Wespenschwarm.

In immer neuen Kampfschriften entwickelte Luther seine neue Lehre: Nur wer wirklich glaubt und ehrlich bereut, findet Gottes Vergebung – zu kaufen ist sie nicht! Allein die Heilige Schrift enthält Gottes Wort, nicht die Glaubenssätze und Forderungen des Papstes und der Bischöfe! Ja, der Papst ist sogar ein „Widersacher Christi" – die Deutschen sollten sich von ihm trennen!

Der Papst hatte den aufrührerischen Mönch „gebannt", aus der Kirche ausgeschlossen, Luther jedoch die *Bannbulle* öffentlich vor den Toren der Stadt verbrannt. Nun war er vom Kaiser vor den Reichstag in Worms geladen.

Martin Luther – Reformator und Bibelübersetzer. Ein Lebensbild

Der Reichstag zu Worms

Am 28. November 1520 zog Karl V. unter großem Pomp in Worms ein, um hier seinen ersten Reichstag abzuhalten. Der Fugger in Augsburg hatte es übernommen, zunächst die Kosten der gesamten Hofhaltung vorzuschießen. Volle zwei Monate vergingen allein mit Vorbesprechungen über die Rang- und Sitzordnung der deutschen Fürsten: wer in der ersten Reihe, wer weiter hinten, wer rechts und wer links vom Kaiser seine Macht und Würde zeigen sollte.

Während dieser Vorverhandlungen füllte sich die Stadt. Die Fürsten mit ihrem Gefolge – je 400 bis 600 Reiter stark – reisten an, die Vertreter der freien Reichsstädte, die ausländischen Gesandtschaften: Botschafter von Venedig, Polen und Ungarn, Abgesandte des Papstes.

Der Rat der Stadt hatte gut vorgesorgt. Er hatte große Lebensmittellager anlegen lassen und Höchstpreise festgesetzt, um Wucher zu verhindern. Er hatte eine genaue Herbergsordnung herausgegeben. Aber der Andrang warf alle Planungen und Maßnahmen über den Haufen. Die Quartiermacher der einzelnen Fürsten und Ritter rissen sich gegenseitig die Wappen von den Unterkünften. Vor den Mauern wurden große Pferdelager eingerichtet, um in der Stadt Platz zu schaffen und die Ställe dort noch als Herbergen nutzen zu können. Auch die Klöster in der Umgebung waren längst überfüllt.

Martin Luther (1483–1546), wie ihn der Künstler Lucas Cranach 1520 in einem Kupferstich darstellte.

Luther vor Karl V.

Ende Januar 1521 konnte dann der Reichstag endlich beginnen. Die Verhandlungen über eine Reichsreform schleppten sich hin.

Unterdessen rollte ein Wagen mit dem aufrührerischen Professor von Wittenberg nach Worms. Die Neugierde des Volkes und das Gedränge waren so groß, dass man den Reisewagen auf Umwegen in die Stadt führen musste. Die Leute standen auf den Hausdächern, um den kühnen Empörer zu sehen. Überall auf den Straßen verkaufte man Holzschnitte und Kupferstiche mit seinem Bild sowie Spottbilder über Papst und „Ablasskram".

Am 17. April 1521 stand Luther dann vor Kaiser und Reich. Er richtete seinen Blick auf den Kaiser: ein blasses, schmales, leicht hochmütiges Gesicht mit gesenkten Lidern, eine breite, etwas herabhängende Unterlippe, langes, gut geschnittenes Haar. Vor ihm musste man das Knie beugen, musste ihn mit „Allergnädigste Majestät" anreden. Aber statt des Kaisers sprachen andere zu ihm, des Kaisers Marschall und der päpstliche Gesandte. Er selbst hatte nur Fragen zu beantworten: Ob das auf dem Tische dort seine Bücher seien und ob er sie widerrufen wolle?

Luther war verwirrt. Er hatte geglaubt, er würde seine Schriften, sein „Bekenntnis" erläutern und rechtfertigen können, er würde darlegen können, was ihn zutiefst bewegte. Aber er kam ja gar nicht dazu! Da bat er um einen Tag Bedenkzeit.

Kein Widerruf

Am 18. April ging es auf Umwegen wieder vor den Reichstag. Im Vorzimmer klopfte der Führer der kaiserlichen Landsknechte, Georg von Frundsberg, dem Wittenberger auf die Schulter: „Mönchlein, Mönchlein, du tust einen schlimmen Gang, dergleichen ich in mancher Schlacht nicht getan!"

Es war drückend heiß im Saal. Spannung und Stille lagen über der Versammlung. „Allergnädigste Majestät", begann Luther nun, „allerdurchlauchtigster, großmächtiger Kaiser, durchlauchtigste und fürstliche Gnaden, gnädigste und gnädige Herren!" Und in ausführlicher Rede bekannte er sich zu allen Schriften. Er könne nichts davon preisgeben, denn sie ruhten auf Gottes Wort oder folgten aus klaren, vernünftigen Gründen. Er habe alles genugsam bedacht und erwogen, auch dass er Unfriede und Streit in die Welt bringen könne. Aber man müsse allein dem Gebot Gottes und der Stimme des Gewissens folgen, gleich, was daraus komme.

Aufmerksam hatte der Kaiser den Mönch bei seinen Worten betrachtet. Dieser grobknochige, plumpe Kerl da, der immer nur von seinem Gewissen sprach, wollte die Kirche reformieren? Dachte er denn auch nur ein einziges Mal an das große Ganze, an die Notwendigkeit der Eintracht in Kirche und Staat? Glaubte er wirklich, er könnte Richter sein über die Ordnung der Welt?

Diese Briefmarke erschien im Jahre 1971. Du wirst den Anlass erschließen können.

Als Luther geendet hatte, forderte man von ihm nochmals eine „einfältige, runde und richtige Auskunft", ob er widerrufen wolle oder nicht. Luthers Antwort ist klar und eindeutig. Er hält an seinen Büchern fest – „es sei denn, dass ich durch Zeugnis der Schrift überwunden werde oder durch helle Gründe, denn ich glaube weder dem Papst noch den Konzilien allein, weil es am Tage liegt, dass sie zu mehreren Malen geirrt und sich selbst widersprochen haben …" Er schließt mit den Worten: „Deshalb kann und will ich nicht widerrufen, weil wider das Gewissen zu handeln beschwerlich, unratsam und gefährlich ist. Gott helfe mir, Amen." – Der Kaiser hob den Kopf, winkte Entlassung. Luther wurde hinausgeführt.

Die Reichsacht

Am 8. Mai erging das Urteil, die Verhängung der Reichsacht über den Reformator. Es war ein mehr als meterlanges, engbedrucktes Plakat: „Wir gebieten euch allen bei euren Pflichten gegen Uns und das Heilige Reich …, dass ihr nach Ablauf von 20 Tagen den Martin Luther nicht beherbergt, speist, tränket noch schützet, noch ihm heimlich oder öffentlich Hilfe, Anhang oder Vorschub leistet, sondern wo ihr seiner habhaft werdet, ihn gefangen nehmet und Uns wohlbewahrt zusendet …"

Luther auf der Wartburg, verkleidet als „Junker Jörg". Auch dieses Bild malte Lucas Cranach.

Nun war der Dr. Luther vogelfrei. Von Worms aus hatte er sich wieder auf den Heimweg gemacht. Dann kamen Gerüchte. Er sei unterwegs überfallen und davongeschleppt worden; man habe ihn dem Papst in Rom ausgeliefert, hieß es. Andere erzählten, man habe seinen Leib, von einem Stoßdegen durchbohrt, auf dem Grund einer alten, verlassenen Silbergrube gefunden. Wieder andere wollten wissen, dass er wohlbehalten in einem Versteck sitze und dort neue Schmähschriften gegen den Papst schreibe.

Die Bibelübersetzung

Wo war Luther geblieben? Er war nicht tot, sondern zum Schein nur von Leuten des sächsischen Kurfürsten überfallen und verschleppt worden. Auf der Wartburg lebte er, verkleidet und in einem Burgstübchen versteckt, und übersetzte die Heilige Schrift ins Deutsche. Aber noch gab es gar keine einheitliche deutsche Sprache, sondern nur Mundarten: hoch- und niederdeutsche und vielerlei Mischformen von beiden.

Mancher hatte sich schon an dem schweren Werk der Bibelübersetzung versucht, nie jedoch war sie recht geglückt. Martin Luther aber rang um das Wort, das alle Deutschen verstanden.

„Ex abundantia cordis os loquitur", las er. Es war ein Satz aus der lateinischen Bibel. Neben ihr hatte er denselben Text auf Griechisch und Hebräisch liegen. „Aus dem Überfluss des Herzens redet der Mund", übersetzte er vor sich hin. Aber er schrieb den Satz nicht nieder. Würde Christus so sprechen, wenn er deutsch spräche? Das hieß ja gerade, als wenn einer ein allzu großes Herz oder zuviel Herz habe! Überfluss des Herzens – das war lateindeutsch, papierdeutsch. Wie redete denn die Mutter im Hause und der gemeine Mann? „Wes das Herz voll ist, des geht der Mund über." So schrieb er es hin.

Luthers Bibel wurde für Jahrhunderte das Lesebuch des deutschen Volkes. Seine Redeweise, anschaulich und klar, wurde gemeinsames, lebendiges Gut in allen Teilen des Reiches. Sie erklang in den Schulen, in den häuslichen und kirchlichen Andachten, in Reden, Briefen und Schriften. Luther schuf, ohne es zu wissen, unsere neuhochdeutsche Schrift- und Umgangssprache. Das wurde, neben der Reformation, seine größte Tat.

Dies ist der Anfang einer Seite aus Luthers Bibelübersetzung. Sie erschien 1534 in Wittenberg.

Aus alten Bibelübersetzungen

Hochdeutscher Druck 1518	Niederdeutscher Druck 1522	**Luthers Wortlaut**
Der herr regieret mich und mir geprist nichts, und an der stat der weide, da setzt er mich. Er hat mich füret auf dem wasser der widerspringung, er bekeret mein sel. Er fürt mich auss auf die steig der gerechtigkeit, vmb seinen namen. Wann ob ich gen in mitte des schatten des todes, ich fürcht nit die üblen ding, wann du bist bei mir: Dein ruot und dein stab, die selben haben mich getröstet.	De here regeret mi und mi schal nicht gebreken, in der stede der weide, dar he mi satte. He ledde mi up dat water der weddermakinge, he bekerte mine sele. He ledde mi ut up den wech der rechtferdichkeit, dorch sinen namen. Wente efte ick ga in dem middel des schemen des dodes, ick schal nein qual forchten, wente du bist mit mi: din rode und din staf, de hebben mi getrost.	Der Herr ist mein Hirte, mir wird nichts mangeln. Er weidet mich auff einer grünen Awen und füret mich zum frischen Wasser. Er erquicket meine Seele. Er füret mich auf rechter Straße, vmb seines namens willen. Und ob ich schon wandert im finstern tal, fürchte ich kein Unglück, denn Du bist bey mir, Dein stecken und stab trösten mich.

Arbeitsvorschlag

Die folgenden Worthinweise sollen dir helfen, die Bibeltexte zu verstehen: awe = Aue; geprisen, gebreken = (gebrechen), fehlen; widerspringung, weddermaking = Wiedergeburt, Erneuerung; steig, wech = Steig, Weg.

Lies bitte zunächst Luthers Wortlaut und vergleiche ihn mit dem entsprechenden Bibeltext aus unserer Zeit (23. Psalm)! Vergleiche ihn dann Wort für Wort mit den Übersetzungen von 1518 und 1522! Du wirst manches über die Entwicklung unserer Sprache erkennen.

Der Fortgang der Reformation

Die Spaltung der Kirche

Nach dem Auftreten Luthers in Worms verbreiteten sich seine Vorstellungen in Windeseile durch das Reich. Flugblätter und Prediger trugen sie bis in die Dörfer, und zahllose Menschen schlossen sich ihnen an. Bald war die Spaltung der Kirche nicht mehr aufzuhalten. Mönche verließen ihre Klöster, Priester heirateten, die Formen des Gottesdienstes wandelten sich. Auch viele Fürsten folgten der neuen Lehre – einige aber nur, um die Kirchengüter in ihrem Land zu beschlagnahmen und in ihren eigenen Besitz zu bringen. Mehr als die Hälfte des deutschen Reichsgebietes wurde lutherisch, ebenso Skandinavien. Auch die englische Kirche löste sich von Rom, bildete jedoch eine Staatskirche besonderer Art (vgl. Karte S. 65).

Zwingli und Calvin

Neben Luther standen noch andere Reformer außerhalb der alten katholischen Kirche: die Begründer des *„reformierten"* Bekenntnisses, *Ulrich Zwingli* (1484–1531) und *Johann Calvin* (1509–1564). Auch die „Reformierten" gründeten ihre Lehre auf das Zeugnis der Schrift wie Luther, sie unterschieden sich aber von ihm durch ihren Glauben an die Vorherbestimmung des Menschen. Gott, so glaubten sie, hat jeden Menschen von Geburt an entweder auserwählt oder verworfen. Wer im Leben und im Beruf tüchtig ist, dem wird Gottes Segen bestätigt.

Ausgangspunkt der „reformierten" Lehre war die Schweiz: in Zürich hatte Zwingli gelehrt, in Basel und Genf Calvin. Von hier verbreitete sie sich besonders in Westeuropa und später in Nordamerika.

Mit der Gründung der lutherischen und der „reformierten" Kirche zerbrach die bisherige Glaubenseinheit im Reich und in Europa.

Luther und die Bauern

Du weißt: Die Reformation war *ein* Anstoß zum Bauernkrieg gewesen. Die Bauern hatten sich – in der Folge von Luthers Lehre – auf die Heilige Schrift berufen und daraus ihre Forderungen nach mehr Freiheit und Gerechtigkeit begründet. Wie verhielt sich Luther dazu?

Luther hat in zwei Schriften zu den Forderungen der Bauern Stellung genommen.

„Es hat die Bauernschaft, die sich jetzt im Schwabenland zusammengeworfen hat, zwölf Artikel über ihre unerträglichen Beschwerden gegen die Obrigkeit [zusammen-]gestellt …

Es sind nicht Bauern, liebe Herren, die sich wider euch setzen; Gott ist's selber, der setzt sich wider euch, heimzusuchen eure Wüterei …

Etliche fangen an und geben dem Evangelium die Schuld, sprechen, dies sei die Frucht meiner Lehre … Ihr und jedermann muss mir Zeugnis geben, dass ich in aller Stille gelehrt habe, heftig wider Aufruhr gestritten, … sodass dieser Aufruhr nicht kann aus mir kommen, sondern die Mordpropheten, welche mir ja so feind sind als euch, sind unter diesen Pöbel gekommen …

Ist euch noch zu raten, ihr Herren, so weicht ein wenig um Gottes Willen dem Zorn …, auf dass nicht ein Funke angehe und ganz deutsch Land anzünde … Verliert ihr doch mit der Güte nichts …"

(Martin Luther, Ermahnung zum Frieden auf die zwölf Artikel der Bauernschaft in Schwaben, April 1525)

»Ehe denn ich mich umsehe, greifen die Bauern mit der Faust drein, … rauben und toben und tun wie die rasenden Hunde … Nun denn sich solche Bauern und elenden Leute verführen lassen und anders tun als sie geredet haben, muss ich auch anders von ihnen schreiben …

Dreierlei greuliche Sünden wider Gott und die Menschen laden diese Bauern auf sich … Zum ersten, dass sie ihrer Obrigkeit geschworen haben, untertänig und gehorsam zu sein … Weil sie aber diesen Gehorsam brechen, haben sie verwirkt Leib und Seele … Zum anderen: [dadurch] dass sie Aufruhr anrichten, rauben und plündern …, verschulden sie zwiefältig den Tod an Leib und Seele … Zum dritten: [dadurch] dass sie solch schreckliche, greuliche Sünden mit dem Evangelium decken, werden sie die größten Gotteslästerer …

Der Bauer führt das Schwert wider Gottes Wort und Gehorsam und ist ein Teufelsglied … Gott wolle sie erleuchten und bekehren. Welche aber nicht zu bekehren sind, da gebe Gott, dass sie kein Glück noch Gelingen haben …"

(Martin Luther, Wider die räuberischen und mörderischen Rotten der Bauern, Mai 1525)

Arbeitsvorschläge

1. Stelle noch einmal zusammen, was du über den Bauernkrieg weißt!

2. An wen wendet sich Luther in seinem Text vom April 1525? Welche Stellung nimmt er zu den Forderungen der Bauern ein? Ist er damit einverstanden, dass sich die Bauern auf ihn berufen? Wen macht er für den Aufruhr verantwortlich? Welche Ratschläge gibt er den „Herren"?

3. In dem Text vom Mai 1525 hat Luther seine Stellung zu den Bauern verändert. Welche Begründung gibt er dafür? Welcher „Sünden" klagt er die Bauern an?

Der Augsburger Religionsfriede

Im Reich kam es 1546 zum Krieg zwischen Kaiser Karl V. und seinen lutherischen Landesfürsten, dem „Schmalkaldischen Krieg". Er dauerte zwei Jahre.

Es war der erste Glaubenskrieg zwischen der alten, alles umfassenden katholischen Lehre und dem neuen Bekenntnis. Dahinter stand außerdem der alte Gegensatz von Kaisermacht und Selbstständigkeitsstreben der einzelnen Landesfürsten. Glaube und Politik waren untrennbar miteinander verflochten – auf beiden Seiten.

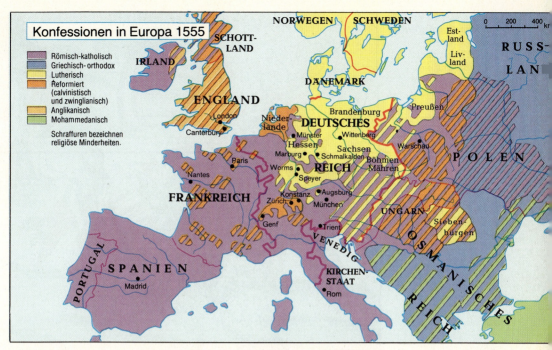

Die Karte zeigt die Verteilung der Bekenntnisse in Europa zur Zeit des Augsburger Religionsfriedens.

Der Kampf endete unentschieden. Jede Seite steckte ihre Ansprüche und Ziele etwas zurück, man schloss einen „Kompromiss", den *Augsburger Religionsfrieden* von 1555. Lutheraner wie Katholiken sollten hinfort gleichberechtigt nebeneinander leben. Jeder Fürst bestimmte über die Religion seiner Untertanen. Lutherische Fürsten durften beschlagnahmte Kirchengüter behalten. Die Reformierten blieben von den Vereinbarungen des Augsburger Religionsfriedens ausgeschlossen.

Arbeitsvorschlag

Im Augsburger Religionsfrieden wurde festgelegt, dass der Landesfürst die Religion seiner Untertanen bestimmen durfte. Wie denkst du darüber?

Hexenwahn im 16. Jahrhundert

Im 16. Jahrhundert erreichte der Hexenwahn in Europa einen ersten Höhepunkt. Er traf besonders Frauen und Mädchen. Zumeist waren es neidische oder verfeindete Nachbarn in den Dörfern und Städten, die Mitmenschen der Hexerei beschuldigten.

> „Was reichte als Grund zur Anklage aus? Alles. Wer konnte und musste Anzeige erstatten? Jedermann; auch Fieberträume von Kranken waren als Beweis zugelassen. Wen durfte die Anklage betreffen? Jeden, auch Kinder, in der Hauptsache selbstverständlich Frauen und Mädchen. Stand eine Frau allein im Feld und ein plötzliches Hagelwetter brach los: Hexerei! Hatte sie außerdem gegen irgendjemanden, dessen Felder ebenfalls verhagelt waren, irgendwann – und sei es vor Jahren – eine bedrohliche Äußerung getan, so zweifelte niemand mehr an ihren Hexenkünsten, sondern glaubte nur, sie hätte jenem Betreffenden den Hagel aufs Feld geholt.
> Gutes Gedeihen der eigenen Haustiere: Hexerei. Guter Ernteertrag: Hexerei ...
> Ungewöhnlicher Fleiß, hervorragende Sauberkeit: Hexerei (Heinzelmännchen! Hilfsbereite Hausgeister!). Mehr Glück bei den Männern als die Nachbarstochter: Hexerei! – Andererseits legte Heimatlosigkeit, ein abstoßendes Äußeres, unstetes Leben, Neigung zu gefahrdrohenden Schimpfwörtern, übler Körpergeruch, Muttermale und Warzen den Verdacht auf Hexerei nahe."
>
> *(Eberhard Orthbandt, Das deutsche Abenteuer, Baden-Baden 1960, S. 617)*

Bereits in den letzten Jahrhunderten des Mittelalters breitete sich der Hexenglaube in Deutschland aus. Man nahm an, dass viele Frauen mit dem Teufel verbündet waren und dadurch übermenschliche Fähigkeiten besäßen. Trotz aller neuen Erkenntnisse über die Natur, die Erde und die Menschen steigerte sich nach der Reformation dieser Aberglaube noch einmal zum „Hexenwahn". Selbst Luther und Calvin glaubten fest, dass es Hexen gäbe. Viele tausend unschuldige Frauen wurden als Hexen verbrannt, wie hier 1574 in der Schweiz.
Unten: Brandsäule in der Nähe von Eckartsberga (bei Naumburg)

Fiel dann jemand in die Hand des Hexenrichters, dann sah er in den seltensten Fällen die Freiheit wieder. Die Opfer wurden so teuflisch gefoltert, dass sie entweder schon während der Folter den Tod fanden oder in ihrer Pein alles gestanden, was die Richter wollten. Auf ein Geständnis hin folgte die Verbrennung auf dem Scheiterhaufen bei lebendigem Leibe oder aber die Hinrichtung durch das Beil.

Wie viele Menschen als Hexen umgebracht worden sind, lässt sich nicht annähernd schätzen. Erst 1749 wurde in Deutschland die letzte „Hexe" verbrannt.

Arbeitsvorschläge
1. Allein die *Anklage* der Hexerei bedeutete praktisch schon den Tod. Begründe bitte diese Aussage, indem du dir die möglichen Verläufe eines Prozesses vor Augen führst!
2. Suche nach Gründen für den Hexenwahn! Gibt es auch in unserer Zeit noch Anzeichen des Hexenglaubens?
3. Manchmal wird auch in unserer Gegenwart noch von Folterungen in der Welt berichtet. Welche Beispiele kannst du nennen?

Wir merken uns

Die Reformation wurde von dem Wittenberger Professor Martin Luther 1517 durch seine Thesen gegen den Ablasshandel eingeleitet. Auf dem Reichstag zu Worms 1521 verteidigte er seine Schriften vor Kaiser und Reich. Die lutherische und auch die reformierte Lehre breiteten sich in vielen Ländern Europas aus.

Geschichte und Gegenwart

Martin Luther. Eine Spurensuche

Martin Luther war – in der Sprache seiner Zeit – ein *gemeiner Mann:* ein Mensch von einfacher Herkunft und niedrigem Stande, kein Edelmann und kein Fürst. Und dennoch: Von diesem einfachen Mann sind mehr Spuren erhalten als von den meisten Edelleuten seiner Zeit. Und es gibt wohl keinen gemeinen Mann aus dem 16. Jahrhundert, in dessen Lebensumwelt und Lebensumstände wir uns besser und tiefer hineinfinden können als in die Martin Luthers. Wie kommt das?

Bei den meisten Menschen, die in ihrer Zeit Großartiges leisteten, ist ihre Bedeutung erst der Nachwelt so recht bewusst geworden. Bei Martin Luther aber haben schon seine Zeitgenossen erkannt, welche Veränderungen von seinem Lebenswerk ausgingen. So haben sie schon früh damit begonnen, Zeugnisse seines Lebens sorgsam zu bewahren.

Ein Zweites kommt hinzu: Die meisten Städte und Örtlichkeiten aus dem 16. Jahrhundert sind seither völlig verändert oder in Kriegen zerstört worden. Stätten, an denen Luther wirkte, aber konnten ihr Erscheinungsbild aus dem 16. Jahrhundert weitgehend bewahren: Eisleben und Wittenberg, die Wartburg.

Die Wartburg

Wir beginnen unsere Spurensuche auf der Wartburg. Ihre Lage auf einem hervorkragenden Fels von 400 m Höhe lässt sie schon von weitem erkennen (Bild oben). Wir betreten das Burggelände durch den nach wie vor einzigen Zugang, über die Zugbrücke und durch das Torhaus im Norden (Bild Mitte).

Die *Lutherstube* (Bild unten) hat der Reformator tatsächlich bewohnt, und die Einrichtung ist fast unverändert. An diesem Tisch also hat er das Neue Testament in eine deutsche Sprache übersetzt.

Die Lutherstädte Eisleben und Wittenberg heute

Martin Luther wurde 1483 in *Eisleben* geboren, hier starb er auch bei einem zufälligen Aufenthalt 1546. Seit 1946 trägt dieses Städtchen – wie Wittenberg – seinen Namen.

Luther war der Sohn eines Bergmanns, und noch heute stoßen wir auf die berghohen Halden, die Generationen von Bergleuten zu Tage förderten, um den Kupferschiefer dieser Region auszubeuten. Wir werden zunächst nach dem Geburtshaus Luthers suchen. Durch zwei schöne Bögen gehen wir hinein, finden in einer kleinen Ausstellung Dokumente und andere Zeugnisse seines Lebens. Auch das Sterbehaus können wir besichtigen.

In *Wittenberg* lebte Luther fast ständig von 1508 bis zu seinem Tode. Damals war dies eine Stadt mit etwa 2500 Einwohnern, mit niedrigen Lehmhäusern, deren Dächer mit Heu oder Stroh gedeckt waren, mit Straßen voll Schlamm und Schmutz. Dennoch – dieses war eine Residenzstadt und eine Universitätsstadt, und die Türme zweier Kirchen bestimmten das Stadtbild schon damals.

In der Stadtkirche St. Marien hat der junge Mönch, dann auch der Reformator Luther gepredigt, hier war er getraut worden. An der Schlosskirche aber stoßen wir auf die „Thesentür". Heute ist sie aus Bronze, die Holztür der Lutherzeit verbrannte 1760 im Krieg. Hat hier Martin Luther am 31. Oktober 1517 „seine Thesen angeschlagen" – ein gedrucktes Flugblatt oder Plakat an die Tür genagelt? Ging von diesem Ort eine weltweite Bewegung aus?

Unsere Spurensuche führt uns an den Rand der Altstadt, zum Lutherhaus. Hier hat er 38 Jahre gelebt. Sein Arbeitszimmer ist erhalten, und wieder finden wir in einer Ausstellung viele Zeugnisse seines Lebens.

Oben: Luthers Geburtshaus (links) und ein Blick in das Sterbehaus. – Mitte: Die Türme der Stadtkirche St. Marien in Wittenberg ragen hoch über das schöne alte Stadtbild hinaus. Hier predigte Martin Luther. – Unten: Die Thesentür an der Schlosskirche in Wittenberg. Wahrscheinlich hat Luther seine Thesen als Plakat hier angeschlagen („Thesenanschlag").

**„Schwerter zu Pflugscharen":
Wittenberg 1983**

Am Wittenberger Lutherhaus sammelten sich im September 1983 rund tausend zumeist junge Menschen. Sie hockten und standen um einen Amboss, um eine Schale voll glühender Kohlen.

Ein junger Wittenberger, Kunstschmied von Beruf, trat in den Kreis. Er trug ein geschmiedetes Schwert, legte es in das Feuer, schürte dieses und brachte so die Schwertspitze zum Glühen. Mit einem schweren Hammer schlug er die Spitze breit, krümmte er sie. Aus dem Schwert wurde eine Pflugschar. Das Bibelwort, dass „Schwerter zu Pflugscharen" werden sollen, wurde hier buchstäblich erfüllt. Es war der Höhepunkt einer Protestaktion der jungen Generation dieser Zeit.

„Schwerter zu Pflugscharen" – ein verbotener Aufnäher („Sticker") des Jahres 1982. Unten die Friedensaktion in Wittenberg 1983

Was war vorausgegangen? In der damaligen DDR hatte sich seit 1980 eine Friedensbewegung formiert – unabhängig von der herrschenden Partei und ihrem Anspruch auf Allmacht. Sie protestierte gegen Aufrüstung und Raketen überall in der Welt, aber auch gegen Wehrunterricht und Kriegsspielzeug in der DDR. „Schwerter zu Pflugscharen" wurde ihre Losung, zu der sich ihre Anhänger mit Aufnähern am Jackenärmel bekannten. Volkspolizisten und Mitarbeiter der „Stasi" rissen ihnen die Symbole ab, Vorgesetzte und Schuldirektoren schikanierten sie wegen dieses Bekenntnisses.

Im Alltag waren sie allein gewesen. Jetzt – in Wittenberg auf dem Kirchentag – hatten sie zusammengefunden, und ihr Signal eines gewaltfreien Aufbegehrens wirkte weit in die DDR hinein, war eine allererste Probe für die friedliche Revolution sechs Jahre danach.

Wieder war von Wittenberg eine Bewegung ausgegangen.

Die Zeit der Glaubenskämpfe

Die Erneuerung der katholischen Kirche

Das Konzil von Trient

Die Reformation führte nicht nur zur Entstehung der lutherischen und der „reformierten" Kirche, sie wirkte auch auf die alte Kirche zurück. Auf einer langwierigen Kirchenversammlung, dem Konzil von Trient (1545 bis 1563), reformierte diese sich nun selbst.

Das Konzil von Trient war für die katholische Kirche von großer Bedeutung. Es gelang eine Reform von innen her durchzuführen. Viele Missstände wurden abgestellt. Es folgte eine klare Abgrenzung der Glaubenslehre gegenüber den neuen Bekenntnissen. Die katholische Kirche erhielt hier ihre heutige Gestalt.

Katholische Lehre	Luthers Lehre
Als Glaubensquelle gilt die Bibel und die kirchliche Überlieferung.	Glaubensquelle ist nur die Bibel.
Der Priester ist der Mittler zwischen Gott und den Menschen.	Der Pfarrer ist der Berater der Gemeinde und Leiter des Gottesdienstes.
Die wesentliche gottesdienstliche Handlung ist die Heilige Messe, die der Priester mit der Gemeinde feiert.	Der Gottesdienst besteht aus der Predigt des Pfarrers und dem Gesang und Gebet der Gemeinde.
Es gibt sieben Sakramente.	Als Sakramente gelten nur die Taufe und das Abendmahl.
Die Kommunion wird den Gläubigen in der Gestalt des Brotes gespendet.	Das Abendmahl wird in beiden Gestalten (Brot und Wein) gereicht.
Die Priesterehe ist verboten.	Die Priesterehe ist erlaubt.
An der Spitze der Kirche steht der Papst.	An der Spitze der Landeskirche steht der Landesfürst (heute der Landesbischof).

(Nach: Zeiten, Völker und Kulturen 2, S. 96)

Dieses Gemälde aus dem Kloster Stans in der Schweiz zeigt die Teilnehmer des Konzils von Trient. Die Konzilsväter bilden ein weites Halbrund, dessen Mittelpunkt der Heiland am Kreuz ist. Unter dem Kreuz sitzen der (weltliche) Vertreter der Habsburger und der (geistliche) Protokollführer, in der Öffnung des Halbrunds die Vertreter des Papstes. Über allen schweben Gottvater, Jesus Christus und der Heilige Geist (Taube).

Der Dreißigjährige Krieg (1618–1648)

Kampf und Krieg überall

Die Auseinandersetzung um den rechten Glauben nahm in vielen Ländern Europas kriegerische Formen an. – *Spanien*, seit der Abdankung Karls V. Führungsmacht der westlichen Hälfte des habsburgischen Reiches, wurde unter Philipp II. (1556–1598) zum Vorkämpfer des strengen katholischen Glaubens. Selbst zum Christentum übergetretene Juden und Araber sowie andere „Ketzer" wurden hingerichtet oder aus dem Lande vertrieben. – In den „reformierten" *Niederlanden* erkämpfte sich die Bevölkerung 1581 die religiöse und politische Freiheit von Habsburg-Spanien. – Auch in *Frankreich* waren Hunderttausende der Lehre Calvins beigetreten. Sie wurden „Hugenotten" genannt. Blutige Bürgerkriege erschütterten das Land (1562–1598), bis endlich ein Kompromiss gefunden wurde. – *England* blieb ebenfalls nicht frei von religiösem Hader.

Hinter diesen Glaubensverfolgungen und Religionskriegen standen aber immer auch die eigensüchtigen weltlichen Interessen der Herrscherhäuser und Völker. Religion und Politik waren fast nirgends zu trennen. Eines der großen politischen Ziele dieser Zeit war es, die Vormacht der katholischen Habsburger in Europa zu brechen, die auch nach der Teilung des Reiches in eine spanische und eine deutsche Linie in ihrer Politik zusammenhielten.

Die Gegner

In Deutschland hatte der Kompromiss des Augsburger Religionsfriedens von 1555 ein halbes Jahrhundert vorgehalten. Nach der Jahrhundertwende aber spitzten sich die Gegensätze erneut zu – aus kleinem Anlass entwickelte sich der große *„Dreißigjährige Krieg"*, in dem die Zeit der Glaubenskämpfe ihren Höhepunkt erreichte.

Es war zunächst ein Kampf zwischen der evangelischen und der katholischen Fürstenpartei in Deutschland, der „Union" und der „Liga". Wie schon beim Schmalkaldischen Krieg ging es außerdem um Fragen der Politik, um den Gegensatz von Kaisermacht und Selbstständigkeit der Fürsten.

Doch bald griffen auch ausländische Mächte aufs Stärkste ein – zunächst Dänemark, dann Schweden, das seine Macht im Ostseeraum ausbauen sowie den evangelischen Fürsten zu Hilfe eilen wollte. Schließlich kämpfte auch das katholische Frankreich gegen den katholischen Kaiser, weil es erneut eine Möglichkeit sah, die habsburgische Umklammerung zu sprengen.

Die Auseinandersetzung um Glaubensdinge war sehr schnell zu einem Kampf um die Macht der Staaten geworden.

Die großen Gegenspieler dieses Ringens waren

auf katholischer Seite	Kaiser Ferdinand II. mit seinen Feldherren Tilly und Wallenstein,
auf der Gegenseite	König Christian von Dänemark, König Gustav Adolf von Schweden, der französische Minister, Kardinal Richelieu.

Arbeitsvorschlag — Du hast erfahren, dass im Dreißigjährigen Krieg drei lange bestehende Gegensätze erneut aufeinanderprallten: katholischer und evangelischer Glaube, Kaisermacht und Selbstständigkeitsstreben der Fürsten, Habsburg und Frankreich. Versuche, die Gegensätze in einer bildlichen Darstellung wiederzugeben!

Die Leiden der Menschen

Dreißig Jahre lang verwüsteten, mit Unterbrechungen, die Söldnerheere das deutsche Land. Unendliche Greuel und Grausamkeiten kennzeichneten auf beiden Seiten den Krieg, der einmal hier, einmal dort seinen Schwerpunkt hatte. „Der Krieg muss den Krieg ernähren", hieß die Regel, und so schleppten die plündernden Söldner das letzte Hab und Gut der Bewohner hinweg – quälten, marterten, erschlugen und verbrannten sie unschuldige Menschen.

… auf dem Lande

Bald nach dem Kriege schrieb der Dichter Grimmelshausen sein Buch „Der abenteuerliche Simplicissimus". Hier beschreibt er den Überfall auf den Hof seines Vaters („Knan"), den er als Kind erlebte:

„Das Erste, was die Reiter taten, war, dass sie ihre Pferde einstellten; dann aber hatte jeder seine besondere Arbeit zu verrichten. Etliche fingen an, zu metzgern, zu sieden und zu braten, sodass es aussah, als sollte eine lustige Schmauserei gehalten werden. Andere durchstürmten das Haus von unten bis oben. Noch andere machten von Tuch, Kleidern und allerlei Hausrat große Packen, als ob sie damit einen Krempelmarkt anstellen wollten; was sie aber nicht mitzunehmen gedachten, wurde zerschlagen und zu Grunde gerichtet. Etliche durchstachen Heu und Stroh mit ihren Degen, als ob sie nicht Schafe und Schweine genug zu stechen gehabt hätten. Etliche schütteten die Federn aus den Betten und füllten dafür Speck, gedörrtes Fleisch und sonstiges Gerät hinein, als ob dann besser darauf zu schlafen wäre. Andere schlugen Ofen und Fenster ein, als hätten sie einen ewigen Sommer zu verkünden. Kupfer- und Zinngeschirr stampften sie zusammen und packten die verbogenen und verderbten Stücke ein. Bettladen, Tische, Stühle und Bänke verbrannten sie, obgleich viele Klafter dürres Holz im Hofe lagen. Töpfe und Schüsseln mussten alle entzwei, entweder weil sie lieber am Spieß Gebratenes aßen oder weil sie allhier nur eine einzige Mahlzeit zu halten gedachten.

Unsere Magd ward im Stall dermaßen misshandelt, dass sie kaum noch gehen konnte. Den Knecht legten sie gebunden auf die Erde, steckten ihm ein Querholz in den Mund und schütteten ihm einen Melkkübel voll garstiger Mistjauche in den Leib – das nannten sie einen schwedischen Trunk. Dadurch zwangen sie ihn, eine Abteilung dahin zu führen, wo die übrigen Bewohner des Hofes sich versteckt hatten. Nicht lange währte es, und sie brachten auch meinen Knan, meine Meuder und unser Ursele in den Hof zurück.

Nun fing man an, die Feuersteine von den Pistolen loszuschrauben und dafür meiner Mutter und Schwester die Daumen festzuschrauben und die armen Schelme so zu foltern, als wenn man Hexen brennen wollte. Mein Knan war meiner damaligen Ansicht nach der Glücklichste, weil er mit lachendem Munde bekannte, was andere unter Schmerzen und Wehklagen sagen mussten. Solche Ehre widerfuhr ihm ohne Zweifel nur darum, weil er der Hausvater war. Sie setzten ihn nämlich an ein Feuer, banden ihn, dass er weder Hände noch Füße regen konnte, und rieben seine Fußsohlen mit angefeuchtetem Salz ein, das ihm unsere alte Geiß wieder ablecken musste. Das kitzelte ihn so, dass er vor Lachen hätte bersten mögen. Mir kam das so spaßig vor, dass ich zur Gesellschaft, oder weil ich's nicht besser verstand, von Herzen mitlachen musste.

Unter solchem Gelächter bekannte er, dass er im Garten einen Schatz vergraben hätte, der an Gold, Perlen und Kleinodien viel reicher war, als man sonst bei einem Bauern hätte suchen mögen.

Mitten in diesem Elend wandte ich den Braten und war um nichts bekümmert, weil ich noch nicht wusste, wie das alles gemeint war. Ich half auch nachmittags die Pferde tränken, wobei ich zu unserer Magd in den Stall kam. Ich erkannte sie nicht gleich, so war sie misshandelt worden. Sie aber sprach zu mir mit schwacher Stimme: ‚O Bub, lauf weg; sonst werden dich die Krieger mitnehmen! Mach, dass du fortkommst; du siehst ja, wie übel …' Mehr konnte sie nicht sagen."

(H. J. Ch. v. Grimmelshausen, Der abenteuerliche Simplicissimus, München 1956, S. 16 ff. Sprachlich vereinfacht)

Überfall auf Bauern

Badisches Kinderlied aus dem Dreißigjährigen Krieg:

„Der Schwed is komme
Hat alles mitgnomme,
Hat d'Fenster eingschlage
Und's Blei davontrage,
Hat Kugle draus gosse
und d'Bauer tot gschosse.
Bet, Kindle, bet
Jetzund kommt der Schwed."

Arbeitsvorschläge

1. Versuche bitte, dir klarzumachen, was es heißt: dreißig Jahre Krieg!
2. Neben den Schreckensschilderungen gibt der Bericht vom Überfall auch einen Einblick in den Haushalt eines Bauernhofes damals. Wie unterschied er sich von einem Haushalt heute?
3. Wie haben Menschen ihre Mitmenschen zu Beginn der Neuzeit gepeinigt? Du kannst Antworten nach Text und Bildern diese Buches zusammenstellen!
4. Untersuche das Schicksal des „Pommerlands" auf der Karte S. 76!

… und in der Stadt

Nicht nur die bäuerliche Bevölkerung musste unsägliches Elend ertragen. Auch die Menschen in den Städten litten unter dem Krieg, wie das Beispiel Magdeburgs zeigt.

In Magdeburg lebten etwa 40 000 Menschen, als der kaiserliche Feldherr Tilly mit der Belagerung begann. Sechs Monate hielt die Stadt stand, dann wurde sie im Mai 1631 von den „Kaiserlichen" erobert. Ein Brand legte die Stadt fast ganz in Schutt und Asche. Von den Einwohnern wurden 20 000 ermordet oder kamen bei dem Brand ums Leben.

Die Folgen der Eroberung der Stadt hat *Otto von Guericke* (1602–1686), der Erfinder der Luftpumpe und der „Magdeburger Halbkugeln", beschrieben. Er war zeitweise Bürgermeister dieser Stadt.

Norddeutsches Kinderlied aus dem Dreißigjährigen Krieg:

„Maikäfer flieg!
Dein Vater ist im Krieg.
Mutter ist im Pommerland,
Pommerland ist abgebrannt.
Maikäfer flieg!"

Arbeitsvorschlag

Der nachfolgende Text ist in Wortwahl und Satzbau so belassen worden, wie ihn Otto von Guericke noch im Jahre 1631 niedergeschrieben hat. Viele Begriffe gebrauchen wir nicht mehr, und die Sätze sind wahre Wortungetüme.

Arbeite den Text Satz für Satz durch! Versuche, seinen Inhalt in heutiger Sprache wiederzugeben! Bilde dabei neue, kürzere Sätze! Wenn du so arbeitest, begreifst du an diesem Text den Wandel der Sprache.

„Belangend die Anzahl der Erschlagenen und Umgekommenen in der Stadt, weil nicht allein das Schwert, sondern auch das Feuer viel Menschen aufgefressen, kann man dieselbe nicht eigentlich wissen; denn nicht allein [hat] bald nach dieser erbärmlichen Einäscherung der General Tilly die verbrannten Leichname und sonst Erschlagenen von den Gassen, Wällen und anderen Plätzen auf Wagen laden und ins Wasser der Elbe fahren lassen, sondern man hat auch fast ein ganzes Jahr lang nach der Zeit in den verfallenen Kellern viel tote Körper zu fünf, sechs, acht, zehn und mehr gefunden. Und weil die, so auf den Gassen gelegen, sehr vom Feuer verzehrt und von den einfallenden Gebäuden zerschmettert gewesen, also dass man oft die Stücke mit Mistgabeln [hat] aufladen müssen, wird niemand die eigentliche Summam benennen können. Insgemein aber hält man dafür, dass, mit eingeschlossen die beiden Vorstädte und was von der kaiserlichen Soldatesque [Kriegsvolk] umgekommen und verbrannt, es auf zwanzigtausend Menschen, klein und groß, gewesen …

Die abgestorbenen Leichname, so vor das Wassertor hinaus in die Elbe geführt worden, haben, weil an dem Orte alle Wege ein Kräusel oder Wirbel ist, nicht bald hinwegfließen können oder wollen, also dass viele da lange herumgeschwommen, die teils die Köpfe aus dem Wasser gehabt, teils die Hände gleichsam gen Himmel gereckt und dem Anschauer ein fast grausam Spektakel [Anblick] gegeben haben, davon denn viel Geschwätzes gemacht worden, gleich als hätten solche tote Leute noch gebetet, gesungen und zu Gott um Rache geschrieen.

Sobald sich aber die Hitze und Glut in etwas gestillet, hat der kaiserliche General von der Artillerie … alle Braupfannen, Glocken und anderes Kupfergeschirr zusammen auf unterschiedliche große Haufen führen und für sich als seine Beute verwahren lassen. So hat sich auch überdies eine unglaubliche Anzahl von Eisenwerk auf den abgebrannten Stätten und, insonderheit noch in den Kellern, viel Zinnwerk und dergleichen befunden, so teils auch von der kaiserlichen Soldatesque zusammengebracht worden. Nicht weniger haben auch bald hernach teils die Bürger selbsten … diese Metalle zusammengelesen oder von den Soldaten um ein ganz schnödes Geld an sich gebracht und heimlich nach Hamburg und andere Örter verführet, also dass sie teils davon viel reicher als zuvor geworden sind. Den mehreren Teil aber von den Braupfannen, zerbrochenen Glocken und andern Metallen, so oben gemeldeter General von der Artillerie und andere Kaiserliche [haben] sammeln lassen, haben sie nachmals zusamt mit der Stadt quittieren [aufgeben] und den Schwedischen überlassen müssen.

Man hat auch in gar vielen Kellern im Bier und Wein bis an die Knie gehn mögen, weil der Übermut und Frevel des gemeinen Kriegsvolkes so groß gewesen, dass, wenn etwa ein Eimer Biers oder Weins aus einem Fasse gezapft worden, sie den Zapfen nicht wieder einstecken wollen und das Bier und den Wein hinlaufen lassen."

(Otto von Guericke, Geschichte der Belagerung, Eroberung und Zerstörung der Stadt Magdeburg, 1911, S. 81 ff.)

Arbeitsvorschläge

1. Betrachte bitte zunächst die Abbildung auf den Seiten 34/35! Beschreibe das Bild der Stadt Magdeburg, die Stadtmauern und sonstigen Befestigungsanlagen! Was hat sich bei den Verteidigungsanlagen gegenüber dem mittelalterlichen Stadtbild verändert? Gib bitte Gründe für diese Veränderungen an! (Lies evtl. auf S. 48/49 nach, welche Waffen dem Kriegswesen ein anderes Gesicht gaben!)

2. Welcher Augenblick des Kampfgeschehens ist wiedergegeben? Versuche bitte, die einzelnen Schauplätze zu beschreiben und zu deuten!

3. Worin unterscheidet sich diese Kampfszene von der auf S. 57 dargestellten Schlacht?

4. Welche Folgen der Belagerung und Eroberung Magdeburgs werden im vorstehenden Quellentext angesprochen?

5. Wie haben sich Magdeburger Bürger auf Kosten ihrer Mitbürger bereichert?

Pestkranke und Pesttote vor den Toren einer Stadt. Unten links ein Bettler der Nachkriegszeit

Die Verwüstung des Landes

Keine der kämpfenden Parteien konnte militärisch gewinnen, „der Krieg starb an Erschöpfung". Er hinterließ ein zerstörtes und entvölkertes Land. Vielerorts hatte zusätzlich die Pest gewütet. In den Dörfern Thüringens stand die Hälfte der Häuser leer. In Mecklenburg wurde nach dem Ende der Kriegshandlungen nur etwa ein Viertel der Bauernstellen wieder unter den Pflug genommen. Es fehlte an allem: an Menschen, an Vieh, an Ackergeräten und Saatkorn.

Ähnlich sah es in den Städten aus. Die Einwohnerzahl von Berlin war zwischen 1618 und 1654 von 12 000 auf 6000 zurückgegangen, Frankfurt an der Oder hatte nach dem Kriege von 13 000 Einwohnern nur noch 2400.

Wie viele Menschen dieser Krieg durch Kämpfe, Seuchen und Hunger insgesamt gekostet hat, weiß niemand genau – es waren mindestens 6 Millionen (von 18 Millionen)! Hunderttausende waren heimatlos geworden. Flüchtlinge, Bettler und Wegelagerer durchzogen noch Jahre hindurch das Land. Der Handel, der so viele Städte reich und blühend gemacht hatte, war fast völlig zusammengebrochen. Es gab keine Arbeitskräfte und keine Arbeitsmöglichkeiten mehr.

Arbeitsvorschläge

1. Auch im Zweiten Weltkrieg (1939–1945) starben bei Kämpfen, Luftangriffen und Vertreibungen etwa 7 Millionen Deutsche. Die Bevölkerungszahl betrug 1939 aber 70 Millionen. Mache dir die Zahlenverhältnisse beider Kriege in zwei Schaubildern klar!
2. Lass dir von deinen Großeltern berichten, was sie in und nach dem letzten Kriege erlebt haben!
3. Gibt es heute noch solche Seuchen in der Welt wie die Pest?

Untersuche die vorstehende Karte! Welche Räume im Reich hatten besonders starke, welche besonders geringe Verluste? Wo wird deutlich, dass besonders schwere Verluste entlang wichtiger Durchgangsstraßen auftraten? Wie hat sich der Krieg in deiner Heimatregion ausgewirkt?

Gesandte beschwören den Frieden in Münster. Der niederländische Maler Gerard Terborch, der sich 1648 am Ort des Friedensschlusses aufhielt, gab den feierlichen Augenblick in diesem Gemälde wieder.

Der Westfälische Friede beendete den Krieg in Deutschland. Für Spanien-Habsburg fand das Ringen erst im „Pyrenäenfrieden" von 1659 seinen Abschluss. Auch hier war Frankreich der Gewinner. Die Karte gibt die Lage um das Jahr 1660 wieder. Die Niederlande und die Schweiz sind aus dem Reichsverband ausgeschieden. Schweden hat Vorpommern und Bremen erhalten, Frankreich Gebiete im Südwesten.

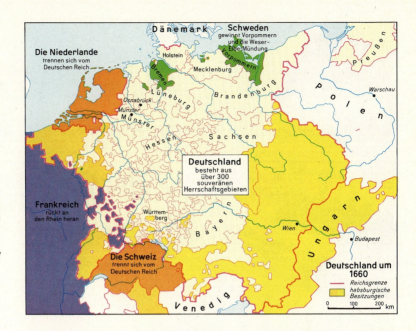

Der Westfälische Friede

Am 24. Oktober 1648 unterzeichneten in den westfälischen Städten Münster und Osnabrück die Vertreter der beteiligten Mächte endlich das umfangreiche Vertragswerk des *Westfälischen Friedens*.

Innenpolitisch brachte der Friedensschluss in Münster und Osnabrück die völlige „Souveränität" der Landesfürsten: Jeder Fürst konnte hinfort sogar mit fremden Staaten eigene Bündnisse und Verträge abschließen. Das Reich hatte praktisch aufgehört zu bestehen. Es existierte nur noch dem Namen nach weiter, bis zum Jahre 1806. Die Kaiserwürde war lediglich noch ein Titel – ohne Macht und Geltung.

Im Innern Deutschlands traten bedeutsame Gebietsveränderungen ein. Wichtig waren aber besonders die Veränderungen an den Grenzen des Reiches, wie sie die Karte oben zeigt. Vor allem hatte sich Frankreich durch Gewinne im Südwesten bis an den Rhein vorgeschoben. Das „Heilige Römische Reich Deutscher Nation" war völlig ohnmächtig geworden – es schied aus dem Kreis der europäischen Mächte aus.

Die Vormachtstellung des Hauses Habsburg in Europa war endgültig gebrochen. Unter den aufstrebenden Nationalstaaten war Frankreich jetzt zur tonangebenden europäischen Macht geworden.

Wir merken uns

Die Glaubensspaltung in Europa veranlasste eine innere Reform der katholischen Kirche auf dem Konzil von Trient.

Seit der Reformation war Europa erfüllt von vielfachen Glaubens- und Machtkämpfen. Ihr Höhepunkt wurde der „Dreißigjährige Krieg" (1618–1648), der mit einer furchtbaren Verwüstung Deutschlands endete. Die habsburgische Vormachtstellung in Europa ging auf Frankreich über.

3 Die Zeit des Absolutismus

Das Barockschloss Versailles, Sinnbild des Absolutismus

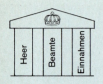

1650　　　　　　　　1700　　　　　　　　1750

Das Kleider-Edikt

Es war kurz vor Weihnachten des Jahres 1731. In der kleinen preußischen Stadt Tangermünde war die Bürgerschaft vor dem Rathaus versammelt. Ein Gesetz des Königs, ein *Edikt*, sollte bekannt gegeben werden. Der Ratsschreiber stand auf den Stufen vor der Rathaustür, sodass er über alle hinwegschauen konnte. Laut las er das Schriftstück vor, das ein reitender Bote überbracht hatte.

„Habt ihr verstanden?", fragte er nach der Verlesung die Menge. „Ja!", schrien einige. Andere riefen: „Nein!" Es entstand ein allgemeines Gemurmel und Getümmel.

Das Rathaus von Tangermünde, im 15. Jahrhundert im gotischen Baustil erbaut. Es wurde aus gebrannten, unverputzt gebliebenen Steinen („Backsteinen") errichtet. Ob zu Weihnachten 1731 hier an der Tür das Edikt angeschlagen war?

„Lese Er den Leuten noch einmal das Wichtigste vor – nur die Hauptsätze!", befahl der Bürgermeister dem Schreiber. „Ich möchte keiner Weibsperson hernach den Seidenrock abreißen lassen müssen, verstanden?"

„Jawohl, Herr Bürgermeister!", sagte der Ratsschreiber, und noch einmal dröhnte seine Stimme über den Platz.

„Dann schlage Er das Edikt, wie befohlen, an der Rathaustür und an den Stadttoren an!"

„Jawohl, Euer Hochwohlgeboren!", dienerte der Schreiber.

Das neue Gesetz gab den Leuten, besonders den Frauen und Mädchen, viel Anlass zu beifälligen und auch aufrührerischen Redensarten. Aber was half's – der Wille des Königs musste durchgeführt werden!

Arbeitsvorschläge

1. Auf den folgenden Seiten findest du das Edikt des Königs in seiner Originalform abgedruckt. Kannst du herausfinden, worum es darin geht? (Ein „Camisol" ist ein eng anliegendes Leibchen).
2. Schreibe bitte die Titelseite des Edikts in modernes Deutsch um! (Das erste Wort heißt „EDIKT", das Wort in der dritten Zeile von unten „CUSTRIN" = Küstrin.)
3. Orientiere dich zunächst genauer, welcher König dieses Edikt erlassen hat, zum Beispiel auf Seite 108!
4. Auf der zweiten Seite des Edikts werden eine Reihe weiterer Titel aufgeführt, welche dieser König innehatte (z. B. Markgraf, …). Stelle sie doch einmal zusammen!
5. Suche auf einer Karte – am besten einer Geschichtskarte – möglichst viele der Gebiete, über die der König gebot!
6. Versuche, die auf der dritten Seite des Edikts enthaltenen Anordnungen klar herauszuarbeiten! Beantworte dazu bitte im Einzelnen:
    a) An wen ist das Edikt gerichtet?
    b) Was wird angeordnet?
    c) Womit wird diese Anordnung begründet? (Es sind mehrere Gründe!)
    d) Welche Strafe wird angedroht?

(Fortsetzung auf Seite 85)

EDICT,

Daß
Nach Verlauf sechs Monathe
Die
Dienst = Mägde
Und
gantz gemeinen **Weibes = Leute,**
Sowohl
Christen als Juden,
Keine
Seidene Röcke, Camisöler und Lätze
ferner tragen sollen.
De Dato Berlin, den 6ten Novembris 1731.

CUSTRIN,
Gedruckt bey Gottfr. Heinichen und Joh. Hübnern, Königliche Preußische
Neumärckische Regierungs-Buchdrucker.

𝕳Ir Friderich Wilhelm, von GOttes Gnaden, König in Preußen/ Marggraf zu Brandenburg/ des Heil. Römischen Reichs Ertz-Cämmerer und Chur-Fürst/ Souverainer Printz von Oranien/ Neufchatel und Vallangin, in Geldern/ zu Magdeburg/ Cleve/ Jülich/ Berge/ Stettin/ Pommern/ der Cassuben und Wenden/ zu Mecklenburg/ auch in Schlesien zu Crossen Hertzog/ Burggraf zu Nürnberg/ Fürst zu Halberstadt/ Minden/ Camin/ Wenden/ Schwerin/ Ratzeburg und Moeurs/ Graf zu Hohenzollern/ Ruppin/ der Marck/ Ravensberg/ Hohenstein/ Tecklenburg/ Lingen/ Schwerin/ Bühren und Lehrdam/ Marquis zu der Vehre und Vlißingen/ Herr zu Ravenstein/ der Lande Rostock/ Stargard/ Lauenburg/ Bütow/ Arlay

lay und Breda ꝛc. ꝛc. ꝛc.   Thun kund und fügen hiemit zu wissen; Nachdem Wir mißfällig angemercket/ daß die Dienst-Mägde und gantz gemeinen Weibes-Leute es seyen Christen oder Juden/ sowohl in den Städten als auch auf dem platten Lande/ seidene Camisöler/ Röcke und Lätze gar häufig tragen/ solches aber nicht allein dem Debit der dem gantzen Lande so sehr ersprießlichen Woll-Manufacturen hinderlich/ sondern auch den vorher bereits ergangenen Verordnungen/ nach welchen sich ein jeder seinem Stande gemäß kleiden/ und solches nicht überschreiten soll/ entgegen ist/ überdem auch öfters daher zu allerhand Unordnungen und wohl gar zu sündlichem Leben Gelegenheit entstehet/ indem vielleicht manche Dienst-Magd und gantz gemeine Weibes-Person/ wann sie von ihrem Lohn zu Anschaffung der seidenen Camisöler/ Röcke und Lätze das erforderte nicht erübrigen kan/ durch unrechtmäßige und unerlaubete Mittel solches zu erlangen suchet: Also Wir der Nothdurft zu seyn erachtet/ solchem Unwesen durch dieses Edict zu steuren.

Wir setzen/ ordnen und wollen demnach hiemit/ daß nach Verlauf sechs Monathe nach Publication dieses Edicts/ keine Dienst-Mägde und gantz gemeine Weibes-Leute/ es seyen Christen oder Juden/ ferner seidene Camisöler/ Röcke oder Lätze tragen/ sondern/ wofern sich nach Ablauf solcher gesetzten Zeit dennoch welche damit betreffen lassen würden/ denenselben solche seidene Kleidung öffentlich auf den Strassen abgenommen werden soll; als worüber jeden Orts Magistrat und Gerichts-Obrigkeit mit gehörigem Ernst und Nachdruck ohne die geringste Connivenz und Nachsicht zu halten hat.

Damit auch der Inhalt dieses Edicts zu jedermanns Wissenschaft kommen möge/ so soll selbiges nicht allein
gewöhn-

gewöhnlicher maßen in den Städten an öffentlichen Oertern/ nemlich an den Rath=Häusern und Stadt=Thoren/ auf den Dörfern aber an den Krügen oder Schencken angeschlagen und öffentlich ausgehangen/ sondern auch in den Städten der versammleten Bürgerschaft auf dem Rath=Hause/ auf den Dörfern aber nach geendigtem Gottesdienst den Gemeinden von den Küstern vor den Kirch=Thüren vorgelesen werden/ damit sich ein jeder genau darnach achten könne.

Uhrkundlich unter Unserer höchsteigenhändigen Unterschrift und beygedrucktem Königlichen Insiegel. Gegeben zu Berlin/ den 6ten Novembris 1731.

Fr. Wilhelm.

F. W. v. Grumbkow. F. v. Görne. A. O. v. Viereck. F. M. v. Viebahn. F. W. v. Happe.

7. Die vierte Seite des Edikts gibt dir Auskunft, wie damals Bekanntmachungen erfolgten. Stelle gegenüber: Bekanntmachungen damals – heute!
8. Das Edikt verlangt eine „standesgemäße" Kleidung. – Wie in alter Zeit gliederte sich damals das Volk nach Geburt und Stellung in verschiedene Stände:
   1. Stand: Geistlichkeit
   2. Stand: Adel
   3. Stand: reiche Bürger und das „gemeine Volk"
             (arme Stadtbewohner, Bauern usw.).
   An welchen Stand ist das Edikt des Königs gerichtet?
9. Lege eine Liste der Fremdwörter an, die im Edikt vorkommen!
10. Was kannst du aus der Urkunde über die damalige Art der Druckschrift entnehmen?
11. Stelle zusammen, was dir an der Rechtschreibung und der Zeichensetzung der damaligen Zeit auffällt!
12. In der preußischen Stadt haben die Leute 1731 Beifälliges und Aufrührerisches zum Edikt gesagt. Wie mögen diese „Redensarten" gelautet haben? Vielleicht vollzieht ihr die Szene vor dem Rathaus im Rollenspiel einmal nach?
13. Gibt es eigentlich heute noch eine „standesgemäße" Kleidung? Könnte heute ein Rektor den Mädchen das Tragen von Jeanshosen und Miniröcken oder den Jungen das Tragen langer Haare verbieten? Könnten heute ein Gemeinde- oder Stadtdirektor, ein Minister, der Bundeskanzler oder Bundespräsident solche Gesetze erlassen? Begründe bitte!

Vom Wandel der Mode

Um 1300: Zur Zeit des *ritterlichen Minnesangs* gehen Mann und Frau fast gleich gekleidet in bodenlangen Gewändern mit ärmellosen Übergewändern. Die Männer wirken mit ihren halblangen Locken und dem bartlosen Kinn sehr weiblich.

Um 1500: Zu *Beginn der Neuzeit* trägt der vornehme Bürger ein Wams mit Faltenrock und geschlitzten und gepufften Ärmeln, dazu ein gefälteltes Hemd, Langstrümpfe und breite, flache Schuhe – „Kuhmaul" genannt. Der pelzbesetzte, ärmellose Kurzmantel sieht sehr kostbar aus. Seine Frau trägt wie er als Kopfbedeckung das große, flache Barett. Auch bei ihr ist das Hemd gefältelt, sind die Ärmel geschlitzt und gepufft.

Um 1700: Hauptmerkmal der *Barockmode* ist die gewaltige Lockenperücke des Mannes. Dazu trägt er einen reichbestickten Überrock, Kniehosen, Zwickelstrümpfe und hochhackige Stiefel. – Der obere Rock der Frau ist vorn offen, über den Hüften gerafft und endet hinten in einer Schleppe. Auf dem Kopf trägt sie ein hohes, gesteiftes Häubchen.

Um 1750: Der mächtige Reifrock ist wichtigster Bestandteil der *Rokokokleidung*. Anfangs tragen die Damen ihr weißgepudertes Haar flach am Kopf, später türmen sie es mit Hilfe von Kissenpolstern zu riesigen, kunstvollen Gebilden auf: Bei Kopfjucken hilft man sich mit einem Kopfkratzer. – Das modische Beiwerk des Mannes sind Spitzenkrawatte und -manschetten, das ebenfalls weiß gepuderte Haar wird als Zopf im Nacken getragen.

Natürlich hast du es bereits längst bemerkt: Dies ist die Kleidung derer, die sich zu ihrer Zeit „Mode leisten konnten", der Minnesänger im späten Mittelalter, der Vornehmen unter den Bürgern zu Beginn der Neuzeit, der Höflinge in der Zeit des Absolutismus.

um 1300

um 1500

um 1700

um 1750

Der französische Absolutismus

Ludwig XIV. und sein Hof

Der Sonnenkönig

Ganz anders als die deutschen Kaiser hatten es die französischen Könige vermocht, sich gegen ihre Fürsten und den übrigen Adel durchzusetzen. Sie waren immer mehr zum Mittelpunkt des Staates geworden.

Was seine Vorgänger eingeleitet hatten, vollendete Ludwig XIV. Als er 1661 die Amtsgeschäfte übernahm, verbot er seinen Ministern, irgendein Schriftstück ohne seinen Befehl zu unterschreiben. Er allein erließ die Gesetze, keiner durfte ihm dreinreden. Er rief auch die *„Generalstände"* nicht mehr zusammen, die früher dem König neue Steuern bewilligen mussten: die Vertreter der Stände Geistlichkeit, Adel und Bürgertum. Mit diesen und anderen Maßnahmen schaffte es der König, alle Macht im Staate an sich zu reißen. Er regierte fortan *unumschränkt, „absolut"*.

„Der Staat bin ich!"

„Kleiner als Gott – aber größer als der Erdball", so verkündete er seinen Anspruch. „Der, welcher den Menschen Könige gab, hat gewollt, dass man sie als seine Stellvertreter achte … Sein Wille ist es, dass ein jeder, der als Untertan geboren, ihnen gehorche ohne Unterscheidung." Sein Königtum empfand er also als göttliche Bestimmung; es gab keinen Willen, keine Herrschaft, keine Macht und Größe außer der seinen.

Sinnbild seines königlichen Daseins war für ihn die Sonne: „Durch ihre Einzigartigkeit, durch den Glanz, der sie umgibt, durch das Licht, das sie den anderen Sternen verleiht, … ist sie das lebendigste und schönste Abbild eines Königs."

„Der Staat – das bin ich!" So soll Ludwig einmal gesagt haben. Dieser Ausspruch drückt wie kein anderer seine Regierungsweise aus: die Staatsform des *Absolutismus*.

Der Tageslauf

Schon das Aufstehen des „Sonnenkönigs" am späten Morgen war ein feierlicher Staatsakt. An seinem Bett erschienen die Prinzen und andere hohe Adelige. Sie reichten ihm in genau vorgeschriebener Rangfolge das Hemd, die Unterhose, die Strümpfe, das Beinkleid, die Schuhe, Weste und Rock. Sie hielten ihm Waschbecken und Handtuch, damit er sich ein wenig Gesicht und Hände benetzte, und sie reichten ihm Parfümflasche und Puderdose, die große Lockenperücke, die Spitzenkrawatte, die seidene Gürtelschärpe, den Degen.

Mit großem Gefolge ging es sodann in die Schlosskirche zur Messe. Mindestens sechs Stunden lang schloss sich daran die Berufsarbeit des Königs, die Zeit, in der er sein Land regierte. Und er nahm es ernst mit dieser Regierung, bei der jede Entscheidung bei ihm persönlich lag!

Am Abend folgten Maskerade oder Ball, Oper oder Ballett, Feuerwerk oder Wasserspiele. Es war ein glänzendes Schauspiel, das der Sonnenkönig seinen Gästen und den Fürsten Europas bot!

Ludwig XIV. (1638–1715) im Krönungsmantel und mit Herrschaftszeichen ▷

Die Karte lässt deutlich werden, wie um das Schloss von Versailles der Park und die Stadt nach genauen Plänen errichtet worden sind. „Grand Trianon", „Petit Trianon" und „Clagny" sind Nebenschlösser. Vergleiche Text, Karte und Bild auf S. 78/79! Ein Schlosspark aus dieser Zeit ist auf S. 122/123 abgebildet.

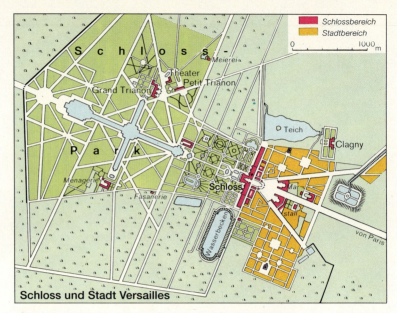

Schloss und Stadt Versailles

Versailles

Ludwig schuf sich in Versailles ein prunkvolles Schloss als ständigen Aufenthaltsort – eine Tagesreise von der Hauptstadt Paris entfernt, abseits vom Lärm und von der Arbeit des Volkes.

Die Gegend war so ungeeignet wie möglich. Öde und verlassen, war sie teils eine Sandwüste, teils ein Morast. Aber vielleicht reizte gerade das den jungen König: zu zeigen, dass er sogar über die Natur Sieger sein konnte? 22 000 Arbeiter und abkommandierte Soldaten schafften jahrelang, um das Land zu verwandeln. Hunderte starben dabei durch Unfälle und Sumpffieber. Sie zogen Gräben, gruben Teiche und Kanäle, entwässerten den Sumpf, schütteten Hügel auf, ebneten Anhöhen ein, pflanzten Wälder um, legten Straßen an, bauten und bauten. Sein ganzes Leben lang ließ der König an diesem Versailles bauen: am großen Schloss, den Nebenschlössern, an der Stadt und dem Park.

Der Park

Der Gartenbaumeister legte nach genauen Plänen ein Netz von Alleen, Kieswegen und Beeten über das Land. Kein Baum blieb, wie er gewachsen war: alle wurden gestutzt, beschnitten, zu grünen Kugeln, Säulen, Kegeln, Pyramiden oder Figuren umgezwängt. Wie Mauern standen die Hecken. Ein Heer von Standbildern bevölkerte diesen Gartenpalast. Überall in den Alleen und in den künstlichen Teichen waren Springbrunnen angelegt, die ihre silbernen Wasserstrahlen in der Luft zerstäubten.

Das Schloss

Alle Hauptwege mündeten auf das Schloss, einen 580 Meter langen Bau aus Marmor und rotem Ziegelstein. Es war das größte und prunkvollste Barockschloss Europas und bot für mehr als 10 000 Menschen Raum. Alles hier zielte auf Großartigkeit und Wirkung hin: spiegelnder Parkettfußboden, riesige, farbenprächtige Teppiche, Seidentapeten und vor allem eine Fülle von Schnörkeln und Verzierungen aus Stuck (Gips), die mit Goldbronze und leuchtenden Farben überzogen waren. Glanz und Pracht des Schlosses sollten ein sichtbarer Ausdruck der Größe des Sonnenkönigs sein.

Die Hofstadt

60 000 Menschen füllten die Hofstadt des Königs, die sich vor dem Schlosse ausbreitete und deren Hauptstraßen ebenfalls in drei großen Strahlen auf den Prunksitz des Herrschers zuliefen. 60 000 Menschen zum Dienste für den König und seine Adelsgesellschaft, die den Palast und den Park in Stöckelschuhen, mit Lockenperücken und Bauschröcken bevölkerte.

Die Kehrseite des Glanzes

Der Bau von Versailles verschlang allein die gesamten Staatseinnahmen eines Jahres. Nachdem das Schloss bezogen war, kostete die glanzvolle Hofhaltung Unsummen. Dieses Geld mussten die Untertanen aufbringen. Zur wirtschaftlichen Lage des französischen Volkes äußerte sich ein hoher Beamter des Königs:

„Durch [meine] langjährigen Studien … bin ich zu der Wahrnehmung gelangt, dass in der letzten Zeit fast ein Zehntel der Bevölkerung an den Bettelstab gelangt ist und sich tatsächlich durch Betteln erhält; dass von den übrigen neun Zehnteln fünf nicht in der Lage sind, das erste Zehntel durch Almosen zu unterstützen, weil sie selber diesem Elendszustand um Haaresbreite nahe sind. Von den verbleibenden vier Zehnteln sind drei außerordentlich schlecht gestellt und von Schulden und Prozessen bedrängt …

Ich fühle mich bei Ehre und Gewissen verpflichtet, seiner Majestät vorzutragen, dass man nach meinem Eindruck in Frankreich von je her nicht genug Rücksicht auf das niedere Volk genommen und zu wenig Aufhebens von ihm gemacht hat. Daher ist es denn auch die am meisten ruinierte und elendeste Schicht im Königreich, andererseits aber durch seine Zahl und durch die wirklichen und nützlichen Dienste, die es dem Staat leistet, die bedeutendste Schicht … Sie stellt Soldaten und Matrosen für Heer und Flotte, dazu zahlreiche Offiziere, alle Kaufleute und die unteren Justizbeamten. Sie übt alle Künste und Gewerbe aus, sie betreibt den gesamten Handel und die Manufakturen des Königreiches, sie stellt die Arbeiter, Weingärtner und Tagelöhner auf dem Lande …"

(Vauban, Projet d'une Dixième Royale, zitiert nach: Geschichte in Quellen III, S. 460–461)

Französische Bauern in der Zeit des Absolutismus. Zu welchem „Zehntel" der Bevölkerung mögen die hier dargestellten Personen gehören?

Staat und Wirtschaft unter Ludwig XIV.

Die Säulen der Macht

Auf drei Säulen ruhte die Macht Ludwigs XIV. und später auch die seiner Nachfolger und Nachahmer in der Zeit des Absolutismus.

Das „stehende Heer"

Er schuf sich ein Heer von *Soldaten*, das jederzeit schlagkräftig und einsatzbereit war, um die Ziele der königlichen Politik – nach innen wie nach außen – durchzusetzen, ein *„stehendes Heer"*, dessen Soldaten nicht mehr nach jedem Kriege entlassen wurden. Sie waren jetzt einheitlich bewaffnet und gekleidet, die Uniform war ihr Kennzeichen. Sie wurden unablässig gedrillt und streng nach ihren Aufgaben gegliedert (z. B. in Artillerie, Kavallerie, Infanterie). Viele unserer militärischen Bezeichnungen heute stammen aus jener Zeit und sind französische Lehnwörter (z. B. Soldat, General, Kompanie, Armee).

Die Beamten

Als zweite Säule schuf sich Ludwig ein ziviles Heer von besoldeten „Staatsdienern", die im ganzen Lande für die Durchführung der königlichen Befehle sorgten. Sie überwachten den Staat und verwalteten ihn nach dem Willen des Herrschers: die *Beamten*. Sie standen im festen, lebenslänglichen Dienst ihres Königs, der ihre Versorgung, ihre Besoldung und ihren Schutz übernahm und dem sie sich allein verpflichtet fühlten. Seine höchsten Beamten waren seine Minister.

Die Einnahmen

Die dritte wichtige Säule bildeten die *Einnahmen* des Königs. Sie kamen vor allem aus den Steuern, die seine Untertanen zu entrichten hatten. Es gab einmal die *„direkte" Steuer*, welche nach Besitz und Einkommen eingezogen wurde. Hiervon waren Geistlichkeit und Adel, der erste und der zweite Stand, befreit. Hinzu trat jetzt die *„indirekte" Steuer*: Zuschläge auf einzelne Waren und Verbrauchsgüter, die beim Kauf mitbezahlt werden mussten, zum Beispiel auf Salz, Tabak, Seife.

Zur Verwaltung seiner Einnahmen hatte der König einen Finanzminister. Dieser musste mit dem Geld „haushalten", musste dafür sorgen, dass nicht mehr ausgegeben als eingenommen wurde. Und wenn die Ausgaben stiegen, musste er sich bemühen, auch die Einnahmen zu steigern. Zur Führung seines Finanzhaushalts stellte er einen Haushaltsplan, einen *„Etat"*, auf, der nach Einnahmen und Ausgaben gegliedert war.

Den ersten Posten auf der *Ausgaben*seite bildeten die Kosten für die königliche Hofhaltung, die etwa ein Drittel der gesamten Staatseinnahmen ausmachten. Der zweite und größte Betrag ging an das Heer. Mit dem geringen Rest konnte die Beamtenschaft bezahlt werden.

Das stehende Heer Ludwigs XIV.
Heeresstärke (Personen)
1664 12 500
1672 120 000
1688 290 000
1703 400 000

Arbeitsvorschläge

1. Gib mit deinen Worten die Ordnung des absolutistischen Staates wieder!
2. Frankreich hatte zur Zeit Ludwigs XIV. etwa 20 Millionen Einwohner. Wie groß ist nach Vaubans Schätzung (S. 89) der Anteil der Franzosen, um die es „außerordentlich schlecht bestellt" ist?
3. Warum kann man sagen, dass im Absolutismus der moderne Staat begründet wurde?
4. Stelle die Abbildungen S. 87 und 89 gegenüber! Welche Überschrift würdest du für diese Gegenüberstellung wählen?
5. Stelle nach den Angaben im Text die Posten zusammen, die im Etat des französischen Finanzministers auftreten mussten!

Der Merkantilismus

Wie kann man die Einnahmen des Staates steigern, wenn die Untertanen weitere Steuern einfach nicht mehr aufbringen können, wenn man den Adel und die Geistlichkeit aber nicht belasten will?

Der Finanzminister Ludwigs XIV., *Colbert*, fand auf diese Frage eine Antwort: *Der Staat muss versuchen, möglichst viel Geld ins Land zu ziehen, möglichst wenig Geld hinauszulassen!* „In demselben Maße, wie wir das Bargeld im Lande vermehren, erhöhen wir auch die Macht und die Größe des Staates", sagte Colbert zum König.

Das erste Ziel

Bargeld ins Land ziehen konnte man, indem man möglichst viele Waren in das Ausland verkaufte. Also musste man im Inland die Erzeugung von solchen Gütern steigern, die man gut ausführen konnte! Also musste man im Inland das Gewerbe und den Handel fördern: *neue Industrien aufbauen, die Land- und Wasserstraßen ausbauen, einheitliche Maße und Gewichte schaffen!*

① Zollmauer
② Aufbau neuer Industrien (Manufakturen)
③ Ausbau der Verkehrswege
④ Einheitliche Maße und Gewichte
⑤ Erwerb von Kolonien
⑥ Einfuhr von Rohstoffen durch
⑦ eigene Handelsflotte
⑧ Ausfuhrverbot für Rohstoffe
⑨ Einfuhrverbot für Fertigwaren
⑩ Ausfuhr von Fertigwaren

Die Wirtschaftsform des Merkantilismus

Damit das Gewerbe möglichst billig seine Waren herstellen konnte, musste man die Rohstoffe, die es im Lande selbst nicht gab, auch möglichst billig beschaffen. Am billigsten waren die Rohstoffe aus *eigenen Kolonien*. So setzte Colbert jetzt alles daran, ein mächtiges Kolonialreich aufzubauen. Bei seinem Tode (1683) gehörten Teile Nordamerikas – Kanada und das Stromgebiet des Mississippi – sowie Kolonien in Afrika und Asien zu Frankreich (vgl. Karten S. 146). Eine eigene große *Handelsflotte* wurde geschaffen, um die Rohstoffe billig heranzutransportieren.

Das zweite Ziel

Wie aber konnte das zweite Ziel erreicht werden, möglichst wenig Geld aus dem Lande hinauszulassen?

Man musste verhindern, dass ausländische Waren gekauft wurden. Man musste das Land durch eine *hohe Zollmauer* vom Ausland abriegeln (oder sogar die *Einfuhr von Fertigwaren* gänzlich verbieten). Man musste umgekehrt die *Ausfuhr von* (billigen) *Rohstoffen verbieten* und diese statt dessen im eigenen Lande zu Fertigwaren verarbeiten.

Mit solchen und vielen weiteren Maßnahmen leitete Finanzminister Colbert die gesamte Wirtschaft Frankreichs. Wir nennen sein Wirtschaftssystem *„Merkantilismus"* (von lateinisch mercator = Kaufmann). Es wurde bald von den übrigen absoluten Fürsten Europas nachgeahmt.

Arbeitsvorschläge

1. Das Schaubild auf S. 91 ist ursprünglich von einer Schülerin gezeichnet worden. Sie hat auch die Stichwörter dazugeschrieben. – Erläutere diese Stichwörter mit einzelnen Sätzen!

2. Stelle anhand des Bildes eine Tabelle auf:

Maßnahmen des merkantilistischen Wirtschaftssystems	
Verbote	Förderungsmaßnahmen
....	....
....	....

3. Gibt es auch heute noch Länder, in denen die gesamte Wirtschaft vom Staat gelenkt wird? Wie steht es damit in der Bundesrepublik Deutschland?

Die Manufakturen

Es galt also, die Produktion von Fertigwaren im Inland zu steigern. Das gelang am besten durch die Errichtung von großen Betrieben, in denen mehr Waren hergestellt werden konnten als in den kleinen Werkstätten der Handwerker. Solche handwerklichen Großbetriebe nennen wir *Manufakturen*. Sie sind die Vorläufer unserer heutigen Fabriken, denn hier arbeiteten jetzt viele Menschen in einer weitgehenden Arbeitsteilung zusammen. Noch aber gab es keine Maschinen – alles wurde mit der Hand hergestellt.

Colbert richtete staatliche Manufakturen ein. Er förderte aber auch private Kaufleute, die solche Manufakturen errichten wollten, durch Geldzuschüsse und mancherlei Vorrechte. So durften einige von ihnen allein bestimmte Rohstoffe beziehen, bestimmte Waren erzeugen und diese allein verkaufen. Dafür aber kontrollierte und lenkte Colbert auch diese Manufakturen. Was hergestellt wurde, bestimmte der Staat.

Eine „Staatskarosse" Ludwigs XIV., in der die Königin mit ihren Hofdamen sitzt. Der König reitet auf einem Schimmel hinterher. So zog Ludwig zu einem seiner Feldzüge aus (s. Karte Seite 96).

Die Manufakturen fertigten vor allem Luxuswaren, wie Kutschen, Wandteppiche (Gobelins), Spitzen, Seidenstoffe, Uhren. Oder aber sie waren auf bestimmte Massenerzeugnisse eingestellt, wie Tuche, Waffen, Werkzeuge.

Die Kutschenmanufaktur: ein Beispiel

Im Mittelalter arbeiteten viele Handwerker in getrennten Werkstätten und zu verschiedenen Zeiten an der Herstellung eines Wagens oder einer Kutsche. Die absoluten Herrscher ließen ihre Prachtkutschen, ihre „Staatskarossen", in einem großen Arbeitshaus herstellen, der Kutschenmanufaktur. Hier arbeiteten alle Handwerker nebeneinander, Hand in Hand: der Stellmacher (Gestellmacher), der Kastenschreiner, der Drechsler, der Schmied, der Schlosser, der Spengler (Klempner), der Sattler, der Polsterer, der Schneider, der Posamentierer (Bortenmacher), der Maler, der Lackierer, der Vergolder, der Glaser, der Leuchtenmacher.

Die Kutschen wurden in einem durchgehenden Arbeitsgang hergestellt. Da ein großer Bedarf an solchen Prunkgefährten bestand, wurde gleichzeitig an vielen Kutschen gearbeitet. So hatte jeder Handwerker immerfort zu tun und konnte sich auf einem Teilgebiet seines Handwerks immer mehr vervollkommnen: er spezialisierte sich. So konnte er auch mehr schaffen als früher.

Rasiermessermanufaktur

Das Bild zeigt die staatliche Rasiermessermanufaktur in Paris 1783. Sie wurde vom französischen König gegründet, um die berühmten englischen Stahlwaren aus Sheffield zu ersetzen, deren Einfuhr er verboten hatte. Welchen Grund für dieses Verbot vermutest du?

Unser Bild gibt einen guten Einblick, wie damals in den Manufakturen gearbeitet wurde. Versuche einmal, dich „hineinzulesen" und folgende Arbeitsvorschläge zu lösen:

1. Wie viele Arbeiter sind insgesamt beschäftigt?
2. Sind Frauen und Kinder darunter?
3. Welche Arbeitsgeräte und Werkzeuge sind erkennbar?
4. Wie werden die Arbeitsgeräte angetrieben?
5. Welche Arbeitsvorgänge kannst du erkennen?

Suche Bilder aus modernen Fabriken und halte sie neben dieses Bild! Du findest dann schnell heraus, warum die Manufakturen des 17. und 18. Jahrhunderts noch keine Fabriken im heutigen Sinne waren.

Manufakturen verändern die Arbeitswelt

Die Manufakturen brachten einen Fortschritt in der Erzeugung von Gütern. Sie veränderten auch das Wirtschaftsleben. Bisher hatten die Handwerker einzelne Bestellungen ausgeführt (*Bedarfsdeckungswirtschaft*). In den Manufakturen wurde auf Vorrat gearbeitet; man warb um neue Käufer und Verbraucher und weckte damit auch neue Bedürfnisse des Menschen (*Bedarfsweckungswirtschaft*).

Die Errichtung und Erhaltung einer Manufaktur erforderte viel Geld, viel *Kapital* – weit mehr als die eines Handwerksbetriebes. Sie erforderte Organisation, Planung, Aufsicht. Über den arbeitenden Handwerker schob sich damit der Inhaber und Leiter einer Manufaktur, der *Unternehmer*.

Und die Handwerker in diesen Arbeitshäusern? Ihre Arbeitswelt veränderte sich in vielerlei Hinsicht. Der Einzelne sah in seinen Händen nicht mehr ein fertiges Werk entstehen wie beim Zunfthandwerk. Er stellte immer wieder nur einzelne Teile her, und diese Spezialisierung bedeutete auch Eintönigkeit in der Arbeit. Er verkaufte seine Arbeitskraft gegen Lohn. Der Handwerker wurde zum *Arbeitnehmer*, zum Rädchen in einer großen, vielfältigen Maschine.

Zur Zeit der absoluten Fürsten waren die Manufakturen Ausnahmen. Noch arbeiteten die meisten Menschen in der Landwirtschaft oder in den kleinen Handwerksbetrieben. Aber die Manufakturen sind doch schon Vorboten unserer heutigen Arbeitswelt!

Arbeitsvorschläge

1. Das Wort Manufaktur kommt aus dem Lateinischen: „manu" = mit der Hand, „factus" = gemacht. Welcher Unterschied zur modernen Fabrik wird also besonders betont?

2. Lies noch einmal die Anordnungen des Königs auf der dritten Seite des Kleider-Edikts nach. Du wirst jetzt besser verstehen können, welche besondere Einrichtung er mit seinem Verbot fördern wollte! (Eine Seidenmanufaktur gab es in seinem Lande nicht.)

3. Überlege bitte: Aus welchen Gründen war in den Manufakturen eine Steigerung der Produktion möglich?

4. Was hatten die einzelnen Handwerker in der Kutschenmanufaktur bei der Herstellung einer solchen „Staatskarosse" zu tun, wie sie auf S. 93 abgebildet ist?

5. Gib bitte die Unterschiede zwischen dem mittelalterlichen Handwerker und dem Arbeiter in der Manufaktur an:

   a) Der Handwerker arbeitet in seinem Wohnhaus, der Arbeiter ...
   b) Der Handwerker ist selbstständig, der Arbeiter ...
   c) Der Handwerker schafft ein ganzes Werk, der Arbeiter ...
   d) Der Handwerker verkauft sein Werk, der Arbeiter verkauft ...
   e) Der Handwerker bekommt den ganzen Erlös für sein Werk, der Arbeiter ...
   f) Der Handwerker ist vielseitig tätig, der Arbeiter ...
   g) Die Arbeitsergebnisse des Handwerkers fallen verschieden aus, ...
   h) Der Handwerker kann sich am Entstehen und an der Vollendung seines Werkes freuen, der Arbeiter ...

Was die Kriege Ludwigs XIV. – wie immer wieder alle Kriege überall in der Welt – bedeuteten, hat einmal eine Schülerin mit dieser Bildkarte dargestellt: zu allererst den Tod von vielen hunderttausend oder gar Millionen Menschen; dazu ungeheure Summen an Kriegskosten, die Frankreich völlig verarmen ließen! Die Karte zeigt drei der Vorstöße Ludwigs XIV., wobei weite Landstriche verwüstet wurden.

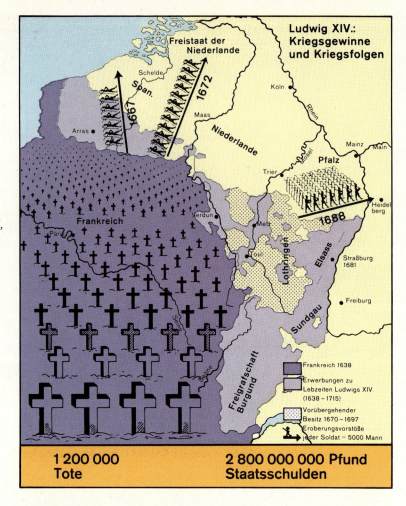

Die Kriege des Sonnenkönigs

Frankreich und Europa

Frankreich hatte 150 Jahre gekämpft, um die Vorherrschaft der Habsburger in Europa zu brechen und sich aus ihrer Umklammerung zu befreien. Am Ende des Dreißigjährigen Krieges war es nun selbst zur tonangebenden Macht aufgestiegen. Ludwig XIV. sah das Ziel seiner Politik darin, diese Machtstellung Frankreichs immer mehr auszubauen und damit gleichzeitig seinen eigenen Ruhm zu erhöhen. Als wichtigsten Schritt betrachtete er das immer weitere *Vordringen gegen den Rhein*. So hatte er es schon vom Staatskanzler seines Vaters gelernt: „Sich bis an den Rhein ausbreiten, das ist die wahre Sicherheit Frankreichs." Der Rhein erschien ihm als die *„natürliche Grenze"* seines Landes.

Und so führte er seine Kriege – 36 Jahre lang.

Doch trotz aller Anstrengungen erreichte der Sonnenkönig sein Ziel, die unbedingte Vormachtstellung Frankreichs, nicht. Das große, immer erneute Ringen endete vielmehr mit dem ungefähren Gleichgewicht der fünf führenden Mächte in Europa: England, Frankreich, Schweden, Russland und das habsburgische Österreich.

Die Bauleidenschaft der „kleinen Sonnenkönige" ließ in Deutschland Meisterwerke von unvergänglicher Schönheit entstehen – vor allem im süddeutschen Raum und in Sachsen.
Im Auftrag des Bischofs von Würzburg schuf Balthasar Neumann die Würzburger Residenz. Sie ist eines der großartigsten Bauwerke im Stil des Barock.
Das nebenstehende Bild des Treppenhauses gibt einen Eindruck von der Pracht dieses 1744 vollendeten Fürstensitzes. Vielleicht findest du in deiner Heimat ein ähnliches Beispiel der Baukunst des Barock oder des Rokoko (vgl. S. 125).

Die „kleinen Sonnenkönige" in Deutschland

In jedem Ländchen, jedem geistlichen oder weltlichen Fürstentum Deutschlands strebte der Fürst danach, ein absoluter Herrscher zu werden. Ihrer aller Vorbild war der Sonnenkönig. Ihm eiferten sie nach; sie wollten werden wie er: reich, mächtig, unumschränkt gebietend, der kleine Gott im eigenen kleinen Staate. So bauten sie wie der Sonnenkönig. Überall entstanden in den deutschen „Hauptstädten" und um sie herum neue prunkvolle Bauwerke: Stadtschlösser, Landschlösser, Jagdschlösser, Lustschlösser, Parks, Anlagen, Theater, Museen usw. Unstillbare Großmannssucht erfüllte diese Herren.

Nicht mehr die Bauten der Bürger, sondern die Bauten der Fürsten veränderten das Bild der deutschen Städte. Und die freien, selbstständig denkenden und handelnden Bürger des Mittelalters? In den meisten Städten wurden sie unterwürfige Fürstendiener und treue Untertanen, ausgeschlossen von jeder Mitbestimmung und Mitverantwortung!

Bild oben: Modell des Schlosses in Mannheim, das der Kurfürst von der Pfalz um 1720 erbauen ließ. Vergleiche es mit Versailles! – Bild unten: Schloss Pillnitz an der Elbe bei Dresden. Diese Sommerresidenz Augusts des Starken, des Kurfürsten von Sachsen, entwarf sein Oberlandbaumeister Mathäus Daniel Pöppelmann (1662–1736) um 1720. Pöppelmann war einer der bedeutendsten Baumeister dieses Jahrhunderts. Zu seinen Arbeiten gehört auch der Zwinger in Dresden (S. 102).

Hessische Landeskinder, von ihrem Fürsten an England vermietet, werden nach Nordamerika verschifft.

Der Soldatenhandel

Mit dem Gelde ihrer Untertanen bezahlten die Fürsten ihre Schlösser, manchmal sogar mit deren Leben. Das traurigste Kapitel deutscher Fürstengeschichte jener Zeit ist der Soldatenhandel. Um Geld für ihre Hofhaltung zu bekommen, vermieteten Fürsten ihre „Landeskinder" an fremde Staaten. In den Dörfern erschienen Werber, die junge Burschen zum Militärdienst überredeten, wobei sie oft genug Tricks und Gewalt anwendeten. Die Angeworbenen wurden auf dem Exerzierplatz gedrillt und schließlich zu vertraglich ausgehandelten Preisen für eine bestimmte Zahl von Jahren an einen anderen Staat geliefert. Dieser Handel war ein Gewinn bringendes Geschäft, ein wichtiger Etatposten vieler absoluter Fürsten.

So vermieteten zum Beispiel 1776 der Landgraf von Hessen-Kassel, der Markgraf von Ansbach-Bayreuth, der Herzog von Braunschweig-Wolfenbüttel und einige weitere Fürsten insgesamt 29 687 Mann an England. Sie wurden nach Amerika verschifft und mussten dort für England kämpfen. Von ihnen flüchteten etwa 5000, weitere 7000 Mann fielen im Krieg oder verstarben.

Wir merken uns

Ludwig XIV. regierte von 1661 bis 1715 als absoluter Herrscher in Frankreich.

Die Wirtschaft Frankreichs lenkte sein Minister Colbert nach dem System des Merkantilismus. Die neu entstehenden Manufakturen veränderten die Arbeitswelt. Frankreich stieg zur Kolonialmacht auf.

Das Ziel einer französischen Vormachtstellung in Europa erreichte Ludwig XIV. nicht. Statt dessen bildete sich ein „Gleichgewicht" von fünf Mächten heraus.

Der französische Absolutismus war Vorbild für die Fürsten Europas. Ihre Prachtbauten, vor allem in Sachsen und im deutschen Südwesten, erinnern noch heute an diese Zeit.

Geschichte und Gegenwart

Dresden: Glanz, Untergang und Neuaufbau

August der Starke und Dresden

Im späten Mittelalter hatte Dresden an keiner der großen Fernhandelsstraßen zwischen West und Ost, Süd und Nord gelegen, die damals auch Sachsen durchzogen. So war es ein Städtchen ohne Bedeutung, bis es Herzog Albrecht, ein Landesherr aus dem Geschlecht der *Wettiner*, zur Residenz erhob (1485). Bereits seit dem 16. Jahrhundert wuchs die – ursprünglich als bürgerliche Siedlung um den Altmarkt entstandene – Stadt zum politischen Zentrum Sachsens heran.

Seine Blütezeit aber erlebte Dresden in der Regierungszeit von Kurfürst Friedrich August I. (1694–1733). Er wurde schon zu Lebzeiten wegen seiner Körperkraft *„August der Starke"* genannt. Von Anfang an betrieb August der Starke eine *absolutistische Politik* in seinen sächsischen Erblanden: Er bemühte sich, alle Macht im Staat in seinen Händen zu konzentrieren. Er forderte von seinen Untertanen höhere Abgaben, um seine Bauvorhaben und die Prachtentfaltung seines Hofstaates finanzieren zu können. Er förderte den Bergbau und die Einrichtung von Manufakturen in Sachsen. Er schuf eine „moderne" Verwaltung und ein Heer nach dem Vorbild Ludwigs XIV. Überhaupt war es sein Ehrgeiz, diesem nachzueifern und ihn möglichst einzuholen. Auch er machte sein Aufstehen am Morgen zu einem feierlichen Staatsakt, und die Tage gingen auch hier neben dem Regieren dahin mit üppigen Festen, Theatervorstellungen, Jagden und anderen Belustigungen im Kreis seiner Hofgesellschaft.

Seit seiner Jugend war August der Starke von einer Leidenschaft für Architektur und Bauwesen erfüllt. Seine besondere Aufmerksamkeit galt seiner Residenzstadt: Dresden. Durch hervorragende Baumeister und Bildhauer wurde diese Stadt zu einer „Kunstlandschaft". In den vielen Residenzstädten auf deutschem Raum gab es nichts Vergleichbares.

Das Gemälde oben zeigt August den Starken (*1670) im Jahre 1718. Der Kurfürst von Sachsen war 1697 auch König von Polen geworden, was sich für seine sächsischen Untertanen sehr nachteilig auswirkte: Sein Königtum verbrauchte Millionen; das Volk murrte, er trage „halb Sachsen nach Polen".

Bernardo Bellotto, genannt Canaletto, malte 1745 das Dresden Augusts des Starken vom rechten Elbufer. Die Hofkirche (rechts im Bild) ist noch im Bau, dahinter erkennt man Gebäudeteile des Residenzschlosses. Über der alten, unter August aber umfassend restaurierten Elbbrücke (sie heißt seither „Augustusbrücke") erhebt sich die Kuppel der gerade fertig gestellten Frauenkirche am Altmarkt.

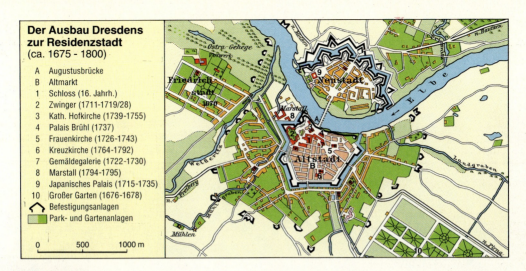

Der Ausbau Dresdens zur Residenzstadt (ca. 1675 - 1800)

- A Augustusbrücke
- B Altmarkt
- 1 Schloss (16. Jahrh.)
- 2 Zwinger (1711-1719/28)
- 3 Kath. Hofkirche (1739-1755)
- 4 Palais Brühl (1737)
- 5 Frauenkirche (1726-1743)
- 6 Kreuzkirche (1764-1792)
- 7 Gemäldegalerie (1722-1730)
- 8 Marstall (1794-1795)
- 9 Japanisches Palais (1715-1735)
- 10 Großer Garten (1676-1678)
- Befestigungsanlagen
- Park- und Gartenanlagen

Bedienstete am Dresdner Hof (um 1730)			
Funktion	*Personenzahl*	*Funktion*	*Personenzahl*
Hofküche	70	Jägerei	57
Hofkellerei	27	Bettmeister, Hausmänner	20
Hofkonditorei u. Provianthaus	10	Feuerwächter, Handwerker	42
Oberhofmarschallamt	10	Hofkapelle	65
Silber- und Lichtkammer	17	Ballett und Theater	44
Pagen- u. Exerzitienmeister	30	Stallmeisterei	50
Hoftrompeter	20	Schweizer Garde	122
Pfeifer	16	Verschiedene Bedienstete	35
Lakeien, Läufer	77	**Insgesamt:**	**712**

Nach: Karl Czok, August der Starke und Kursachsen, München 1989, S. 212

Der Stadtplan zeigt, wie sich die fürstlichen Bauten und Anlagen der alten Bürgerstadt zuordneten. – Bis heute hat sich das berühmte Hufeisen erhalten, das August der Starke als Beweis seiner körperlichen Kraft 1711 zerbrach. – Mit 712 Bediensteten nimmt sich der Dresdner Hof gegenüber Versailles eher bescheiden aus. Zum „Hofstaat" gehörten freilich außerdem zahlreiche Adlige und Beamte.

101

◁ △

Neben seinem Stadtschloss in Dresden ließ August der Starke den Zwinger errichten, einen Viereckbau um einen Innenhof, der als Festplatz für höfische Vergnügungen dienen sollte. Auf unserem Gemälde ist ein „Karussellfest" im Zwingerhof dargestellt. Ein Karussellfest war ein Reiterturnier mit Spielen und Umritten, an dem sich bisweilen auch die Damen des Hofes beteiligten. Das Gemälde entstand 1722. – Solche Feste dienten wie im Versailles Ludwigs XIV. der Selbstdarstellung des absolutistischen Herrschers. August der Starke trat in wechselnden Kostümen auf, deren Pracht und Prunk ihn über die anderen Teilnehmer hinaushoben. – Bild unten: Der Zwinger heute. Mehrere Millionen Besucher kommen alljährlich nach Dresden. Wohl kaum einer versäumt die Besichtigung des Zwingers.

Zum Glanz der Residenzstadt Dresden gehören neben den Bauwerken auch die Bilder, die heute in der Gemäldegalerie „Alte Meister" zu besichtigen sind. Diese Sammlung geht ebenfalls auf August den Starken zurück. Ihr Prunkstück, die „Sixtinische Madonna" des italienischen Malers Raffael (1483–1520), wurde freilich erst unter seinem Sohn und Nachfolger Friedrich August II. im Jahre 1754 erworben. Mönche eines Benediktinerklosters südlich von Mailand verkauften es für den damals ungeheuerlichen Preis von 12 500 Dukaten. – Das Gemälde hat seinen Namen nach einem Papst Sixtus (links im Bild), zu dessen Ehren es einst entstand. Für unzählige Menschen galt und gilt dieses Werk als die vollkommenste Schöpfung der europäischen Malerei.

In Berggießhübel (bei Pirna) steht eine der vielen erhaltenen Postmeilensäulen, die bei der Vermessung Sachsens auf den Marktplätzen oder vor den Toren der Städte aufgestellt worden sind. Auf ihnen sind häufig Entfernungen angegeben, wobei man eine sächsische Meile (9 km) als zwei Stunden rechnete.

Die Bevölkerung

In „Kursachsen" (dem Kurfürstentum Sachsen) lebten zur Zeit Augusts des Starken zwischen eineinhalb und zwei Millionen Menschen. Es war eines der am dichtesten besiedelten deutschen Länder. Die meisten Bewohner waren Bauern und Landarbeiter. In den Städten lebten Kaufleute, Handwerker mit ihren Gesellen und Lehrlingen, Dienstleute und Hilfsarbeiter. Zu ihnen zählten zahlreiche berufstätige Frauen, wie Wäscherinnen und Näherinnen. Viele lebten in bitterer Armut.

In den Vorstädten und auch auf dem Lande gab es große Bettlerscharen. Von einem Dorf bei Leipzig wird erzählt, dass ein Bauer Mist auf sein Feld gefahren hatte, „unter welchem die Bettelleute eine Höhle sich gegraben und mit Holzwerk ausgesetzt, in welcher sie sich des Nachts über aufzuhalten pflegten".

Unter August dem Starken wurde das Land erstmals exakt vermessen, wurden an allen Post- und Landstraßen *Postmeilensäulen* errichtet.

Das Porzellan

Mit dem Namen Augusts des Starken ist schließlich die europäische Erfindung des Hartporzellans durch *Johann Friedrich Böttger* (1682–1719) verbunden. Böttger hatte als Apothekengehilfe gute naturwissenschaftliche Kenntnisse erworben. August hielt ihn seit 1701 wie einen Gefangenen in Dresden, zunächst im Schloss, dann in einem Festungsturm an der Elbe. Böttger sollte für den Fürsten durch Experimente herausfinden, wie man Gold im Laboratorium herstellen könnte.

Aber Böttger fand schließlich etwas ganz anderes: Nach vielen Jahren gelang es ihm, dem Geheimnis der *Porzellanherstellung* auf die Spur zu kommen. Zu dieser Zeit wussten nur die Chinesen, wie die tonige Masse zusammengesetzt sein musste, die man formen, härten, bemalen und verzieren konnte. Portugiesische und niederländische Händler hatten die zerbrechliche Ware bisher aus dem Fernen Osten herangeschafft; jedes Stück war sündhaft teuer und nur von reichen Leuten zu erwerben. Im Jahre 1710 ließ August in der Albrechtsburg zu *Meißen* eine Manufaktur errichten – die erste Porzellanmanufaktur in Europa. Auch hier wurden Böttger und seine Gehilfen wie Gefangene behandelt, damit das Geheimnis nicht verraten werden konnte. Denn von nun an gingen die dünnwandigen Tassen und bunten Kannen, die zierlichen Figuren und kunstvoll bemalten Vasen von Meißen aus in alle Welt – und der Erlös füllte die Kassen des Landesherrn. Das Meißner Porzellan blieb ein kostbares Gut, obwohl letztlich das Rezept seiner Zusammensetzung nicht geheim gehalten werden konnte und an vielen Orten außerhalb Sachsens solche Manufakturen entstanden.

Ein „Komödiant" aus Porzellan, der im 18. Jahrhundert in Meißen entstand. Die Figur ist etwa 20 cm hoch und wurde z. B. als Schmuck auf die festliche Tafel gestellt.

Der Untergang Dresdens 1945

Über zwei Jahrhunderte blieb das Dresden Augusts des Starken eine der schönsten deutschen Städte – für viele die schönste. Auch im Zweiten Weltkrieg 1939–1945, in dem eine Stadt nach der anderen unter den Luftangriffen der englischen und amerikanischen Bomberflotten in Schutt und Asche versank, blieb Dresden verschont – beinahe bis zur letzten Minute dieses Krieges. In der Nacht des 13. Februar 1945 aber traf Dresden ein fürchterlicher Doppelschlag.

Gegen 22.10 Uhr erschienen 244 viermotorige englische Bomber („Fliegende Festungen") über Dresden. Sie warfen in wenigen Minuten ihre gesamte tödliche Last in das Zielgebiet. Dieses hatten vorausfliegende Maschinen durch Leuchtbomben an Fallschirmen gekennzeichnet. *Es war die Altstadt Dresdens.* Nichts und niemand behinderte sie: Dresden war nicht durch Luftabwehrkanonen gesichert. Ein „Bombenteppich" schwerer Sprengbomben, die Dächer und Fenster zertrümmerten, ging gleichmäßig auf das Zielgebiet nieder.

Genau drei Stunden später erschien ein zweiter Verband über der Stadt. Dieses Mal waren es 529 „Fliegende Festungen", und ihre Last bestand vor allem aus kleinen, leichten Brandbomben. Insgesamt 650 000 davon fielen jetzt auf das gleiche Ziel. Sie fielen in die offenen Dachstühle oder peitschten ihre Funkenschauer durch die zerstörten Fenster auf Vorhänge, Teppiche und Möbel. Sie fielen zwischen die Überlebenden des ersten Angriffs, die ihre Schutzräume in den Kellern verlassen hatten und die nicht gewarnt werden konnten, weil die Leitungen der elektrischen Sirenen bereits zerstört waren. Sie fielen zwischen die Feuerwehrmänner und Hilfskräfte,

Das brennende Dresden am 16. Februar 1945 zur Mittagszeit (am rechten Bildrand die Augustusbrücke)

Der Altmarkt in Dresden, zehn Tage nach dem Angriff: Vor der schwer beschädigten Kreuzkirche werden die Toten in langen Reihen zusammengelegt. Es wird versucht, ihre Namen festzustellen. Im Hintergrund brennt bereits ein Scheiterhaufen.

die nach dem ersten Angriff aus ganz Sachsen angerückt waren. Sie fielen zu Zehntausenden in den „Großen Garten", eine weite, rechteckige Parkanlage inmitten Dresdens, in der unzählige Flüchtlinge aus dem Osten in ihren Pferdewagen hatten übernachten wollen. Denn die russischen Armeen waren zu dieser Zeit nur noch 130 km von der Stadt entfernt, und vor ihnen waren Millionen Deutsche in endlosen Trecks geflohen. Tausende auch waren in Flüchtlingszügen angekommen und füllten mit ihrem letzten Hab und Gut den Hauptbahnhof, dessen dünnes Glasdach die Brandbomben durchschlugen.

Zur Mittagszeit des 14. Februar traf die Stadt ein dritter Schlag. Es war jetzt eine amerikanische Bomberflotte mit 450 Maschinen, die ihre Ladung noch einmal in die Altstadt fallen ließ. Begleitet wurde sie von schnellen Jagdflugzeugen. Diese schossen im Tiefflug auf die Menschen, die sich auf die Elbwiesen gerettet hatten oder auf den stadtauswärts führenden Straßen in dichten Kolonnen flüchteten.

Dresdens Altstadt war jetzt die Hölle. Ein Feuersturm war entfacht, der Gebäudeteile, Bäume und Menschen durch die Luft wirbeln ließ. Er sog den Sauerstoff aus der Luft in den Straßen; wer nicht verbrannte, der erstickte oder starb durch Rauchvergiftung. Es gab kein Entrinnen, und es gab auch keine Hilfe. Tagelang konnte niemand zu den Brandzentren vordringen. Über der Stadt hing eine fünf Kilometer hohe, gelbbraune Rauchsäule.

Fast 30 000 Tote konnten auf dem Heidefriedhof in Dresden beigesetzt werden. Aber noch zehn Tage nach dem Angriff lagen die Toten zu Tausenden in den Kellern und auf den Rasenflächen des Großen Gartens. Jetzt drohte den Überlebenden eine neue Gefahr: der Ausbruch von Seuchen. Es gab nur noch die Möglichkeit, diese Toten an Ort und Stelle zu verbrennen. Auf dem Altmarkt wurden über stählernen Rosten Leichenhaufen aufgeschichtet und angezündet.

Niemand kennt die genaue Zahl der Opfer. Weniger als 35 000 aber können es nicht gewesen sein. Niemand weiß auch bis heute genau, warum

„Wie viele starben?
Wer kennt die Zahl?
An deinen Wunden
sieht man die Qual
der Namenlosen,
die hier verbrannt
im Höllenfeuer
aus Menschenhand."

dieser schwerste Luftangriff, der eine europäische Stadt in diesem Kriege traf, auf Dresden erfolgte. Der Krieg war längst entschieden. Glaubten die verantwortlichen englischen Politiker, dadurch den Vormarsch der russischen Armeen zu unterstützen? Oder wollten sie den verbündeten Russen vorführen, wie „schlagkräftig" ihre Bomberverbände inzwischen geworden waren?

Mit der Entfesselung des Zweiten Weltkriegs hatte Hitler-Deutschland 1939 „Wind gesät" und von 1942 an „Sturm geerntet". Zehntausende Unschuldiger hatte dieser Sturm in Dresden um ihr Leben gebracht.

Der Neuaufbau

Am 8. Mai 1945, dem letzten Tage des Zweiten Weltkriegs, besetzten Verbände der Roten Armee die Stadt. Bereits am 9. Mai folgte ihnen eine Gruppe deutscher Kommunisten, die aus der Sowjetunion zurückkamen. Sie übernahmen die politische Macht.

Mit Unterstützung der Besatzungstruppen begannen Aufräumungsarbeiten. Auf jeden Einwohner Dresdens kam rechnerisch eine Trümmermasse von 43 m^3 (Berlin und Köln 16 m^3, München 10 m^3). Ein Neuaufbau folgte. Fast überall wurden aus Betongroßplatten riesige Wohnkomplexe geschaffen. Ein neues, völlig verändertes Stadtbild ist entstanden. Nur der Blick auf die Altstadt über die Elbe hinweg, wie Canaletto ihn malte, ist auch heute wieder so ähnlich wie zur Zeit Augusts des Starken.

Oben: Inschrift des Mahnmals auf dem Heidefriedhof – Zweimal der gleiche Blick vom Turm des Rathauses auf die Prager Straße, 1945 und heute. Die Engelsfigur auf der Brüstung überstand den Angriff.

Absolutismus in Preußen und Österreich

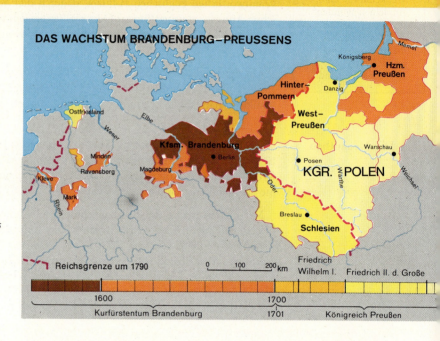

Die Mark Brandenburg mit der Hauptstadt Berlin war der Kern des preußischen Staates. 1618 kam das Gebiet des ehemaligen Deutschen Ritterordens hinzu, das Herzogtum Preußen, das später dem Ganzen seinen Namen gab.

Brandenburg-Preußen auf dem Weg zur Großmacht

Die Durchsetzung der absoluten Herrschaft

Wieder einmal müssen wir ein Stück in der Geschichte zurückgehen. Zwei Jahrhunderte lang waren die Kurfürsten von Brandenburg (aus dem Haus der *Hohenzollern*) Herrscher über ein kleines und menschenarmes Gebiet gewesen: die *Mark Brandenburg*.

Durch Erbansprüche und Krieg kamen zwischen 1614 und 1648 große Gebiete hinzu: einige Landfetzen im Westen (Kleve, Mark und Ravensberg) zunächst, dann das Herzogtum Preußen östlich der Weichsel, schließlich – im Westfälischen Frieden – das Erzbistum Magdeburg, die Bistümer Halberstadt und Minden sowie das weite, aber hafenlose Hinterpommern.

Nunmehr gebot *Friedrich Wilhelm*, Kurfürst von Brandenburg seit 1640, flächenmäßig über eines der größten Territorien im „Heiligen Römischen Reich". Aber dies war ein menschenarmes, im Dreißigjährigen Krieg mehrfach geplündertes und verwüstetes Land. Und es war ein zerstückeltes, auseinander gerissenes Herrschaftsgebiet. In seinen einzelnen Teilen hatten der Adel und die Vertreter einzelner Städte, die *Landstände*, seit alters her wichtige Sonderrechte. Vor allem trieben sie die Steuern ein. Brauchte der Kurfürst Geld, so musste er es sich von ihnen bewilligen lassen. Das geschah in der Regel alle Jahre.

Und Kurfürst Friedrich Wilhelm brauchte viel Geld, denn er wollte ein großes, immer bereites Heer aufbauen, ein *stehendes Heer* nach dem Vorbild Ludwigs XIV. Dazu aber musste er langfristig planen können, nicht von Jahr zu Jahr auf das angewiesen sein, was ihm die Stände bewilligten.

Das Wachstum Brandenburg-Preußens in Zahlen

Fläche in km²
1640	81 000
1688	111 000
1740	119 000
1786	195 000

Einwohner (in Millionen)
1640	1
1688	1,4
1740	2,4
1786	5,4

Friedrich Wilhelm (* 1602), Kurfürst von Brandenburg-Preußen 1640–1688, im Kreis seiner Familie. Links im Bild der Thronfolger und spätere König Friedrich. Befähigung und lange Regierungszeit trugen dazu bei, dass ihn bereits die Mitlebenden den „Großen Kurfürsten" nannten.

Schließlich einigte er sich mit den Landständen der Mark Brandenburg auf einen Kompromiss. Die Stände bewilligten ihm die Steuern auf eine ganze Reihe von Jahren im Voraus. Dafür bestätigte ihnen der Kurfürst die volle Herrschaft über die Bauern ihrer Gutsbezirke, legte er *die „Gutsuntertänigkeit"* der Bauern in Brandenburg rechtlich fest.

Der Große Kurfürst

Im Lauf der Jahre machte sich der Kurfürst von seinen Ständen in der Steuerfrage völlig frei. Die Bauern hatten eine direkte Steuer, die *„Kontribution",* bar an die Staatskasse zu entrichten. In den Städten aber musste die *Akzise* bezahlt werden, eine indirekte Steuer auf alle Waren des täglichen Lebens. – Damit trug auch im Kurfürstentum Brandenburg das einfache, meist kinderreiche Volk die Hauptlast.

So also baute der Kurfürst seine Macht im Innern aus: Er brach die Sonderrechte der Landstände. Er schuf sich eigene, feste Einnahmen, die er durch eine fürstliche Beamtenschaft eintreiben ließ. Und er schuf ein stehendes Heer als Grundlage der fürstlichen Gewalt.

Damit begann der Absolutismus in Preußen.

Das Potsdamer Edikt vom 29. Oktober 1685

Die Hugenotten

1685 erließ Friedrich Wilhelm ein folgenreiches Edikt. Es enthielt die Einladung an die französischen Protestanten, die *Hugenotten*, in Brandenburg eine neue Heimat zu finden. Sie wurden in Frankreich noch immer verfolgt (vgl. S. 71). Etwa 20 000 Männer, Frauen und Kinder folgten diesem Ruf. Sie waren zumeist tüchtige Handwerker, wohlhabende Unternehmer und verbindungsreiche Kaufleute. So konnten sie eine große Hilfe sein, das wirtschaftliche Leben anzukurbeln. Außerdem brachten sie Kenntnisse und Fertigkeiten mit, die im Lande noch niemand beherrsche.

Dazu gehörte das Weben feiner Wollwaren, das Wirken seidener Strümpfe, die Herstellung kunstvoller Goldarbeiten, der Anbau neuer Gemüsesorten wie Blumenkohl und Spargel.

Um 1700 lebten über 5000 Hugenotten allein in Berlin. Jeder siebente Berliner war ein Franzose. Aber sie alle wurden bald gute Preußen. Namen wie Fouquet und de Maizière erinnern an die Herkunft ihrer Träger.

Arbeitsvorschläge

1. Welche Möglichkeiten hatten Herrscher, ihr Staatsgebiet zu vergrößern? Welche Gründe, die Landgewinn damals erstrebenswert machten, kannst du nennen?
2. Prüfe die Bevölkerungsverluste der brandenburgischen Besitzungen im Dreißigjährigen Krieg auf der entsprechenden Karte vorn!
3. Vergleiche die Maßnahmen des Großen Kurfürsten zur Durchsetzung der absoluten Herrschaft mit denen Ludwigs XIV.!
4. Prüfe die Behauptung: Die Aufnahme der Hugenotten hatte für Brandenburg-Preußen einen *Modernisierungsschub* zur Folge!

Brandenburg-Preußen wird Königreich

Als Kurfürst Friedrich Wilhelm 1688 starb, folgte ihm sein Sohn Friedrich. Dessen Hauptinteresse galt seiner Rangerhöhung und der höfischen Prachtentfaltung. Er brachte es dahin, dass er seinen Staat in ein *Königreich* umwandeln konnte. Seit 1701 gab es in Brandenburg-Preußen einen König. Er nannte sich *Friedrich I.*, König in Preußen.

Friedrich Wilhelm I., der Soldatenkönig

König *Friedrich Wilhelm I.* (1713–1740), sein Nachfolger, aber hielt nichts von prunkvoller Hofhaltung. Er entließ den Hofstaat, schmolz alles königliche Silber zu Münzen um und machte aus dem Schlosspark einen Exerzierplatz für seine Soldaten! Beim Tode des „Soldatenkönigs" war Preußen eine Macht mit dem drittgrößten stehenden Heere Europas (nach Frankreich und Österreich), mit einem zuverlässigen „Heer" von Beamten und mit wohl geordneten Staatseinnahmen.

Der sparsame König: Friedrich Wilhelm I., der Soldatenkönig (vor dem Tisch, rechts neben ihm sein Sohn Friedrich). In seinem „Tabakskollegium" waren die qualmende Pfeiffe und ein Humpen Bier der einzige Luxus! Beachte auch die Ausstattung des Schlossraums! Dieser König erließ das Kleideredikt von 1731 (S. 81–84).

Das Spießruten-laufen, wie es Ulrich Bräker im Text unten beschrieben hat. Erläutere bitte die dargestellte Szene! Im Hintergrund ist eine andere Art der Bestrafung erkennbar, die „Stäupung".

Der preußische Militärstaat

Das stehende Heer zählte 1740 83 000 Mann – gegenüber einer Gesamteinwohnerzahl Preußens von 2,4 Millionen. Der größte Teil der Staatseinnahmen wurde für das Heer verwendet. Etwa zwei Drittel der Soldaten waren Landeskinder, die übrigen wurden im Ausland angeworben, oft gewaltsam über die Grenze geschleppt. Die zum Waffendienst Gepressten ergriffen nicht selten jede Gelegenheit, um zu fliehen, zu „desertieren".

Die Offiziere stellte der preußische Adel. Adliger sein hieß: des Königs Offizier sein. So entstand in Preußen die Verbindung zwischen den adligen Grundbesitzern, den „Junkern", und dem Militär.

Ulrich Bräker, ein Schweizer Hirtenjunge, der in die preußische Armee gepresst worden war, berichtet nach geglückter Flucht über den preußischen „Drill" und das Schicksal von Deserteuren:

„Bald alle Wochen hörten wir ... neue ängstigende Geschichten von eingebrachten Deserteurs, die, wenn sie noch so viel List gebrauchet, sich in Schiffer und andere Handwerksleute oder gar in Weibsbilder verkleidet, in Tonnen und Fässer versteckt u. dgl., dennoch ertappt wurden. Da mussten wir zusehen, wie man sie durch 200 Mann, achtmal die lange Gasse auf und ab Spießruten laufen ließ, bis sie atemlos dahinsanken – und des folgenden Tags aufs Neue dran mussten; die Kleider ihnen vom zerhackten Rücken heruntergerissen und wieder frisch drauflosgehauen wurde, bis Fetzen geronnenen Bluts ihnen über die Hosen hinabhingen ...

Auch auf dem Exerzierplatz ... war des Fluchens und Karbatschens von prügelsüchtigen Jünkerlins und hinwieder des Lamentierens der Geprügelten kein Ende. Wir selber waren zwar immer von den Ersten auf der Stelle und tummelten uns wacker. Aber es tat uns nicht minder in der Seele weh, andre um jeder Kleinigkeit willen so unbarmherzig behandelt, und uns selber so, jahrein, jahraus, kujoniert zu sehn; oft ganze fünf Stunden lang in unsrer Montur eingeschnürt wie geschraubt stehn, in die Kreuz und Quere pfahlgerad marschieren und ununterbrochen blitzschnelle Handgriffe machen zu müssen; und das alles auf Geheiß eines Offiziers, der mit einem furiosen Gesicht und aufgehobenem Stock vor uns stand und alle Augenblick wie unter Kabisköpfe dreinzuhauen drohte. Bei einem solchen Traktament musste auch der starknervigste Kerl halb lahm und der geduldigste rasend werden."

karbatschen = auspeitschen; *kujonieren* = schlecht behandeln; *furios* = wütend; *Kabis* = Kohl

(Ulrich Bräker, Lebensgeschichte ..., 1789, Neudruck München 1965, S. 101 ff.)

Ein König, der im Vorbeigehen vor dem Beschauer seinen Hut – einen „Dreispitz" – zieht: Friedrich der Große (1712–1786). Vergleiche dieses Bildnis mit dem Gemälde Ludwigs XIV. auf S. 87! Vergleiche Haltung, Gesichtsausdruck, Kleidung, Umgebung! Welche unterschiedliche Auffassung von ihrem Amt könnte in diesen Bildnissen zum Ausdruck kommen?

Preußen unter Friedrich dem Großen

Friedrich der Große als „aufgeklärter" Herrscher

Friedrich II., der schon zu Lebzeiten „der Große" genannt wurde, folgte 1740 seinem Vater auf den Thron. Er hatte andere Vorstellungen von seinem Herrscheramt als Ludwig XIV. oder auch Friedrich Wilhelm I. Für ihn war das Königtum nicht ein von Gott verliehenes Amt, wie für den Sonnenkönig. In seinem Denken war es vielmehr ein Amt, das ursprünglich alle Angehörigen einer Gemeinschaft einem Einzelnen übertragen hatten. Dafür hatte dieser für das Glück der Angehörigen dieser Gemeinschaft, seines Staates, zu sorgen.

Ähnlich wie Friedrich dachten auch andere seiner monarchischen Zeitgenossen. Zu ihnen gehören *Maria Theresia*, 1740–1780 Herrscherin von Österreich, und ihr Sohn *Joseph II.*, Mitregent seit 1765 und 1780–1790 Alleinherrscher. Es waren Vorstellungen der Aufklärung, dem philosophischen Denken dieser Zeit.

Wir nennen ihre Herrschaftsform den aufgeklärten Absolutismus.

Arbeitsvorschlag

Lies noch einmal nach, wie im französischen Absolutismus das Herrscheramt begründet wurde! Welcher grundlegende Unterschied wird in den Ideen der Aufklärung deutlich?

Grundsätze Friedrichs des Großen

„Es ist selbstverständlich, dass das Einkommen des Herrschers von den Staatseinnahmen zu trennen ist. Diese müssen geheiligt sein, und ihre Bestimmung darf in Friedenszeiten einzig und allein darin gesehen werden, dass sie dem Wohl der Bürger dienen, sei es zur Urbarmachung des Landes oder zur Errichtung der in den Städten fehlenden Manufakturen oder endlich, um alle Einrichtungen zu festigen und den einzelnen Bürgern vom Edelmann bis zum Bauern das Leben auskömmlicher und behaglicher zu gestalten …"

„Jeder Fürst, der die Staatsgelder in Vergnügungen und unangebrachter Freigebigkeit vergeudet, gleicht in seinem Haushalt weniger einem Herrscher als einem Straßenräuber, weil er das Geld, das Herzblut seiner Untertanen, in unnützen und oft lächerlichen Ausgaben verbraucht …"

„Es muss unter den katholischen und evangelischen Untertanen nicht der mindeste Unterschied gemacht werden."

„Die Richterkollegien müssen wissen, dass der geringste Bauer, ja was noch mehr ist, der Bettler ebensowohl ein Mensch ist wie der König, dem alle Gerechtigkeit widerfahren muss. Vor der Justiz sind alle Menschen gleich … Ein Justizkollegium, das Ungerechtigkeiten ausübt, ist gefährlicher und schlimmer als eine Diebesbande."

„Die Gerechtigkeit muss die Hauptsorge eines Fürsten sein, das Wohl seines Volkes muss jedem anderen Interesse vorangehen. Der Herrscher, weit entfernt, der unumschränkte Herr seines Volkes zu sein, ist selbst nichts anderes als sein erster Diener."

Arbeitsvorschläge

1. Lies die Äußerungen zunächst aufmerksam durch und mache dir ihren Inhalt ganz klar!

2. Wovon ist in den einzelnen Äußerungen die Rede? Versuche für jede ein Stichwort zu finden!

3. Von Ludwig XIV. stammte die Forderung: „Ein König, ein Gesetz, ein Glaube!" (Er hatte dementsprechend die Hugenotten aus seinem Lande vertrieben.) Vergleiche seine Forderung mit der Stellungnahme Friedrichs des Großen zum Bekenntnis der Untertanen!

4. Zwei Äußerungen beziehen sich auf die Einnahmen des Herrschers. (Neben den Steuern hatten die Fürsten Einnahmen aus ihrem persönlichen Besitz, z. B. ihren Gütern.)
   a) Wofür sollen die Staatseinnahmen allein verwendet werden?
   b) Der König nennt allerdings eine Einschränkung: „in Friedenszeiten". Äußere dich dazu!
   c) Wozu sollen Staatseinnahmen auf keinen Fall dienen?
   d) Wie hätte sich Ludwig XIV. wohl zu diesem Thema geäußert?

5. Ludwig XIV. war auch der oberste Richter seines Staates. Andere Richter konnten allenfalls unter ihm stehen. – Wie sieht Friedrich der Große das Verhältnis von König und Richter?

6. Vergleiche den letzten Satz der Äußerungen Friedrichs des Großen mit dem Ausspruch Ludwigs XIV.: „Der Staat bin ich!"

7. Überlege bitte, ob überhaupt eine der abgedruckten Äußerungen von Ludwig XIV. stammen könnte!

„Ich bin der erste Diener meines Staates"

„Ich bin der Staat!" war das Leitwort Ludwigs XIV. und seiner Nachahmer gewesen. Statt dieses eigensüchtigen Wortes wurde im 18. Jahrhundert für manche Herrscher ein anderes gültig: „Ich bin der erste Diener meines Staates."

Bei diesen Fürsten traten Verantwortungs- und Pflichtgefühl an die Stelle von Eigensucht und Vergnügungslust. Es erschien ihnen als Gebot der menschlichen Vernunft, alles zu tun, was der Stärkung des Staates und der „Wohlfahrt" des Volkes nützlich war. Sie herrschten zwar auch absolut: ließen nur ihren Willen gelten und bevormundeten ihre Untertanen. Aber sie taten es nicht aus Großmannssucht, sondern weil sie meinten, dass nur sie den Staat in allen seinen Teilen überschauen konnten. Sie sahen ihr Amt – wie du bereits erfahren hast – nicht mehr als von Gott verliehenes Vorrecht, sondern als Dienst für Volk und Staat.

Alles für das Volk, nichts durch das Volk

Aus dieser Haltung heraus haben die aufgeklärten Herrscher für Verbesserungen zum Wohle ihrer Untertanen gesorgt:

> Sie beseitigten die Folter; die Hexenverbrennungen hörten auf.
>
> Sie duldeten auch andere Bekenntnisse als ihr eigenes.
>
> Sie schufen Kranken-, Waisen- und Armenhäuser sowie eine staatliche Gesundheitspflege zum Kampf gegen die Seuchen.
>
> Sie führten die Schulpflicht ein. Immer mehr Kinder hatten regelmäßig Unterricht.
>
> Sie sorgten für den Anbau einer südamerikanischen Blattpflanze, die man bisher nicht kannte: die Kartoffel! Seit der Einführung des Kartoffelanbaus gab es in Deutschland keine Hungersnöte mehr.

Bedeutende Fortschritte wurden erreicht, aber noch immer lag auch manches im Argen.

> Die Kinderarbeit galt als besonders vorteilhaft und „rentabel" – auf den Gütern, in den Manufakturen, sogar in den Bergwerken. Kinder aus Waisenhäusern wurden vielfach an Manufakturen vermietet.
>
> Die Masse der Bauern – noch immer die große Mehrheit des Volkes – blieb weiterhin in der unheilvollen Abhängigkeit von ihren Grundherren.
>
> Auch die aufgeklärten Fürsten vergaßen häufig ihre guten Vorsätze. Für einen Fetzen Landes waren sie schnell bereit, einen Krieg zu riskieren.

Vor allem aber: Was immer geschah, geschah auf Anordnung des Fürsten. Hineinreden in seine Regierung, mitbestimmen durfte da niemand! Den Untertanen aber kam die Aufgabe zu, das auszuführen, was er für gut und richtig hielt. Er kümmerte sich selbst um viele Bereiche des staatlichen Lebens (s. S. 115).

So blieb „der Staat" eine Angelegenheit, zu der ein Untertan ohne Beziehung lebte. Er gewöhnte sich daran, mehr oder weniger murrend hinzunehmen, was „von oben" kam. Er blieb Befehlsempfänger ohne Interesse und eigene Verantwortung für das Ganze.

Arbeitsvorschlag

Vergleiche die Stellung des Untertans in der Zeit der aufgeklärten Fürsten mit der Stellung des Bürgers in unserem Staat! Berücksichtige dabei auch den Text auf der Randleiste!

In Potsdam ließ Friedrich der Große das Schloss Sanssouci errichten (1745–1747). In diesem Schloss mit seinem weiten Park hielt er sich am liebsten auf, und hier ist er auch gestorben. – Heute ist das im Stil des Rokoko erbaute Schloss ein besonderer Anziehungspunkt für die Deutschen und für Touristen aus aller Welt.

Aus einer Anweisung für die Landräte (1757)

Es ist Euch bereits am 26. März vorigen und unter dem 3. März dieses Jahres aufgegeben worden, den so nützlichen Anbau der Kartoffeln Euch bestens angelegen sein zu lassen, den Kreisbewohnern den großen Nutzen davon begreiflich zu machen und sie zu fleißiger Anbauung dieser nahrhaften Frucht anzuhalten. Da wir nun aus den Berichten wahrgenommen, dass es den meisten an Kenntnis fehle, wie diese Kartoffeln anzupflanzen, so haben wir eine Anleitung, wie die Kartoffeln anzupflanzen und wirtschaftlich zu nutzen, entwerfen und zum Druck befördern lassen. Ihr empfanget davon Exemplare. Ihr müsst es beim bloßen Bekanntmachen der Instruktion nicht bewenden lassen, sondern durch die Landdragoner und andere Kreisbediente Anfang Mai prüfen lassen, ob auch Fleiß in der Anpflanzung gebraucht werde.

(Nach: Rudolph Stadelmann, Preußens Könige in ihrer Tätigkeit für die Landescultur, 2. Teil, Leipzig 1882, S. 333)

Aus einer Niederschrift über das Schulwesen auf dem Lande (1768)

Der Bauernstand ist für den Staat sehr wichtig. Er bildet seine Grundlage und trägt seine Last. Er hat die Arbeit und andere den Ruhm. Er verdient Fürsorge durch Hebung seiner Lage und bessere Pflege seiner geistigen Bildung. Die Landschulen waren heruntergekommen. Viele Schulmeister konnten selbst kaum lesen und schreiben, und so blieben die Kinder stumpf und unwissend. Eine Reform dieser Schulen war nötig. Ich habe den Anfang gemacht. Die mit der Schulaufsicht betrauten Geistlichen besichtigen zweimal jährlich ihre Gemeinden und lassen die unfähigen Schulmeister absetzen. Aber auch das Gehalt der Lehrer muss in einigen Gegenden erhöht werden; denn es ist zu niedrig. Alles hängt von der Erziehung der Menschen ab. Ist erst ihr Geist etwas geweckt, so werden sie fleißig und tätig. Unwissenheit macht sie stumpf und träge.

(Friedrich II., Politisches Testament von 1768. Abgedruckt bei G. B. Volz, Friedrich der Große, München 1941, S. 141)

Arbeitsvorschlag Warum ist die Anweisung Friedrichs zum Kartoffelanbau beispielhaft für den aufgeklärten Absolutismus? Warum fördert Friedrich das Schulwesen auf dem Lande?

Die Außenpolitik

So „aufgeklärt" *Friedrich der Große* in vielen Bereichen des staatlichen Lebens regierte – in der Außenpolitik dachte und handelte er wie andere absolutistische Fürsten. Als er 1740 im Alter von 28 Jahren den preußischen Thron bestieg, hatte er sich zum Ziel gesetzt, sein Land zur führenden Macht in dem kleinstaatlich zerrissenen Deutschland zu machen.

Gleichzeitig mit ihm hatte *Maria Theresia* den Thron der Habsburger bestiegen, die Tochter des deutschen Kaisers. Unter dem fadenscheinigen Vorwand alter Erbansprüche verlangte er von ihr die reiche Provinz Schlesien. Unmittelbar darauf fiel er mit seinen Truppen dort ein. Er wusste, dass er damit die Waage des europäischen Gleichgewichts gefährlich ins Schwanken brachte. Jede bedeutsame Gebietsveränderung in Europa rief alle großen und kleinen Staaten auf den Plan.

Aber er hatte das wahre Ausmaß der Folgen wohl doch nicht vorausbedacht. Nahezu alle europäischen Mächte traten nach und nach in die Auseinandersetzung zwischen Preußen und Österreich ein: Frankreich, England-Hannover, Russland, Schweden; dazu Spanien, Bayern, Sachsen.

Das stehende Heer Preußens

Heeresstärke (Personen)
1713   38 000
1740   83 000
1786   188 000

Der Siebenjährige Krieg

Dem ersten und zweiten „*Schlesischen Kriege*" folgte von 1756–1763 der dritte und schwerste, der „Siebenjährige Krieg". Es gab immer neue Bündnisse, Vertragsbrüche, Friedensschlüsse, neues Auflodern der Kriegsflammen. Schließlich kam Friedrich in größte Bedrängnis: 90 Millionen zählten seine Gegner an Menschen. Niederlagen wechselten mit Siegen. Zum Schluss aber konnte der preußische König das schlesische Land seinem Staate endgültig einverleiben.

Er kehrte aus diesen Kriegen um Schlesien als „Friedrich der Große" heim. Sein Ruhm als Feldherr war durch ganz Europa gedrungen. Er hatte seine Besitzungen weit ausgedehnt, und der kleine Staat Preußen war zu einer Großmacht in Europa aufgestiegen.

Den Preis dafür hat der „Alte Fritz", wie ihn der Volksmund nannte, so beschrieben:

Der „Alte Fritz"

„Um sich einen Begriff von der allgemeinen Zerrüttung zu machen, in die das Land gestürzt war, um sich die Verzweiflung und Entmutigung der Untertanen zu vergegenwärtigen, muss man sich völlig verwüstete Landstriche vorstellen, in denen man kaum die Spuren der alten Ansiedlungen entdecken konnte, Städte, die von Grund auf zerstört, und andere, die halb von Flammen verzehrt waren. Von 13 000 Häusern gab keine Spur mehr Zeugnis, es gab keine bestellten Felder, kein Korn zur Nahrung für die Einwohner, 60 000 Pferde fehlten den Bauern zur Feldarbeit, und in den Provinzen hatte die Bevölkerung, verglichen mit dem Jahre 1756, um 500 000 Seelen abgenommen, was für eine Bevölkerung von 4 1/4 Millionen Seelen beträchtlich ist. Adel und Bauern waren von so viel verschiedenen Armeen beraubt, gebrandschatzt und geplündert worden, dass ihnen nichts blieb als das Leben und elende Lumpen, ihre Blöße zu decken."

(Friedrich II., Memoiren von 1775 [nach G. B. Volz]. Sprachlich leicht vereinfacht.)

Nach diesen Kriegen aber gab es in Deutschland neben den vielen Kleinstaaten zwei große Mächte: Österreich und Preußen. Ihr Gegensatz sollte in den nächsten hundert Jahren die deutsche und die europäische Geschichte wesentlich bestimmen.

Links: Kolonistenhaus aus der Zeit Friedrichs des Großen in Britz (bei Eberswalde). Unten: Briefmarke der Deutschen Bundespost, die anlässlich des 200. Todestages Friedrichs 1986 erschienen ist.

Der Landesausbau

Schlesien wurde im Kriege gewonnen. Friedrich der Große aber erklärte mit Stolz, dass er „eine neue Provinz" für sein Land auch im Frieden gewonnen habe. In jahrzehntelanger Arbeit wurden nämlich die Sumpfniederungen der Flüsse des Landes entwässert und hier neue Siedlungsgebiete erschlossen. Ausgediente Soldaten und heimatlose Einwanderer waren die Neusiedler: etwa 300 000 Menschen in 900 Dörfern. Die Kolonisation im Oderbruch ist solch ein Beispiel „friedlicher Eroberung".

Arbeitsvorschläge

1. In Preußen wurden die Offiziere zur angesehensten Gruppe der Bevölkerung. Welche Erklärung kannst du dafür finden?

2. Wer war in Preußen ein „Ausländer"? Warum werden Ausländer eher desertiert sein als Landeskinder?

3. Wann gab es in der Geschichte ähnliche Beispiele der Zerstörung eines Landes wie die Preußens durch den Siebenjährigen Krieg? Um wie viel Prozent nahm die preußische Bevölkerung durch den Krieg ab?

4. Suche zu deiner Orientierung das dargestellte Gebiet des Oderbruches auf deiner Atlaskarte! Vergleiche dann in beiden Kartenausschnitten: den Oderlauf, die sonstigen Gewässer, die Sumpfgebiete, die Wälder, die Ackerflächen, die Ortschaften! Wie haben sich einige der Ortsnamen aus der Zeit vor der Kolonisation verändert? Warum wohl? Überlege bitte, wie der Oderbruch entwässert werden konnte!

5. Du findest auf der rechten Karte eine Verkehrseinrichtung, die es zur Zeit Friedrichs des Großen noch nicht gab. Welche?

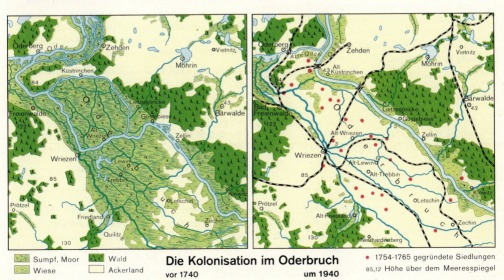

Die Kolonisation im Oderbruch
vor 1740 — um 1940

Sumpf, Moor · Wald · Wiese · Ackerland
• 1754–1765 gegründete Siedlungen
85,12 Höhe über dem Meeresspiegel

Geschichte und Gegenwart

„Friedrich der Große" oder „Friedrich II."?

Zwei Antworten

Du hast erfahren, dass Friedrich bereits zu seinen Lebzeiten „der Große" genannt worden ist. Auch die nachfolgenden Generationen haben diesen Beinamen wie selbstverständlich gebraucht – bis 1945. Seither ist er nicht mehr überall unbestritten.

Sollen wir den Preußenkönig heute weiter so nennen, wie es unsere Vorfahren auch taten? Oder sollen wir auf diesen Beinamen verzichten?

Nachfolgend findest du zwei unterschiedliche Antworten.

Zwei Antworten

Mit Friedrich, der den Beinamen „der Große" trägt, wird eine deutsche Geschichtsepoche begründet, die über Tradition, Machtverteilung und politische Kultur einer großen Vergangenheit hinweggegangen ist, um auf einer neuen Basis, der des preußischen Staates, zu beginnen …

Friedrich, der seine Zeit und seine fürstlichen Zeitgenossen weit überragte und als die glänzendste Erscheinung des aufgeklärten Absolutismus in Europa gelten kann, führte das System der absolutistischen Selbstherrschaft auf einen Gipfel, zu einem Zeitpunkt, in dem deren Ende bereits sichtbar war.

Der Selbstherrschaft versuchte er jedoch eine Begründung zu geben, die über ihre bisherigen Formen hinausging … Er bezeichnete den Herrscher als Diener des Staates und identifizierte nicht den Staat mit seiner Person, sondern ordnete seine Person dem Staat unter. Damit war die Verwandlung der monarchischen Gewalt aus persönlicher Herrschaft zu einer Amtsgewalt eingeleitet … Der Zukunft gehörte diese Herleitung aller Herrschaft …

(Theodor Schieder, Friedrich der Große. Ein Königtum der Widersprüche, Frankfurt – Berlin 1986, S. 483, 489 f.)

Die Professorin Dr. Ingrid Mittenzwei hat ebenfalls ein Buch über Friedrich geschrieben (Friedrich II. von Preußen. Eine Biographie, Köln [3] 1983). In einem Gespräch äußerte sie sich 1986 zu dieser Frage.

Frage: Man nennt ihn Friedrich den Großen. Worin war er „groß"?

Mittenzwei: Ich persönlich habe diese Bezeichnung immer vermieden, um meine kritische Distanz zu dokumentieren. Aber Größe ist Friedrich II. nicht abzusprechen. Unter den Hohenzollern war er sicherlich der größte, die meisten Potentaten [Machthaber] seiner Zeit überragte er durch seine intellektuellen [verstandesmäßigen] Fähigkeiten und die Folgerichtigkeit seiner Politik.

Trotz schlimmer Niederlagen war er ein großer Militär. Aber seine durchaus erfolgreiche Außenpolitik kann ich nicht als groß bezeichnen, da sie immer zu Lasten anderer Staaten und Völker ging.

Innenpolitisch mischen sich Licht und Schatten. Das Preußen Friedrichs II. stand in einigen Bereichen auf fortgeschrittenen Positionen, zu denken ist vor allem an die Humanisierung [Vermenschlichung] des Strafrechts. In der Wirtschaftspolitik waren andere Staaten weiter …

Größe liegt viel eher in der Eigenschaft Friedrichs II., eine gewisse Sensibilität [Empfindsamkeit] gegenüber den Forderungen dieser historischen Übergangsepoche zu entwickeln. Er nahm die kaum spürbaren Veränderungen wahr, die sich in Europa mit dem Aufstieg des Bürgertums verbanden, und reagierte mit Anpassungsbemühungen.

(Westermann's. Das Kulturmagazin Nr. 8/1986, S. 80)

Arbeitsvorschläge

1. Arbeite zunächst die Stellungnahme von Professor Schieder durch!
   a) Worin wird deutlich, dass er den Beinamen „der Große" beibehält?
   b) Wie begründet er die geschichtliche Bedeutung des Preußenkönigs?
   c) Lies noch einmal auf S. 86 über die „bisherigen Formen" der Begründung der absolutistischen Herrschaft nach! Informiere dich noch einmal auf S. 112 über Friedrichs Verständnis des Königtums!

2. Untersuche nun die Stellungnahme der Professorin Mittenzwei!
   a) Worin wird deutlich, dass sie den Beinamen „der Große" ablehnt? Wie begründet sie diese Ablehnung?
   b) Spricht sie dem Preußenkönig eine geschichtliche Bedeutung, eine „geschichtliche Größe" zu? Womit begründet sie ihre Auffassung im Blick auf seine Person? Welche Auffassung hat sie hinsichtlich seiner Politik?
   c) Was kann mit „Humanisierung des Strafrechts" gemeint sein? Lies noch einmal auf Seite 114 (und auch auf S. 66) nach!
3. Prüfe die Frage: Unterscheiden sich die beiden Wissenschaftler „in der Sache" eigentlich so wesentlich?
4. Wie haben sich die Verfasser dieses Arbeitsbuches in der Frage des Beinamens verhalten? Und wie stellst du dich zu dieser Frage?

Das Bundesarchiv in Koblenz ist eine der bedeutendsten Sammelstellen für schriftliche Quellen in der Bundesrepublik Deutschland. Der Neubau wurde 1986 eröffnet.

Die Historiker und ihre „Quellen"

„Friedrich II." oder „Friedrich der Große"? – Du hast hierzu Stellungnahmen von zwei Historikern (Geschichtswissenschaftlern) kennen gelernt, die Bücher über den Preußenkönig geschrieben haben. Woher beziehen sie ihr Wissen, worauf stützen sie ihre Wertungen?

Historiker untersuchen Zeugnisse der Vergangenheit: Bodenfunde und Bauwerke, Münzen und Kunstgegenstände zum Beispiel. So können sie vieles über das Denken und Handeln der Menschen herausbekommen.

Je weiter Geschichte fortschreitet, desto zahlreicher sind uns *schriftliche* Zeugnisse der Vergangenheit überliefert: Inschriften und Briefe, Gesetze und Verträge zum Beispiel. Solche Schriftzeugnisse nennen wir *schriftliche Quellen*, und aus diesen Quellen vor allem beziehen die Historiker ihr Wissen über Friedrich den Großen und seine Zeit.

Schriftliche Quellen werden an bestimmten Sammelstellen zusammengetragen, geordnet und aufbewahrt. Diese Sammelstellen bezeichnen wir als *Archive*. Sicher gibt es auch in deinem Heimatort ein Archiv.

In diesem Arbeitsbuch hast du Auszüge aus vielen schriftlichen Quellen kennen gelernt – es sind die Texte mit dem gelben Hintergrund. Aus der Zeit Friedrichs des Großen ist dir auch eine *vollständige schriftliche Quelle in Originalform* begegnet: das Edikt seines Vaters aus dem Jahre 1731 (S. 81 bis 84). Viele Tausende solcher Dokumente lagern in den Archiven. Die Historiker werten sie aus, wenn sie z. B. die Wirtschaftspolitik Preußens im 18. Jahrhundert beschreiben wollen.

Historiker stellen unterschiedliche Fragen an die Geschichte, und häufig kommen sie zu unterschiedlichen Ergebnissen. Häufig kommen sie auch zu unterschiedlichen Wertungen bei gleichem Sachverhalt. Ein Beispiel dafür sind die Antworten auf unsere Frage.

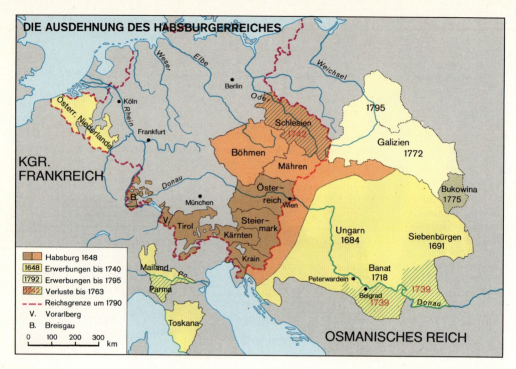

Österreich im 17. und 18. Jahrhundert

Arbeitsvorschlag

Orientiere dich bitte auf S. 54 über das Reich der Habsburger im 16. Jahrhundert! In welche Hälften wurde das Reich nach der Abdankung Karls V. geteilt? Welche Gebiete werden künftig zur deutschen Hälfte gehört haben?

Die Hausmacht der Habsburger

Aus der deutschen Hälfte des Habsburgerreiches war das Österreich des 17. Jahrhunderts hervorgegangen. Es umfasste nach wie vor die Herzogtümer Österreich, Steiermark, Kärnten, Krain, ebenso Tirol und kleinere süddeutsche Gebiete. Seit der Zeit Karls V. gehörten auch Böhmen (mit Mähren und Schlesien) sowie Teile von Ungarn zur Hausmacht. Der größere Teil Ungarns – wie überhaupt der Balkan – wurde im 17. Jahrhundert von den Türken beherrscht.

Die Türken vor Wien (1683)

Im Jahre 1683 belagerten die Türken sogar die österreichische Hauptstadt. In einem weiten Ring zogen sich ihre Lager um die Stadt Wien: 230 000 Mann mit 300 Geschützen und Tausenden von Pferden, Kamelen und Maultieren. Nur 11 000 Verteidiger standen ihnen gegenüber. Die Belagerer gruben unterirdische Gänge, sprengten mit Pulver Breschen in die Stadtbefestigung und schossen unaufhörlich Steinkugeln und Brandsätze in die Stadt hinein.

Die Bürger deckten die Schindeldächer von den Häusern ab, damit sie nicht Feuer fingen. Sie rissen das Straßenpflaster auf, damit die Steinkugeln nicht auf dem Pflaster zersprangen. Sie brachen die Dachstühle ab und flickten mit den Balken die Breschen in den Mauern der Stadt aus. Tag und Nacht standen die Burschen und Männer unter Waffen. Wie immer in diesen Fällen, bedrängte bald der Hunger die Eingeschlossenen. Hunde und Katzen waren Leckerbissen.

Endlich, nach zwei Monaten Belagerung, nahte Entsatz. Ein Heer aus Deutschen und Polen, von einigen Fürsten eilends aufgestellt, fiel über die Lager der Türken her. Nach wenigen Stunden war Wien, waren aber auch das Reich und Europa vor der unmittelbaren türkischen Gefahr gerettet.

▽ *Prinz Eugen von Savoyen (1663–1736)*

Prinz Eugen

In den Folgejahren gelang es den Habsburgern, die Türken immer weiter vom Balkan zu vertreiben. Der eigentliche Türkenbesieger wurde dabei *Prinz Eugen von Savoyen* als Oberbefehlshaber der österreichischen Truppen. Seine größte Tat war die Eroberung Belgrads, das die Türken zu einer starken Festung ausgebaut hatten (1717).

Nach den Türkenkriegen aber riet er dem Kaiser: „Ungarn ist fruchtbar, doch durch die Kriege entvölkert. Lasst uns dort deutsche Bauern ansiedeln, die den Boden beackern und gute steuerkräftige Untertanen werden. Und wenn sich der Türke wieder einmal erheben und anrücken sollte, sind sie die beste Landwehr für das Reich!"

Die „Donauschwaben"

Tausende folgten dem Ruf der Werber, die nun durch das Land zogen, vor allem junge Schwaben. In „Ulmer Schachteln", schnell zusammengezimmerten Kähnen, fuhren sie die Donau abwärts und legten im Banat ihre Dörfer an. Einfach waren die Anfänge nicht. In der neu gegründeten Gemeinde Billed zum Beispiel starben in den ersten sechs Jahren 743 von 908 Einwanderern an Sumpffieber. Aber mit zähem Fleiß arbeiteten sich die „Donauschwaben" aufwärts und grimmig reimten sie:

„Dem Ersten der Tod,
dem Zweiten die Not,
dem Dritten das Brot."

Maria Theresia

Ulmer Schachtel

Die Gegenspielerin Friedrichs des Großen war die Erbin der habsburgischen Hausmacht. Und diese Frau, Maria Theresia, führte ihren Staat und ihre Völker mit großem Geschick durch Krieg und Frieden! Neben der Regierung fand sie noch Zeit für ein vorbildliches Familienleben, für ihren Mann und ihre sechzehn Kinder.

Die Hauptstadt Österreichs wurde zur Zeit Maria Theresias zu einem neuen Mittelpunkt von Kunst und Kultur. Seit der Vertreibung der Türken hatte sich hier die neue Kunstrichtung des *Barock* und seine Spätform, das *Rokoko*, besonders entfalten können. Großartige Schlösser und Gärten entstanden in und um Wien, prunkvolle Opernabende erhöhten den festlichen Glanz. Hier schufen große Meister der Musik ihre unvergänglichen Werke: *Joseph Haydn, Wolfgang Amadeus Mozart* und – wenig später – *Ludwig van Beethoven*.

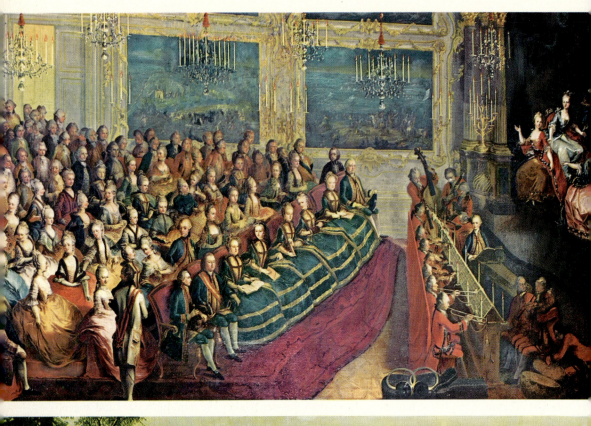

Schönbrunn. Ein Fürstenschloss im späten 18. Jahrhundert

Am liebsten hielt sich Maria Theresia in ihrem Schloss Schönbrunn auf, nahe bei Wien. Es wurde um die Mitte des 18. Jahrhunderts fertig gestellt und war das „Versailles Österreichs": mit fast 1500 Räumen, einem Park, in dem die Hecken wie Mauern standen und kein Baum, kein Strauch ungestutzt sich erheben durfte (Bild unten).

Das Bild oben rechts zeigt Maria Theresia mit ihrem Mann, Franz I., und ihrer Kinderschar auf der Terrasse des Schlosses (um 1750). Der Thronfolger, Joseph II., ist nicht ohne Absicht in die Mitte des großen Sternschmucks auf dem Fußboden gestellt worden!

Eine Opernaufführung in Schönbrunn 1765 ist auf dem Bild oben links wiedergegeben. Maria Theresia und ihre Familie sitzen in der ersten Reihe – alle gekleidet in der Mode des Rokoko, wie sie auch das Bild auf S. 85 zeigt.

Vor 1772

1772

1793

1795

Die Teilungen Polens

So heftig Preußen und Österreich einander in den Schlesischen Kriegen befehdet hatten – einmal handelten sie auch gemeinsam: 1772, 1793 und 1795 teilten sie im Verein mit Russland den Staat *Polen* auf.

In Polen war die Entwicklung gerade umgekehrt wie in den meisten europäischen Ländern verlaufen, der König war nicht der absolut regierende Herrscher geworden. Vielmehr hatten hier die adeligen Grundherren über den König gesiegt. Jeder Schritt und jede Maßnahme des Königs bedurfte der einstimmigen Billigung seiner Adelsherren. Zu einem einstimmigen Beschluss kam es jedoch ganz selten. So waren die Verhältnisse des Staates heillos in Unordnung geraten. Diese Schwäche und Machtlosigkeit reizte die Nachbarn: Durch Verträge einigten sie sich, das polnische Gebiet wie einen Kuchen unter sich aufzuteilen. Für mehr als 120 Jahre verschwand Polen als selbstständiger Staat von der europäischen Landkarte. Vergeblich begehrte das polnische Volk immer wieder gegen diese gewaltsame Teilung auf.

Maria Theresia schrieb über die erste Teilung an den Kanzler des Reiches, den Fürsten *Kaunitz*:

> „Als alle meine Länder angefochten wurden und ich gar nit mehr wusste, wo ich ruhig niederkommen sollte, steifete ich mich auf mein gutes Recht und den Beistand Gottes. Aber in dieser Sach, wo nit allein das offenbare Recht himmelschreiend wider uns, sondern auch alle Billigkeit und die gesunde Vernunft wider uns ist, muss ich bekennen, dass ich zeitlebens nit so beängstigt mich befunden und mich sehen zu lassen schäme. Bedenk der Fürst, was wir aller Welt für ein Exempel geben, wenn wir um ein elendes Stück Polen … unsere Ehr und Reputation [Achtung] in die Schanz schlagen. Ich merk wohl, dass ich allein bin und nit mehr in voller Kraft, darum lasse ich die Sachen, jedoch nit ohne meinen größten Gram, ihren Weg gehen."

(Nach: G. Guggenbühl, Quellen zur Geschichte der Neueren Zeit, Zürich 1965, S. 349. Sprachlich leicht modernisiert)

Unter die Teilungsakte schrieb sie:

> „Placet [so sei es], weil es so viele große und gelehrte Männer so wollen. Wenn ich aber schon längst tot bin, wird man erfahren, was aus dieser Verletzung an allem, was bisher heilig und gerecht war, hervorgehen wird."

Friedrich der Große spottete damals über seine frühere Gegenspielerin:

> „Sie weinte, doch sie nahm."

Die Kartenfolge auf dieser und der nächsten Seite gibt das Schicksal des polnischen Staates in den letzten 200 Jahren wieder.

Arbeitsvorschläge

1. Von einem der an den Teilungen beteiligten Staaten hast du bisher sehr wenig gehört. Welcher ist es?

2. Vergleiche die Kartenfolge auf S. 124 auch mit den Karten auf S. 108 und 120! Mit welcher Teilung stellte Preußen die Verbindung zwischen seinen Gebieten her? Welche Gebiete gewann Österreich?

3. Von dem polnischen Gesamtgebiet erhielten die Nachbarn unterschiedliche Anteile. In Prozenten ausgedrückt stiegen die Anteile wie folgt:

Staat	Teilung		
	1772	1793	1795
Preußen	4%	15%	21%
Österreich	9%	9%	17%
Russland	14%	41%	62%
	27%	65%	100%
Polen verblieben	73%	35%	–

a) Welcher Staat zog den größten Landgewinn aus der Aufteilung Polens?
b) Welcher Staat war an der Teilung des Jahres 1793 nicht beteiligt?
Stelle die Angaben der Tabelle in Prozentkreisen oder in Balkenform (Breite 100mm dar!

4. Schreibe die Stellungnahme Maria Theresias in kurze Sätze um!
Welche Haltung kommt in ihr zum Ausdruck?
Ist der Spott Friedrichs des Großen gerechtfertigt?

5. Nach dem Ersten Weltkrieg (1914–1918) wurde der Staat Polen im Versailler Friedensvertrag von 1919 wiederhergestellt. Aber 1939, zu Beginn des Zweiten Weltkriegs, wurde sein Gebiet erneut von Hitler und Stalin zwischen Deutschland und der Sowjetunion aufgeteilt.
Wie denkst du über die Teilungen Polens? Wir müssten als Deutsche besonderes Verständnis für das Schicksal des polnischen Volkes haben! Vergleiche und denke nach!

1919

1940

1990

Kunst im Zeitalter des Absolutismus

Die Baukunst

Die Zeit des Absolutismus war eine Blütezeit der Baukunst. Wir haben einige der Schöpfungen kennen gelernt, die im Auftrag der Herrscher entstanden: Schlösser, von meilenweiten Parks umgeben, mit prächtigen Auffahrten und Treppenhäusern.

Gebaut wurde im Stil des *Barock*. Nicht mehr das Regelmäßige und Schlichte bestimmte das Bauen, sondern die Bewegtheit in geschwungenen Wänden und Treppen, die prunkvolle Überfülle von Malerei und Zierwerk in den Räumen. – Eine Spätform des Barock ist das *Rokoko*. Hier sind die Formen zierlicher und auch verspielter.

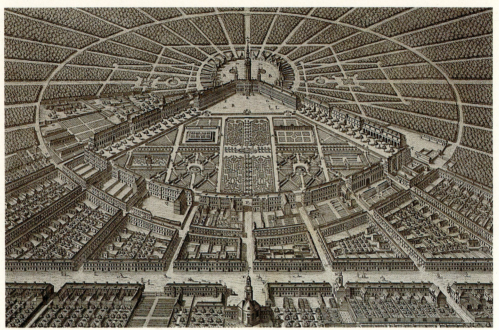

Karlsruhe. Ein Beispiel

Fürstlicher Bauwille aber prägte auch das Bild ganzer Städte. Der Markgraf von Baden ließ von 1715 an Schloss und Stadt Karlsruhe nach einem einheitlichen Plan anlegen: Von einem Kreis um den Schlossturm strahlten 32 Wege aus – 23 durch den Wald und 9 als Straßen der künftigen Stadt. Das Bild oben zeigt einen Stich von 1739. Nachdem Karlsruhe in der Zeit Napoleons zur Hauptstadt des neuen Großherzogtums Baden geworden war, wuchs es erheblich an (Karte unten). Heute noch kann man den Bauwillen des absolutistischen Fürsten im Straßenbild erkennen (Luftbild).

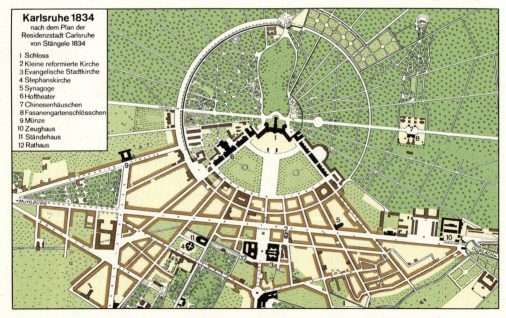

Karlsruhe 1834
nach dem Plan der Residenzstadt Carlsruhe von Stängele 1834

1 Schloss
2 Kleine reformierte Kirche
3 Evangelische Stadtkirche
4 Stephanskirche
5 Synagoge
6 Hoftheater
7 Chinesenhäuschen
8 Fasanengartenschlösschen
9 Münze
10 Zeughaus
11 Ständehaus
12 Rathaus

Rechts: Orgel der Bachkirche in Arnstadt. Hier war Johann Sebastian Bach 1703–1707 Organist. – Unten: Bach-Denkmal am Frauenplan in Erfurt

Bach und die Musik

Im absolutistischen Zeitalter aber erreichte auch die Musik einen künstlerischen Höhepunkt. Seit dem Beginn der Neuzeit hatte es hier ebenfalls zahllose Erfindungen und Neuerungen gegeben. Neue Instrumente waren gebaut, schon gebräuchliche weiterentwickelt worden. Zu den Lauten, Harfen und Flöten früherer Zeiten kamen Geige und Bratsche, Klavier und Cembalo. Geigenbauer wie die Familie *Stradivari* in Italien oder „Land- und Hoforgelbauer" wie *Gottfried Silbermann* in Freiberg (Sachsen) schufen Instrumente, die bis heute zu den vollkommensten Schöpfungen ihrer Art gehören.

Die unterschiedlichen Klangfarben der Instrumente ließen sich zu Klangkörpern zusammenfassen. So konnten Orchester entstehen, aber auch ein Zusammenklang von Orchestermusik, Einzelstimme und Chor. Es entstanden neue Musikformen, die zunächst noch vor allem dem Lobe Gottes galten.

Johann Sebastian Bach (1685–1750) wurde zum Meister der europäischen Orgel- und Kirchenmusik. Er entstammte einer Musikerfamilie, die anderthalb Jahrhunderte hindurch in der Gegend von Eisenach Organisten und Kantoren gestellt hatte. Als Achtzehnjähriger wurde auch er Organist, in Arnstadt. Über Mühlhausen führte ihn sein Lebensweg in die Residenzstädte Weimar und Köthen. Schließlich wählte ihn 1723 der Stadtrat von Leipzig zum Kantor der Thomaskirche. Das war eine Aufgabe, die ihn vielfach forderte. Zum Orgelspiel in der Thomaskirche trat das Üben und Auftreten mit den Thomanern, trat das Dirigieren (und Proben) von Konzerten des kleinen Stadtorchesters – wöchentlich einmal und in der Messezeit zweimal.

Und dennoch fand er die Zeit, ein gewaltiges Werk protestantischer Kirchenmusik zu schaffen: Kantaten (Chorwerke für den Sonntagsgottesdienst), Fugen (Musikstücke für die Orgel) und große Kompositionen für Orgel, Orchester, Einzelstimmen und Chor, z. B. die „Matthäus-Passion" (1727). Kein anderer hat in der Kirchen- und Orgelmusik je seine Größe erreicht.

Die Thomaskirche in Leipzig zur Zeit Bachs (1735). – Der Kupferstich zeigt links die Thomasschule. Eine Gruppe von „Thomanern", Mitgliedern des berühmten Knabenchors, die in der Internatsschule wohnen, überquert gerade den Kirchplatz.

Zu den großen Komponisten dieser Zeit gehören auch *Georg Philipp Telemann* (1681–1767) und *Georg Friedrich Händel* (1685–1759). Auch sie schufen protestantische Kirchenmusik für die Gotteshäuser, aber auch andere musikalische Werke für die Festsäle des Bürgertums: Telemann in Leipzig, Frankfurt/Main und Hamburg, Händel in Hannover und London.

An den Fürstenhöfen waren dagegen Opernaufführungen die große Mode und die Höhepunkte der höfischen Feste dieser Zeit.

Wir merken uns

Einige Herrscher des 18. Jahrhunderts sahen sich als „erste Diener" ihres Staates, vor allem Friedrich der Große (1740–1786) und Maria Theresia (1740–1780). Ihre Regierungsweise bezeichnen wir als „aufgeklärten Absolutismus".

Preußen stieg im „Siebenjährigen Krieg" (1756–1763) zur zweiten großen Macht neben Österreich im zersplitterten Deutschen Reich auf. Der Gegensatz dieser beiden Mächte bestimmte hinfort die deutsche Geschichte.

Zu den wichtigsten Ereignissen im Europa dieser Zeit zählen die Teilungen Polens (1772, 1793, 1795).

In der Zeit des Absolutismus erlebten die Baukunst und die Musik eine Blüte (Barock). Johann Sebastian Bach wurde zum Meister der europäischen Kirchenmusik.

4 Neue Großmächte entstehen

| 1600 | 1650 | 1700 | 1750 | 1800 | 1850 |

Die neuen Mächte   Während der Zeit der Glaubenskämpfe und des Absolutismus in Europa vollzogen sich *weltgeschichtlich bedeutsame Ereignisse*. Es bildeten sich

das russische Großreich,
das englische Weltreich,
die Vereinigten Staaten von Amerika (USA).

Damit begann der Schwerpunkt des weltgeschichtlichen Handelns sich aus Europa hinaus in die nichteuropäischen Gebiete zu verlagern. Aus dem Streben nach der Vormachtstellung in Europa und der Sorge um das europäische Gleichgewicht entwickelte sich das Ringen um die Weltgeltung, um die Oberherrschaft auf der Erde. Die neuen Entscheidungsräume wurden die Weltmeere, wurden Amerika, Asien und schließlich auch Afrika.

Arbeitsvorschlag   Viele der hier nacheinander behandelten Ereignisse haben sich in der Geschichte gleichzeitig abgespielt. Was geschah zum Beispiel im „Heiligen Römischen Reich Deutscher Nation", als Cortez sich anschickte, Mexiko zu erobern? Vor welchen Problemen standen die ersten Siedler in Nordamerika, als in Europa der Dreißigjährige Krieg begann? Hätten Kolumbus, Leonardo da Vinci und Jakob Fugger sich begegnen können?

Du kannst dir die Gleichzeitigkeit geschichtlicher Vorgänge bewusst machen, indem du dir eine Tabelle anlegst, etwa so:

	Welt	Deutschland	Russland	England
1450		1455: Gutenberg erfindet den Buchdruck		
	1492: Kolumbus entdeckt Amerika			
1500	1519–1521: Cortez erobert Mexiko	1519–1556: Karl V. 1521: …		
1550	1545–1563: …			

Vervollständige die Tabelle mit den dir bekannten, gleichzeitigen Ereignissen. Die dritte und vierte Spalte lass bitte noch frei und trage die Ereignisse im Laufe der Erarbeitung der folgenden Kapitel ein!

◁ *Die Kolonisten Nordamerikas erklären ihre Unabhängigkeit (4. Juli 1776).*

Das russische Großreich

Der Weg zur europäischen Großmacht

Ein Blick auf die Karte

Wenn wir eine politische Karte der Erde von heute betrachten, so fällt uns als größte zusammenhängende Fläche das Gebiet der ehemaligen Sowjetunion (UdSSR) auf – Russland und die aus ihr entstandenen Staaten. Es umfasst die östliche Hälfte Europas und erstreckt sich sodann über ganz Nordasien hinweg bis zum Stillen Ozean. Es ist ein noch weiter ausgedehntes Reich als das der Römer oder das „Weltreich" der Habsburger.

Arbeitsvorschläge

1. Vergleiche eine dir bekannte Reisestrecke mit der von Moskau nach Wladiwostok (9302 km)!

2. Du kannst auch rechnen:
   Fläche der Bundesrepublik Deutschland (seit 1990)   rund 360 000 qkm,
   Fläche Frankreichs   rund 550 000 qkm,
   Fläche Europas (ohne ehemalige UdSSR)   rund 5 Millionen qkm,
   Fläche der UdSSR (bis 1991)   rund 22 Millionen qkm.

Blick auf den Kreml in Moskau. – Der Kreml ist eine alte, dreieckige Festungsanlage, die einstige Burg der Großfürsten von Moskau, um die herum die Stadt entstand. Bis zur Zeit Peters des Großen war der Kreml Sitz der Zaren von Russland, seit 1918 ist er wieder Regierungssitz. Die Befestigungsmauer wurde im frühen 15. Jahrhundert errichtet, die großen Kreml-Kathedralen mit den goldenen Kuppeln etwa ein Jahrhundert später. Links hinter dem Erlöserturm in der Kremlmauer (mit der großen Uhr) ist ein modernes Regierungsgebäude zu erkennen. Im Vordergrund fließt die Moskwa, die der Stadt den Namen gab. Die Basilius-Kathedrale rechts im Bild kannst du auch auf S. 134 wiederfinden. Zwischen ihr und dem Kreml beginnt der heutige Rote Platz.

Bild links: Diese älteste Zarenkrone ist um 1400 entstanden. Sie wird heute im Kreml aufbewahrt.

Bild unten links: Iwan der Schreckliche (1533 bis 1584) in einer zeitgenössischen Darstellung. – Den Beinamen „der Schreckliche" erhielt er, weil er sein Land mit großer Härte regierte. Kurz vor seinem Tode erschlug er in einem Wutanfall seinen ältesten Sohn.

Bild unten rechts: Iwan der Schreckliche ließ in Moskau neben dem Kreml die Basilius-Kathedrale erbauen, um seine Siege über die Mongolen zu feiern. Sie hat einen achteckigen Grundriss.

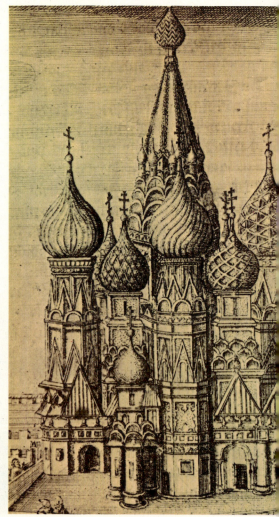

Die Anfänge

Im Mittelalter und zu Beginn der Neuzeit lag das Land der Russen gleichsam „vor den Toren Europas". Seine Kultur – Schrift, Religion und Kunst – hatte dieses slawische Volk vornehmlich von Byzanz übernommen. Dann waren bald nach 1200 die Mongolen, ein Völkerstamm aus den Hochgebirgen Asiens, in das Land eingefallen. Über 200 Jahre blieb es im Besitz der „Goldenen Horde", bis nach 1462 die Großfürsten von Moskau begannen, die mongolische Herrschaft abzuschütteln. Sie nannten sich „Zaren" (von lateinisch Cäsar) und besaßen zunächst nur ein kleines Gebiet rund um ihre Hauptstadt (vgl. die Karte auf S. 137).

Im 16. und 17. Jahrhundert erschöpften sich die westlichen Völker Europas in Glaubenskriegen. Oder sie suchten den Weg über die Meere, eroberten Kolonien und machten sich zu Herren der Eingeborenen. In dieser Zeit dehnte sich das neue Reich der Zaren in alle Richtungen – bis mächtige Nachbarn Einhalt geboten: im Norden die Schweden, im Westen die Polen.

So blieben der Süden und der Osten. Unter Zar Iwan IV., „dem Schrecklichen", wurde im Süden das Wolgagebiet den Mongolen abgewonnen, von Kasan bis Astrachan. Im Osten drangen Kosaken, angeworbene Reitersoldaten, über den Ural hinaus vor. Hier lag ein unbekanntes Gebiet voller Wälder und Sümpfe, aber auch voller Pelztiere und Bodenschätze: Sibirien. Zunehmend wurde der Riesenraum dem Zarenreich angeschlossen.

Davon merkten die Menschen Westeuropas kaum etwas. Aber auch die Russen wussten nichts von den Völkern des Westens.

Peter der Große

Das änderte sich in der Zeit des Absolutismus. Mit aller Macht versuchte Zar *Peter der Große,* das Gesicht seines Landes nach Westen zu kehren. Er hatte unmittelbar nach seiner Thronbesteigung (1689) Westeuropa bereist, sich aufmerksam überall umgesehen und vielerlei gelernt: die Arbeitsweise der Manufakturen in England, die Schiffsbaukunst in Holland, die Kriegskunst in Österreich.

Er holte ausländische Wissenschaftler und Handwerker ins Land. Er schickte junge russische Adelige hinaus, damit sie gleich ihm in Westeuropa studierten. Er ließ ein stehendes Heer aufstellen und staatliche Manufakturen gründen. Einmal schnitt er sogar eigenhändig seinen Adelsherren die langen, herkömmlichen Bärte ab, weil er in ihnen das Sinnbild der Rückständigkeit Russlands sah.

Eines der Hauptziele Peters des Großen war der Zugang zu den Meeren, die den Anschluss an den Welthandel freigaben: die Ostsee und das Schwarze Meer. Die Zugänge zur Ostsee wurden ihm durch die Schweden, die zum Schwarzen Meer durch die Türken versperrt. Der Zar steckte gewissermaßen in einem Rock mit zugenähten Ärmeln. Nun versuchte er, diese Nähte gewaltsam zu durchstoßen.

Im Norden hatte er Erfolg. Der Sieg über die Ostseemacht Schweden öffnete die Naht des einen Ärmels. Gleichsam als „Fenster zum Westen" gründete er in dem gewonnenen Küstengebiet eine ausgedehnte Hafenstadt, die er auch zur neuen Hauptstadt seines Reiches machte: St. Petersburg. Als Peter der Große starb, war sein Land eine europäische Großmacht geworden.

*Peter der Große (1672–1725). Auch nach außen hin gab sich der Zar ganz europäisch.
Das rechte Bild aus der Zeit Peters zeigt nicht den Zaren selbst, sondern einen seiner Beauftragten beim Bartabschneiden. Die russische Inschrift gibt das Gespräch der beiden wieder. Der alte Russe sagt: „Hör zu, Barbier, ich will meinen Bart nicht abschneiden lassen!" Der antwortet ihm: „Pass auf, ich rufe gleich die Wache!"*

Von seinen Nachfolgern setzte vor allem *Katharina II.* (1729–1796) die Politik Peters des Großen fort. Ihre Soldaten gewannen den Zugang zum Schwarzen Meer. Sie verleibte die Halbinsel Krim ihrem Reiche ein und begann mit der Unterwerfung des Kaukasusgebietes. Sie war es auch, die im Verein mit Österreich und Preußen 1772, 1793 und 1795 den Staat Polen aufteilte.

Arbeitsvorschläge

1. Stelle aus der Karte eine Kartenfolge her, sodass das Wachstum Russlands als ein Nacheinander erscheint! Pause und schneide also zuerst das „Kernland" heraus, das Großfürstentum Moskau 1462, dann Kernland und Erwerbungen bis 1533, dann bis 1725, schließlich als vierte Karte die Sowjetunion bis 1990! Klebe die Ausschnitte untereinander und beschrifte sie!

2. Auf dem Bild oben findest du russische Schriftzeichen. Versuche bitte festzustellen, ob die russische Schrift heute noch so aussieht!

3. Peter der Große regierte gleichzeitig mit Ludwig XIV. Welche seiner Maßnahmen kennzeichnen auch ihn als einen absolutistischen Herrscher?

4. Zeige auf der Karte die Stellen, die Russland den Zugang zum Meer ermöglichten. Sage noch einmal mit deinen Worten, warum dieser Zugang so wichtig war!

5. Vergleiche die Basilius-Kathedrale mit einer großen alten Kirche, die du kennst! Stelle die Unterschiede in einer Tabelle zusammen! Beachte besonders den Grundriss, die Zahl und Art der Türme, die Schmuckformen, Türen und Fenster!

Die weltpolitische Bedeutung Sibiriens

Um 1580 waren die ersten Kosaken über den Ural hinaus vorgedrungen und hatten die Pforte nach Sibirien aufgestoßen. Andere Kosaken, Pelzjäger, Händler und Beauftragte des Zaren waren gefolgt. Im Jahre 1648 erreichte der Kosak Deschnew mit wenigen Kameraden als Erster das äußerste nordöstliche Ende Sibiriens, das ihm zu Ehren noch heute „Kap Deschnew" heißt.

Allmählich begann man am Zarenhof zu begreifen, was man da eigentlich erworben hatte. Zu Anfang des 18. Jahrhunderts schrieb ein Gesandter nach einer Reise durch Sibirien an Zar Peter den Großen: „Diese Provinz ist ... ein Imperium, in welchem 40 Ströme fließen, mächtiger als die Donau, und noch 100 andere, mächtiger als die Newa ... Ein zweites, so reichlich von Gott gesegnetes Land gibt es nicht in der Welt ..."

Rußland war damit ein Reich von einer Ausdehnung und räumlichen Geschlossenheit geworden, das alle europäischen Maßstäbe in den Schatten stellte. Noch war der Riesenraum unerschlossen, kaum besiedelt und unkultiviert. Er hatte ein rauhes, unwirtliches Klima. Er schien zu großen Teilen völlig unzugänglich. Noch wusste niemand genau, welche Schätze er barg. Mit seiner zunehmenden Erschließung aber wuchs Rußland in aller Stille zur Weltmacht heran.

Wir merken uns

Jahrhundertelang hatte Russland gleichsam vor den Toren Europas gelegen. Erst unter Zar Peter dem Großen (1689–1725) kehrte es „sein Gesicht nach Westen". Es wurde eine europäische Großmacht.

Während die westeuropäischen Staaten den Weg zur Weltgeltung in Übersee suchten, dehnte sich Russland im Stillen über ganz Nordasien (Sibirien) aus. Damit schuf es die Voraussetzungen für die spätere Weltmachtstellung.

Das englische Weltreich

Der politische Aufbruch

Gegen die absolute Fürstenherrschaft

Der Absolutismus der Fürsten beherrschte das politische Bild Europas im 17. und 18. Jahrhundert. Nur in wenigen Ländern gab es andere, freiere Regierungsformen: in der *Schweiz*, wo die „Eidgenossen" im Schutze ihrer Alpenberge seit dem Mittelalter zusammenlebten, ohne einem Fürsten untertan zu sein, in den *Niederlanden* und in *England*.

Die Niederlande

Die Niederländer hatten sich bereits um die Mitte des 16. Jahrhunderts in den Wirren der Glaubenskriege von ihrem spanisch-habsburgischen Oberherrn losgesagt und sich schließlich 1581 für selbstständig und unabhängig erklärt (vgl. S. 71):

> „Ein Volk ist nicht wegen des Fürsten, sondern ein Fürst um des Volkes willen geschaffen; denn ohne das Volk wäre er ja kein Fürst. Er ist dazu da, dass er seine Untertanen nach Recht und Billigkeit regiere und sie liebe wie ein Vater seine Kinder, dass er treu walte, wie ein Herr über seine Herde.
>
> Behandelt er sie aber nicht so, sondern bloß wie Sklaven, dann hört er auf, ein Fürst zu sein, und ist ein Tyrann. Die Untertanen aber haben das Recht …, wenn kein anderes Mittel mehr übrig ist …, den Tyrannen zu verlassen.
>
> Unter dem Vorwand der Religion hat der König von Spanien eine Tyrannei einzurichten versucht … Und so erklären wir denn jetzt den König von Spanien verlustig jedes Anspruchs auf die Herrschaft in den Niederlanden."
>
> *(Nach: Quellen zur Geschichte der Neueren Zeit, Zürich 1965, S. 133 f.)*

Diese Unabhängigkeitserklärung ist eine der wichtigsten Urkunden der neuzeitlichen Geschichte. Hier verfochten erstmals Bürger gegenüber dem Fürsten das Recht auf eine freie Selbstbestimmung und eine eigene Regierung. An die Spitze des neuen niederländischen Staates trat ein auf Lebenszeit gewählter Statthalter.

Arbeitsvorschläge

1. In einem Theaterstück des deutschen Dichters Friedrich von Schiller (1759–1805) wird vom Selbstständigkeitsstreben der Schweizer berichtet. Vielleicht kannst du Auszüge aus „Wilhelm Tell" mit deinen Klassenkameraden lesen!

2. Mache dir bitte den Inhalt der niederländischen Unabhängigkeitserklärung ganz klar:
    a) Lies den Text langsam und gründlich durch!
    b) Wer ist am wichtigsten in einem Staat: der Fürst (König) oder die Untertanen (das Volk)?
    c) Welche Bilder werden hier für das richtige Verhältnis von beiden gebraucht?
    d) Wann hat das Volk das Recht zum Widerstand gegen den Fürsten?
    e) Versuche nun den Inhalt der Erklärung mit deinen Worten wiederzugeben!

3. Verfolge in deinem Geschichtsatlas die Entstehung der Schweiz und der Niederlande! Informiere dich auch über das Kolonialreich, das die Niederländer im 17. Jahrhundert errichteten!

Der Sieg des Parlaments in England

Schon 1215 hatten die Adeligen in England dem König einen „Freibrief" *(Magna Charta)* abtrotzen können. Kein freier Mann durfte nur nach Belieben des Königs verhaftet, eingesperrt, seines Besitzes beraubt oder verbannt werden. Seither wachte darüber ein *„Parlament"*, eine Versammlung von Vertretern des Adels und der Städte. Es bewilligte dem König auch die Steuern.

Als im 17. Jahrhundert die englischen Könige dennoch versuchten, die absolutistische Herrschaftsform durchzusetzen, stießen sie auf den harten Widerstand ihres Volkes. Der steigerte sich bis zum blutigen Bürgerkrieg und führte schließlich zur Hinrichtung des Königs. Das war etwas Ungeheuerliches, das es bisher in der europäischen Geschichte noch nicht gegeben hatte: Das Volk richtete den König und legte ihm den Kopf vor die Füße, als er übermächtig werden wollte.

Die „Bill of Rights"

Zwar wurde wenige Jahre später das Königtum wieder eingeführt, die englischen Könige aber waren seit 1688/89 *(Bill of Rights)* weitgehend vom Parlament abhängig:

>Das Parlament gab die Gesetze.
>Das Parlament bewilligte die Steuern.
>Das Parlament musste zustimmen, wenn der König ein Heer aufstellen wollte.
>Das Parlament wachte darüber, dass jeder Verhaftete spätestens nach drei Tagen vor einen Richter kam.
>Das Parlament durfte frei diskutieren; niemand konnte wegen seiner Reden im Parlament vom König zur Rechenschaft gezogen werden.

Auch auf die Wahlen zum Parlament hatte der König keinen Einfluss. – Freilich, wählen durften längst nicht alle Engländer. Im Parlament – bestehend aus einem „Oberhaus" und einem „Unterhaus" – hatten nur Vertreter der Geistlichkeit und des Adels sowie reiche Kaufleute und Unternehmer Sitz und Stimme. Handwerker, Kleinbauern und Manufakturarbeiter waren noch nicht vertreten.

Sie durften nicht mitwählen, aber auch sie waren durch das Parlament vor willkürlichen Verhaftungen geschützt: ein Fuhrmann und ein Fleischträger in London im 17. Jahrhundert.

Arbeitsvorschläge

1. Überlege bitte:
   Warum sollte der König nicht nach Belieben ein Heer aufstellen dürfen?
   Warum ist die „Redefreiheit" im Parlament wichtig?

2. Stelle zusammen, wie sich die eingeschränkte Königsherrschaft in England von der absoluten unterschied!

3. Wo gibt es in Europa heute noch Königsherrschaften (Monarchien)? Regieren die Könige absolut oder sind sie von Parlamenten abhängig?

4. Erläutere die Bedeutung des Wortes Parlament (von lateinisch parlamentum: Besprechung)!

5. Auch in der Bundesrepublik Deutschland gibt es Parlamente. Wie heißen die Parlamente in Dorfgemeinden, Städten, Kreisen, Bundesländern, im Bund? Wie wird man Mitglied dieser Parlamente? Wie bezeichnen wir die Mitglieder? Welche Aufgaben haben sie?

Die Arbeit des Parlaments

Wie ging es nun in diesem englischen Parlament zu? Der Deutsche *Karl Philipp Moritz*, der im 18. Jahrhundert mehrere Sitzungen im Unterhaus von der Zuschauergalerie aus miterlebte, berichtet uns darüber:

„Und nun sah ich also zum ersten Male in einem ziemlich unansehnlichen Gebäude, das einer Kapelle sehr ähnlich sieht, die ganze englische Nation in ihren Vertretern versammelt. Der Sprecher [der „Vorsitzende"], ein ältlicher Mann mit einer ungeheuren Perücke, in einem schwarzen Mantel, den Hut auf dem Kopfe, [sitzt] mir gerade gegenüber auf einem erhabenen Stuhle, der mit einer kleinen Kanzel viel Ähnlichkeit hat …; vor diesem Stuhle ein Tisch, der wie ein Altar aussieht, vor welchem wiederum zwei Männer [die Schreiber] … sitzen.

An den Seiten des Hauses rund umher sind die Bänke für die Parlamentsglieder, mit grünem Tuch ausgeschlagen, immer eine höher als die andere, wie unsere Chöre in den Kirchen, damit derjenige, welcher redet, immer über die vor ihm Sitzenden wegsehen kann … Die Parlamentsglieder behalten ihre Hüte auf, aber die Zuschauer auf der Galerie sind unbedeckt.

Die Parlamentsglieder des Unterhauses haben nichts Unterscheidendes in ihrer Kleidung; sie kommen im Überrock und mit Stiefeln herein. Es ist nichts Ungewöhnliches, ein Parlamentsglied auf einer von den Bänken ausgestreckt liegen zu sehen, indes die anderen debattieren. Einige knacken Nüsse, andere essen Apfelsinen oder was sonst die Jahreszeit mit sich bringt. Das Ein- und Ausgehen dauert fast beständig …

Das Reden geschieht ohne alle Feierlichkeit: einer steht bloß von seinem Sitze auf, nimmt seinen Hut ab, wendet sich gegen den Sprecher …, behält Hut und Stock in einer Hand, mit der anderen macht er seine Gesten.

Redet einer schlecht oder hat das, was er sagt, für die meisten nicht Interesse genug, so ist oft ein solches Lärmen und Gelächter, dass der Redende kaum sein eigenes Wort hören kann …) und dann hat es sehr viel Komisches, wenn der Sprecher auf seinem Stuhle wie ein Präceptor [Lehrer] zu wiederholten Malen Ordnung bietet, indem er ausruft, to Order, to Order!, ohne dass eben viel darauf geachtet wird. Sobald hingegen einer gut und zweckmäßig redet, so herrscht die äußerste Stille, und einer nach dem anderen gibt seinen Beifall dadurch zu erkennen, dass er hear him! hört ihn! ruft … Ich habe oft bemerkt, dass einer, der mit einiger Furchtsamkeit oder Kälte zu reden anfängt, dadurch in ein solches Feuer gesetzt wird, dass er mit einem Strome von Beredsamkeit spricht …

Sehr auffallend waren mir die offenbaren Beleidigungen und Grobheiten, welche sich oft die Parlamentsglieder einander sagten, indem der eine z. B. aufhörte zu reden und der andere unmittelbar darauf anfing: It is quite absurd usw., es ist höchst ungereimt, was der right honourable Gentleman (mit diesem Titel beehren sich die Parlamentsglieder) eben jetzt vorgetragen hat …

Ich bin nachher fast alle Tage im Parlament gewesen und ziehe die Unterhaltung, die ich dort finde, den meisten anderen Vergnügungen vor …"

(Nach: Geschichte in Quellen III, München 1966, S. 703 ff.)

Eine Sitzung des englischen Unterhauses im 18. Jahrhundert. So wie die Zuschauer auf der Galerie dieses Bildes sah auch Karl Philipp Moritz die „Parlamentsglieder" vor sich! – Bild unten: Königin Elisabeth I. (1558–1603)

Englands Weg zur Kolonialmacht

Die Anfänge

Zur Zeit der Königin Elisabeth wollten sich auch englische Kapitäne und Kaufleute an dem großen Wettrennen nach den Gewinn bringenden überseeischen Ländern beteiligen. Doch die Spanier und Portugiesen duldeten keine anderen Schiffe auf den Meeren und in den Häfen ihrer Besitzungen. So suchten die Engländer nach einem anderen Weg. Sie schlossen sich als „Wagende Kaufleute" (Merchant Adventurers) zusammen und wurden zu Seeräubern: sie überfielen die spanischen Silberschiffe und plünderten ihre kostbare Ladung. Die Königin nahm die Freibeuter unter ihren Schutz und teilte die Gewinne der Raubzüge mit ihnen.

Erst nach dem Tode Elisabeths unternahmen die Engländer die ersten Schritte zu einem eigenen Kolonialreich. Immer stärker drängten sie hinfort die alten Kolonialmächte, Spanien und Portugal, beiseite. Auch die Niederlande, die Kolonien in Amerika, Afrika und vor allem auf den Inseln Indonesiens gegründet hatten, wurden von ihnen überrundet. Überall errichteten die englischen Kaufleute ihre Stützpunkte und Niederlassungen: auf den mittelamerikanischen Inseln, in Indien, an den afrikanischen Küsten. Vor allem aber entstanden an der Ostküste Nordamerikas ausgedehnte Siedlungskolonien, entstand gleichsam ein „neues England".

Die erste Siedlungskolonie: Virginia

Am 24. Mai 1607 erschienen an der Ostküste Nordamerikas, etwa auf dem 37. Breitengrad, drei kleine englische Schiffe. Sie fuhren den breiten Fluss aufwärts, der sich vor ihnen öffnete, und schifften sich an einer flachen Halbinsel aus, 105 Mann. Sie sicherten ihren Landeplatz durch Palisaden, bauten Hütten und eine Kapelle. Sie nannten ihre kleine Stadt nach dem englischen König: Jamestown.

Es waren einfache und schlichte Leute, aber voller Wagemut. In dem fremden Lande wollten sie nun ansässig werden, wollten vor allem zu Wohlstand kommen. Der König hatte ihnen einen Freibrief mitgegeben. Darin sicherte er ihnen alle Rechte der Bürger in England zu, „in jeder Hinsicht, gleich als ob sie in unserem Reich in England lebten oder geboren wären". Auch ein Parlament sollte die neue Kolonie haben – wie das Mutterland.

Alles war fremd und neuartig für die 105 Männer: der Wald, die Tiere, die Pflanzen, die Indianer, die Hitze im Sommer. Was sollten sie beginnen, wie sollten sie reich werden in ihrer kleinen Siedlung? Sie fanden kein Gold, wie sie wohl geträumt und gehofft hatten. Sie fanden keine sonstigen Schätze, die sie nur aufzuheben brauchten. Sie fanden Arbeit, harte, nie enden wollende Arbeit.

Das Fieber überfiel sie und der Hunger, als die mitgebrachten Vorräte verzehrt waren. Oft schienen die Indianer freundlich zu ihnen zu sein. Dann wieder überschüttete sie der Hagel ihrer Pfeile. Die Zahl der Siedler schmolz in Not und Kampf zusammen.

Schließlich waren es nur noch wenige Mann. Da gaben sie die Siedlung auf und flohen auf ihren Booten wieder flussabwärts. Aber an der Mündung stießen sie auf Hilfsschiffe mit Nachschub an Bord. Sie kehrten wieder um und begannen den Kampf von neuem. Weitere Schiffe von England kamen, sie brachten junge Mädchen, Frauen mit. Nun war das einsame Leben nicht mehr so hart. Es gab Familien in der Wildnis, Kinder wurden geboren, die Kolonie wuchs. Nach zwölf Jahren zählte sie 1000 Einwohner.

Die Grundlage des Lebens bildete der Tabakanbau. Das duftende Kraut wurde in Europa teuer bezahlt; man schnupfte es aus der Dose oder rauchte es aus langstieligen, holländischen Pfeifen. Ein Schiff brachte aus Afrika schwarze Sklaven in die Kolonie. Sie wurden von den Siedlern zur Arbeit auf den Tabakfeldern eingesetzt. Langsam, dann immer schneller hob sich der Wohlstand in Virginia, wie man das neue Land getauft hatte.

Überall dort, wo die Europäer landeten, fanden sie Menschen vor, die hier geboren waren. Zumeist brachten sie Tod und Verhängnis über diese Eingeborenen – in Mexiko und an den Sklavenküsten Westafrikas ebenso wie in Nordamerika.
Von den Indianern Nordamerikas wissen wir aus Abenteuergeschichten über den „Wilden Westen". Wir wissen von ihrem erbitterten Kampf um ihre Jagdgründe. Wie sie lebten, ehe sich die Europäer so verhängnisvoll einmischten, zeigt dieses Bild des Indianerdorfes Secoton.
Um einen Hauptweg sind die Hütten der Eingeborenen verstreut. Rechts vom Weg liegen drei Felder, auf denen Mais angebaut wird: auf dem vorderen Feld – in sorgfältigen Abständen – die Jungpflanzen („Corne newly sprong"), dahinter ausgewachsene, grüne Pflanzen („Their greene corne"), ganz zum Schluss das reife Getreide.
Im Vordergrund sieht man den Tanzplatz. Mit Kürbisrasseln in der Hand tanzt eine Gruppe von Indianern zu Ehren ihrer Götter. Der Platz gegenüber, auf dem das Feuer brennt, ist ein Ort des Gebetes. In der Mitte des Weges wird ein Festmahl vorbereitet.
Einer der ersten Kolonisten hat diese Eindrücke mit Pinsel und Farbe festgehalten und schriftliche Erläuterungen dazugegeben.

Im Juli 1619 trat in der kleinen Holzkirche von Jamestown das erste Parlament der Kolonie zusammen. Die Abgeordneten der inzwischen vorhandenen 11 Siedlungen berieten über die Gesetze, die sie sich geben wollten. Es waren einfache, schlichte Sätze. Da das Vieh knapp war, sollte es niemand ohne Erlaubnis schlachten. Wer dem Nachbarn das Boot oder den Indianern ein Kanu stahl, sollte hart bestraft werden usw.

Wer tüchtig war, zäh und fleißig und wagemutig, und wer Glück hatte, der kam voran hier in Virginia. Aber neben dem Ackerpflug und dem Buschmesser lagen immer noch Flinte und Pulverhorn als Wehr gegen die Tomahawks und Pfeile der Indianer.

Arbeitsvorschläge

1. Du findest in dem Bericht über die Gründung Virginias auch einen Hinweis auf die Negersklaven in Nordamerika.
   a) Orientiere dich auf Seite 29–33 noch einmal über ihre Geschichte!
   b) Wozu wurden die schwarzen Sklaven in Virginia eingesetzt?
   c) Verfolge im Fernsehen und in den Zeitungen die Berichte über Rassenkonflikte in den Vereinigten Staaten! Die schwarzen Amerikaner heute sind die Nachkommen dieser Sklaven.

2. Wie unterscheidet sich die „Siedlungskolonie" von anderen Formen der europäischen Ausbreitung über die Erde?

3. Im Jahre 1971 nahm ein Gericht zu der damaligen Verdrängung der Eingeborenen durch die Europäer wie folgt Stellung:
   „Die ganze Welt stand dem Fleiß und Unternehmensgeist des Menschen offen, der das Recht und die Pflicht hatte, die Schätze dieser Erde auszubeuten. Die Fortgeschritteneren hatten daher das Recht, wenn nötig, die weniger Fortgeschrittenen zu enteignen" (Der Spiegel 31/1971, S. 87).
   Diskutiere doch einmal mit deinen Klassenkameraden über diese Sätze!

Zu den ersten Siedlern gehörten auch Glaubensverfolgte aus England: Puritaner, Anhänger der Lehre Calvins. Sie landeten 1620 im Gebiet der späteren Kolonie Massachusetts. Sie regelten ihr Zusammenleben nach den strengen Gesetzen ihres Glaubens. – Beachte bitte die Kleidung, die Bewaffnung, die Anordnung des Zuges der „Pilgerväter" – wie man diese Einwanderer auch nannte – auf dem Gang zur Kirche!

Die 13 Kolonien

Von 1620 an begann eine förmliche Völkerwanderung von Europa nach dem neuen Land. Die Menschen wurden angezogen wie Eisenspäne von einem Magneten. Es kamen nicht die Schlechtesten, sondern die Wagemutigsten und die Zähesten.

Es kamen religiöse Schwärmer und Gottesstreiter, wie William Penn, der mit seinen Anhängern ein ganzes Waldland, „Pennsylvania", besiedelte. Sie nannten ihre Hauptstadt Philadelphia, das heißt Bruderliebe, und wollten hier ein Reich der religiösen Duldsamkeit gründen. Es kamen Verfolgte und politische Flüchtlinge, es kamen Arbeitsuchende, Landhungrige, Abenteuerlustige. Es kamen Menschen aus allen europäischen Nationen.

Schweden siedelten in Delaware und bauten hier nach dem Vorbild ihrer Heimat die ersten amerikanischen Blockhäuser. Die Holländer gründeten Neu-Holland mit der Hauptstadt Neu-Amsterdam, das später New York genannt wurde. Franzosen siedelten in Süd-Karolina, Spanier und Griechen ließen sich in Florida nieder, Iren, Schotten und Deutsche in Pennsylvania. Für alle bot das neue Land Raum.

Nach 150 Jahren – 1756 – wohnten über eine Million europäischer Siedler in den 13 Kolonien „Neuenglands" an der Ostküste Nordamerikas.

Am 20. Juli 1683 verließen die ersten deutschen Auswanderer (aus Krefeld) mit der Concord Europa, am 6. Oktober erreichten sie Philadelphia. Erinnerungsmarke der Bundespost 1983

Die 13 Kolonien und die Jahreszahl ihrer ersten Besiedlung:
Virginia um 1607
New York um 1612
Massachusetts
  um 1620
Delaware um 1630
Pennsylvania
  um 1630
New Jersey um 1630
Maryland um 1634
Connecticut um 1635

Rhode Island
  um 1635
New Hampshire
  um 1635
North Carolina
  um 1653
South Carolina
  um 1660
Georgia
  um 1732

Um die Herrschaft der Welt

Der Gegensatz zu Frankreich

Hinter der Ostküste Nordamerikas aber erstreckte sich das weit ausgedehnte französische Kolonialgebiet: Kanada und Louisiana. Das waren keine Siedlungskolonien wie der Küstenstreifen der Engländer, sondern Handels- und Arbeitsgebiete von französischen Kaufleuten und Pelzjägern. Militärische Anlagen (Forts) sicherten sie gegen die Siedler der englischen Kolonien, die weiter nach Westen drängten.

Auch in anderen Überseegebieten kreuzten sich die englischen und französischen Interessen, vor allem in Indien. Hier hielten die Franzosen um 1750 ein großes Gebiet besetzt, die Engländer dagegen nur einige Stützpunkte. Immer wieder ergaben sich Reibereien bei der Ausbeutung des Landes. *England und Frankreich waren die beiden großen Überseerivalen des 18. Jahrhunderts.*

Der Entscheidungskampf (1756–1763)

Der Entscheidungskampf zwischen beiden Gegnern fand gleichzeitig mit dem Siebenjährigen Krieg (1756–1763) statt. Das Ringen Friedrichs des Großen um Schlesien war nur Teil eines ersten *Weltkrieges:* überall, in Nordamerika, in Indien, auf den Meeren, rangen englische und französische Siedler und Händler, Heere und Flotten miteinander. Friedrich band mit seinen Armeen die französischen Kräfte auf dem europäischen Kontinent. Er war der „Festlandsdegen" der Engländer, die ihn mit Geld und Truppen unterstützten.

Die Festlandsmacht Frankreich musste so vor allem in Europa kämpfen, das Inselreich England aber konnte seine Hauptstreitkräfte nach Übersee werfen. Dort drängte es den Gegner immer mehr zurück und gewann die wichtigsten Gebiete seiner kommenden Weltherrschaft:

Im Frieden von Paris (1763) musste Frankreich *Kanada* und das linke Mississippiufer an England abtreten. Spanien wurde gezwungen, Florida herauszugeben; als Ausgleich erhielt es den Rest des französischen Kolonialbesitzes in Nordamerika: Louisiana rechts des Mississippi. Außerdem musste Frankreich *Indien* bis auf wenige Stützpunkte räumen.

England war damit eindeutig die *erste Weltmacht.* Es baute sein Kolonialreich immer weiter aus. Es unterwarf auch die restlichen Gebiete Indiens und gründete um 1800 die ersten Niederlassungen im bisher unerschlossenen Erdteil *Australien.*

Frankreich wurde Kolonialmacht zweiten Ranges. Erst im 19. Jahrhundert konnte es dann in Afrika wieder ein neues, umfangreiches Kolonialreich aufbauen.

■ Englische Besitzungen und Stützpunkte ■ Französische Besitzungen und Stützpunkte ■ Spanische Besitzungen ▨ Einflussgebiete

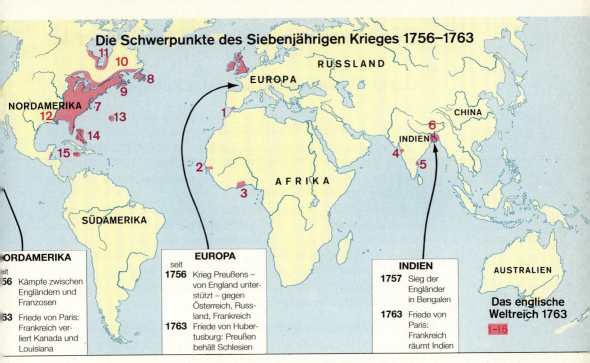

Arbeitsvorschläge

1. Die nachfolgende Tabelle nennt dir die wichtigsten Gebiete des englischen Kolonialreichs nach 1763.

Europa	Afrika	Asien	Amerika	
1 Gibraltar	2 Gambia 3 Goldküste	Indien hier: 4 Bombay 5 Madras 6 Bengalen	7 Die 13 Kolonien 8 Neufundland 9 Neu-Schottland 10 Kanada 11 Gebiete der Hudson- Bay-Company	12 Florida und Ost-Louisiana 13 Bermuda-Inseln 14 Bahama-Inseln 15 Jamaika und Honduras

a) Übertrage sie in eine Umrisskarte der Erde und füge statt der Nummer ihre Namen hinzu!
b) Versuche festzustellen, zu welchen Staaten sie heute gehören!

2. Trage die Ereignisse der englischen Geschichte in deine Tabelle (S. 132) ein!

Wir merken uns

Während das politische Bild Europas vom Absolutismus beherrscht wurde, gelang es dem englischen Parlament 1688/89, die Macht des Königs weitgehend einzuschränken.

Nach der Zeit der Königin Elisabeth (1558–1603) begann England mit dem Aufbau eines Kolonialreichs. Vor allem entstanden ausgedehnte Siedlungskolonien an der Ostküste Nordamerikas. Um 1750 lebten etwa eine Million Siedler in diesen 13 Kolonien „Neuenglands".

Frankreich war der Hauptrivale Englands in Übersee. Im Siebenjährigen Krieg (1756–1763) wurde es von England geschlagen. Es verlor seine Kolonialgebiete in Nordamerika und Indien. England stieg zur alleinigen Weltmacht auf.

Die Vereinigten Staaten von Amerika

Der Unabhängigkeitskampf der Kolonien

Der Teesturm von Boston

Das Jahr 1763 hatte England mit der Erwerbung von Kanada und Indien zwar zum Weltreich gemacht, der vorausgegangene Krieg aber auch viel Geld gekostet. Nun galt es zudem, diesen mächtigen und so verschiedenartigen Besitz zu verwalten und vor allem zu sichern. Dazu mussten Heer und Flotte verstärkt, Häfen ausgebaut, Festungen angelegt werden. Das erforderte ebenfalls große Summen.

So beschloss das Parlament in London, Steuern von den Kolonisten in Neuengland einzutreiben. Zorn und Empörung entbrannte darüber unter den Bürgern der 13 Kolonien. Vor dem Kriege hatten sie ihre Angelegenheiten weitgehend selbst bestimmt, jetzt wollte man über sie befehlen, als wären sie Indianer oder Neger! Sie waren nur bereit, solche Steuern zu zahlen, über die ihre Vertreter mitentschieden hatten. Im Londoner Parlament aber hatte kein Kolonist Sitz und Stimme.

Zu den Beschlüssen des Parlaments gehörte auch eine „Teesteuer", eine indirekte Steuer, mit der indischer Tee bei der Einfuhr belegt wurde. Die Kolonisten weigerten sich, besteuerten Tee abzunehmen.

Als im Hafen von Boston wieder einmal Teeschiffe angelegt hatten, glitten plötzlich in einer Dezembernacht des Jahres 1773 Boote über das Wasser, legten sich an die Teeschiffe. Hurtig kletterten „Indianer" die Fallreeps empor, sperrten die Wachen ein, erbrachen die Laderäume, holten die Teekisten heraus und warfen sie ins Meer – 343 Stück. Dann verschwanden die „Indianer" – in Wirklichkeit verkleidete Kolonisten – wieder im Dunkeln.

Ganz Boston lachte über den kühnen Streich. Aber der König verhängte Strafmaßnahmen. Der Hafen wurde durch Kriegsschiffe besetzt, die Selbstverwaltung der gesamten Kolonie aufgehoben. Die Bürger sollten Schadenersatz leisten und die Schuldigen ausliefern. Es gab Zusammenstöße mit den englischen Truppen, Tote und Verwundete.

So hat ein Zeitgenosse den Teesturm von Boston dargestellt. – Dieses war nicht die erste Auseinandersetzung. Auf einen Zusammenstoß zwischen englischen Truppen und Bürgern der Stadt Boston bereits im Jahre 1770 weisen die Abbildung und die beiden Augenzeugenberichte auf der nächsten Seite hin.

Englische Truppen feuern auf Bürger der Stadt Boston. In welcher Kolonie lag diese Stadt? Beschreibe bitte das Geschehen, das Stadtbild, die Art der Darstellung! Wie erklärst du die Beschimpfung der Soldaten (vgl. den Text unten) als „Krebse" und „blutrote Rücken"? Auf wessen Seite mag der Zeichner des Bildes gestanden haben?

Zwei Augenzeugenberichte über einen Zusammenstoß von Truppen und Bürgern in Boston

„Die Soldaten gingen daraufhin ... zur King-Street, wo sie einzelne unbewaffnete Personen anrempelten, bis sie viel Unruhe verursacht hatten, und zogen dann die Cornhill-Street hinunter und belästigten alle, die ihnen entgegenkamen ...

Als dreißig bis vierzig Personen, die meisten von ihnen junge Männer, in der King-Street versammelt waren, marschierten Hauptmann Preston und ein Trupp Soldaten mit aufgepflanzten Bajonetten von der Hauptwache zum Haus des Zollkommissars. Die Soldaten senkten ihre Bajonette und schrien: „Platz da, Platz da!" Sie bezogen am Zollhaus Stellung und versuchten, die Menschenmenge zu vertreiben. Einige stießen mit dem Bajonett. Die Menge wurde unruhiger und, so heißt es, warf Schneebälle. Daraufhin gab der Hauptmann den Befehl zu feuern.

Als noch mehr Schneebälle flogen, rief er wieder: „Zum Teufel, Feuer! Egal, was passiert!" Ein Soldat schoss. Ein Zivilist mit einem Knüppel schlug ihn mit solcher Wucht auf die Hände, dass er das Gewehr verlor. Daraufhin rannte er nach vorne und schlug nach dem Kopf des Hauptmanns, traf aber nur dessen Hut und dann den Arm. Doch die Soldaten schossen weiter, bis sieben, acht, oder, wie einige sagen, elf Gewehre entladen waren. Auf diese Weise wurden drei Männer auf der Stelle getötet und zwei tödlich verletzt.

(Nach: Die Amerikanische Revolution in Augenzeugenberichten, München 1976, S. 64, 67 f.)

„[Es] gingen ungefähr hundert Leute an der Wache vorbei auf das Zollhaus zu, wo das Geld des Königs liegt. Sie umstellten dort sofort den Wachposten ... Ich beorderte sofort einen Unteroffizier, mit zwölf Leuten den Wachposten und das Geld des Königs zu schützen ... Sie drangen schnell vor und hielten die Menschenmenge dadurch zurück, dass sie mit den Bajonetten einen Halbkreis formten ... Ich habe keinen Befehl zum Laden der Gewehre erteilt ...

Der Mob wurde größer und unruhiger, Leute schlugen ihre Knüppel aneinander und riefen: „Kommt schon, ihr blutroten Rücken!" „Ihr Krebse!" „Schießt doch, ihr feigen Hunde!" ... Zu diesem Zeitpunkt befand ich mich zwischen den Soldaten und dem Mob, redete auf diesen ein und tat alles, was in meiner Macht stand, um sie zu einem friedlichen Rückzug zu bewegen ... Aber es war sinnlos. Sie kamen bis an die Spitzen der Bajonette heran, schlugen darauf und sogar auf die Mündungen der Gewehre ... Einige Personen, die sich vernünftig verhielten, fragten mich ..., ob ich den Befehl geben würde zu schießen. Ich antwortete: „Nein, auf keinen Fall." ...

Als ich dies sagte, erhielt ein Soldat einen schweren Schlag mit einem Stock, ging einige Schritte auf die Seite und feuerte. Als ich hinlief und fragte, weshalb er ohne Befehl schieße, erhielt ich einen Stockschlag auf den Arm ... Hätte der Schlag mich auf den Kopf getroffen, so hätte er mich wahrscheinlich getötet. Daraufhin wurden die Soldaten mit vielen Knüppeln angegriffen und mit Schneebällen beworfen. Wir schwebten in höchster Lebensgefahr ... In dem Augenblick schossen drei oder vier Soldaten, einer nach dem anderen, und dann noch einmal drei. Der Mob rannte davon, außer drei Unglücklichen, die sofort starben."

New York im 17. Jahrhundert. 1612 von den Holländern gegründet, hieß es ursprünglich Neu-Amsterdam. Dann besetzten es 1664 die Engländer. – Unten: New York heute, die Stadt der Wolkenkratzer

Arbeitsvorschlag   Welcher Bericht ist wohl aus der Sicht der Bürger geschrieben, welcher aus der Sicht der Soldaten? Wer hat offensichtlich den Bericht rechts abgefasst? Prüfe genau, in welchen Angaben die Berichte übereinstimmen, in welchen sie sich unterscheiden! Versuche, unterschiedliche Angaben durch die jeweilige Sicht zu erklären!

Prüfe Quellentexte immer darauf hin, wessen Standpunkt sie vertreten! Ein Vorgang kann sehr unterschiedlich dargestellt werden. Auch zeitgenössische Bilder lassen oft die Sicht der Dinge von einem bestimmten Standpunkt aus erkennen.

A Declaration by the Representatives of the UNITED STATES OF AMERICA, in General Congress assembled.

Die Überschrift der Unabhängigkeitserklärung im Original (mit Jeffersons Handschrift)

Die Unabhängigkeitserklärung (4. Juli 1776)

Der Bostoner Teesturm und die Londoner Gegenmaßnahmen bildeten das Signal zur offenen Empörung der amerikanischen Kolonisten. Aus dem Kampf gegen die Steuern wurde ein Kampf für die Unabhängigkeit vom englischen Mutterland. Auf mehreren Versammlungen, *Kongresse* genannt, kamen die Vertreter der 13 Kolonien zusammen. Sie beauftragten einen Ausschuss von fünf Mitgliedern unter dem Vorsitz des Rechtsanwalts *Thomas Jefferson*, eine Unabhängigkeitserklärung auszuarbeiten. Diese wurde am 4. Juli 1776 angenommen und dem englischen König übersandt.

Eine Erklärung der im Allgemeinen Kongress versammelten Bevollmächtigten der Vereinigten Staaten von Amerika

„Wenn es im Laufe der geschichtlichen Ereignisse für ein Volk notwendig wird, die politischen Bande zu lösen, die es mit einem anderen verknüpft haben, und unter den Mächten der Erde die gesonderte und gleichwertige Stellung einzunehmen, zu der die Gesetze der Natur und des Schöpfers es berechtigen, so erfordert eine geziemende Achtung vor der Meinung der Welt, dass es die Gründe angibt, die es zu der Trennung zwingen.

Wir halten diese Wahrheiten für in sich einleuchtend:

dass alle Menschen gleich geschaffen sind;

dass sie von ihrem Schöpfer mit gewissen unveräußerlichen Rechten ausgestattet sind, darunter Leben, Freiheit und Streben nach Glück;

dass zur Sicherung dieser Rechte Regierungen unter den Menschen eingesetzt sind, die ihre gerechten Vollmachten von der Einwilligung der Regierten herleiten;

dass, wenn immer eine Regierungsform diesen Zwecken schadet, es das Recht des Volkes ist, sie zu ändern oder abzuschaffen und eine neue Regierung einzusetzen, die sich auf solchen Grundsätzen aufbaut ..."

In der Unabhängigkeitserklärung heißt es dann zum Schluss:

„Wir, die Vertreter der Vereinigten Staaten von Amerika, versammelt im Allgemeinen Kongress, rufen deshalb den höchsten Richter der Welt zum Zeugen an für die Rechtlichkeit unserer Absicht. Im Namen und in Vollmacht des guten Volkes dieser Kolonien geben wir feierlich bekannt und erklären,

dass diese Vereinigten Kolonien sind und von rechts wegen sein sollen freie und unabhängige Staaten,

dass sie von jeder Untertanenpflicht gegen die britische Krone befreit sind und

dass jeder politische Zusammenhang zwischen ihnen und dem Staate Großbritannien völlig gelöst sein soll und

dass sie als freie und unabhängige Staaten die volle Macht besitzen: Krieg zu führen, Frieden zu schließen, Bündnisse einzugehen, Handelsbeziehungen anzuknüpfen und

alle anderen Handlungen und Dinge vorzunehmen, die unabhängige Staaten von rechts wegen tun dürfen."

Diese Flagge der 13 Kolonien wehte bis 1776.

Arbeitsvorschläge

1. Das Bild S. 130/131 zeigt Jefferson und die Mitglieder seines Ausschusses im Kongress. Sie übergeben dem Vorsitzenden den von ihnen ausgearbeiteten Text der Unabhängigkeitserklärung. Jefferson hält das Schriftstück in der Hand. Betrachte und beschreibe zunächst dieses Bild!

2. Versuche den Inhalt des ersten Absatzes der Erklärung in kurzen Sätzen wiederzugeben! Welche Überschrift würdest du für diesen Absatz wählen, welche für den zweiten?

3. Im zweiten Absatz werden „in sich einleuchtende Wahrheiten" aufgeführt:
   1. die Gleichheit aller Menschen
   2. die Unverletzlichkeit des Lebens
   3. das Recht auf Freiheit
   4. das Recht auf Streben nach Glück.

   Diese „Wahrheiten" bezeichnen wir als *allgemeine Menschenrechte* oder als *Grundrechte* des Menschen in der Gesellschaft.
   Versuche Beispiele dafür zu finden, dass diese Rechte nichts Selbstverständliches waren – und auch noch heute nicht selbstverständlich sind!

4. Wie steht es in unserem Staat mit diesen allgemeinen Menschenrechten? Kannst du feststellen, ob sie in der Bundesrepublik irgendwo niedergeschrieben sind?

Die Flagge der USA ab 1776

5. Welche Möglichkeiten soll nach dem Text ein Volk haben, dessen Regierung diese Menschenrechte nicht sichert?

6. Lies nun den Schluss der Erklärung! Hier (wie auch in der Überschrift) bezeichnen sich die Kongressmitglieder als Vertreter der „Vereinigten Staaten von Amerika".
   Zähle die Einzelstaaten auf, die sich hier 1776 vereinigten!

7. Schreibe nun aus dem *Schluss der Unabhängigkeitserklärung* heraus, welche Rechte das „gute Volk der Kolonien" für sich in Anspruch nehmen will! Diese Rechte umschreiben die *Souveränität* eines Staates.

8. Wir nennen die „Vereinigten Staaten von Amerika" abgekürzt auch USA. Wie ist diese Abkürzung entstanden? (Ziehe zur Beantwortung die beiden Zeilen aus dem Original der Erklärung heran!)

9. Die Unabhängigkeitserklärung ist einmal als die „Geburtsanzeige der Vereinigten Staaten von Amerika" bezeichnet worden. Gibt es im Text eine Stelle, die diese Bezeichnung rechtfertigt?

10. Die „Vereinigten Staaten von Amerika" sind ein *Bundesstaat*. Unterscheide: Bundesstaat – Einzelstaat!

11. Auf der Randleiste ist das „Sternenbanner", die Flagge der USA, abgebildet.
    a) Ursprünglich waren auf der Fahne 13 Sterne. Wofür standen sie als Sinnbild?
    b) Mit dem weiteren Vordringen in den Westen des Kontinents kamen noch weitere Sterne hinzu. Erkläre bitte!
    c) Wie viele Sterne sind es heute?
    d) Was erinnert auf der heutigen Fahne noch an die 13 Staaten von 1776?

Das „Sternenbanner", die Flagge der USA heute

12. Die Amerikaner begehen den 4. Juli als ihren Nationalfeiertag. Begründe bitte!

Eine Karikatur aus der Zeit des Unabhängigkeitskrieges: Das amerikanische Pferd will seinen Reiter, den englischen König Georg III., nicht länger mehr tragen.

Der Unabhängigkeitskrieg (1776–1783)

England war nicht bereit, die Unabhängigkeitserklärung so einfach hinzunehmen. Wieder kam es zu einem „siebenjährigen" Krieg. *George Washington*, ein Tabakpflanzer aus Virginia, stellte ein Kolonistenheer auf, das gegen die englischen Truppen im Lande kämpfen sollte. Offiziere aus verschiedenen Ländern Europas bildeten die Soldaten aus, denn die Kolonisten – Farmer, Handwerker und Kaufleute zumeist – waren im Kriegshandwerk unerfahren.

Es fehlte an allem: an Geld, an Waffen und Munition, Uniformen, Schuhen und Pferden. Aber diese Bürgersoldaten kämpften tapfer und zäh für ihr großes Ziel. Die englische Armee dagegen war gut ausgerüstet und gedrillt. In ihr dienten fast 30 000 Deutsche, die der englische König „gemietet" hatte. Die anderen Soldaten waren Söldner und kämpften für Geld. Nur Frankreichs Hilfe ermöglichte es den Kolonisten, den Kampf durchzuhalten.

Immer wieder ein neues Kriegsjahr! Endlich, im Herbst 1781, fiel die Entscheidung. Im Zusammenwirken mit der französischen Flotte zwang Washington das englische Heer bei Yorktown zur „Kapitulation", zur Übergabe. Tausende von englischen Soldaten begaben sich in Gefangenschaft. Die Kolonisten jubelten: „Amerika ist frei!"

Ein Jahr später erst gaben der englische König und seine Minister auf. Am 5. Dezember 1782 verlas Georg III. in seiner Thronrede den entscheidenden Satz: „… und so bin ich erbötig, die Kolonien als freie und unabhängige Staaten anzuerkennen …" In den Friedensverhandlungen von 1783 musste England das Gebiet bis zum Mississippi an die USA abtreten, behielt aber Kanada, dessen Kolonisten im Kriege abseits gestanden hatten.

Arbeitsvorschläge

1. Wer hatte dem englischen König die deutschen Soldaten „vermietet"? Lies noch einmal auf S. 99 nach!

2. Stelle die Gründe gegenüber, aus denen die Bürgersoldaten auf der einen, die Söldner und „Mietsoldaten" auf der anderen Seite kämpften!

Der neue Staat

Die Teilung der Gewalten

Mit der Unabhängigkeitserklärung von 1776 hatten die Kolonisten ihren eigenen Staat geschaffen, mit dem Frieden von 1783 war er allgemein anerkannt worden. Wie aber sollte das junge, nun selbstständig gewordene Staatswesen regiert werden? Wer sollte die Gesetze beschließen, die Regierung führen, für Recht und Ordnung sorgen?

Wieder traten die Abgeordneten der ehemaligen 13 Kolonien zu einem Kongress zusammen, entschlossen, dafür zu sorgen, dass nie wieder ein Herrscher über die Bürger nach seiner Willkür gebieten dürfe.

Worin bestand denn die absolute Gewalt der Könige in Europa? Die großen Staatsdenker hatten es längst herausgefunden – aber mit dieser Erkenntnis allein auch nichts ändern können: *Wenn ein und dieselbe Person die Gesetze erlässt, sie als Herrscher ausführt und gleichzeitig der höchste Richter ist, so hat diese Person die unumschränkte Gewalt.*

Wollte man die unumschränkte Gewalt verhindern, so musste man die Aufgaben trennen. Man musste *drei Gewalten* schaffen:

| Gesetzgebende Gewalt | Ausführende Gewalt | Richterliche Gewalt |

Einer musste die Gesetze geben. Einer musste nach diesen Gesetzen regieren, sie durchführen und vollziehen. Ein Dritter musste aufpassen, dass jeder – Regierender wie Bürger – sich an die Gesetze hielt.

Von diesen Überlegungen ging der Kongress bei seinen Beratungen aus und verteilte die Aufgaben auf verschiedene Menschen oder Stellen. Er führte die *Dreiteilung der Gewalten* für das neue Staatswesen durch.

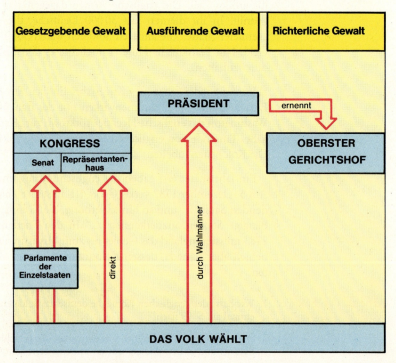

Die Teilung der Gewalten als Grundlage der amerikanischen Verfassung

Gesetzgebende Gewalt

Die gesetzgebende Gewalt lag beim Parlament, beim *Kongress*. Diese Vertretung des Volkes bestand aus zwei „Häusern", dem *Repräsentantenhaus*, in das die Bürger der USA ihre Abgeordneten direkt wählten, und dem *Senat*, in dem die Vertreter der Einzelstaaten saßen.

Ausführende Gewalt

Die Ausführende Gewalt lag beim *Präsidenten*, der jeweils auf vier Jahre gewählt wurde. Er war Staatsoberhaupt und Leiter der Regierung zugleich. Seine wichtigsten Helfer, die *Minister*, suchte er sich selbst.

Richterliche Gewalt

Über die Beachtung der Gesetze wachte der *Oberste Gerichtshof*. Er bestand aus Richtern, die unabhängig waren und nicht abgesetzt werden konnten. Sie wurden vom Präsidenten ernannt.

Die Verfassung

Dieser Aufbau des neuen Staatswesens wurde in der *Verfassung* niedergeschrieben, dem für alle verbindlichen Grundgesetz des Staates. Es ist die erste Verfassung der Welt, und es war nicht einfach, sie zu entwerfen. 1789 konnte sie in Kraft treten, sie gilt – mit einer Reihe von Ergänzungen und Änderungen – noch heute.

Die Verfassung der USA wurde zum Vorbild aller späteren demokratischen Verfassungen auf der Erde. Auch im Grundgesetz für die Bundesrepublik Deutschland finden wir viele ihrer leitenden Gedanken wieder.

Arbeitsvorschläge

1. Mache dir das Schaubild auf S. 154 ganz klar! Zeichne ein entsprechendes für den absolut regierten Staat!
2. Von einem späteren amerikanischen Präsidenten, *Abraham Lincoln* (1809–1865), stammen die Worte:
   „Wir sind stets zu dieser großen Aufgabe verpflichtet …, dass die Herrschaft … durch das Volk, für das Volk nicht vergehe von der Erde."
   a) Vergleiche diesen Satz mit dem Leitspruch für den aufgeklärten Absolutismus: „Alles für das Volk, nichts durch das Volk!"
   b) Demokratie heißt „Herrschaft des Volkes". Wir nennen die Verfassung der USA demokratisch. Warum?
3. Versuche festzustellen, welchen politischen Einrichtungen der USA die folgenden Regierungsstellen unserer Bundesrepublik entsprechen:
   a) Bundestag und Bundesrat,
   b) Bundespräsident,
   c) Bundeskanzler,
   d) Bundesgerichtshof!

George Washington (1732–1799), von 1789–1797 erster Präsident der Vereinigten Staaten. – Als seine Amtszeit abgelaufen war, ehrte ihn der Kongress mit den Worten:
„Ein Bürger, der Erste im Krieg, der Erste im Frieden, der Erste in den Herzen seiner Landsleute."

Ein Wagenzug der Landsucher im Gebiet der Rocky Mountains (um 1848)

Das Wachstum der USA

Gleich nach dem Unabhängigkeitskrieg hatte der spanische Gesandte in den USA an seinen König in Madrid geschrieben:

> „Dieser Bundesstaat ist als Zwerg zur Welt gekommen. Eines Tages wird er ein Riese sein, ja, ein Koloss, der den europäischen Ländern gefährlich wird. Bauern und Handwerker aller Nationen werden dorthin strömen, wo es Gewissensfreiheit gibt, wo sich eine neue Bevölkerung leicht über ein unermessliches Land ausbreiten kann und wo man die Vorteile einer freien Regierung genießt. In wenigen Jahren werden wir mit Sorgen auf das Dasein dieses Kolosses blicken." *(Sprachlich vereinfacht)*

Die Erschließung des „Wilden Westens"

Was der spanische Gesandte hier vorausgesagt hatte, trat ein. Der „Zwerg" reckte und dehnte sich – er wuchs im Laufe weniger Jahrzehnte zu einem Riesen heran. Thomas Jefferson, nunmehr dritter Präsident der Vereinigten Staaten, kaufte 1803 das westliche Mississippigebiet – jetzt war der Staat mit einem Male schon mehr als doppelt so groß. Bald folgten weitere Erwerbungen. Innerhalb von 70 Jahren dehnte sich das Gebiet der USA über die ganze Breite des amerikanischen Kontinents aus.

Aber noch war der Riesenraum unerschlossen. Unermesslich zogen sich die Wälder und Prärien – der Jagd- und Lebensraum der Indianer – über Tausende von Meilen hinweg nach Westen, bis zu den Höhen der Rocky Mountains und den Ufern des Pazifischen Ozeans!

So wie die deutschen Bauern im Mittelalter aufgebrochen waren, neues Land im Osten ihrer Heimat zu erschließen, so begann jetzt der große Treck der Amerikaner in den „Wilden Westen" hinein. Tausende und Abertausende von „Pionieren" brachen auf und zogen westwärts. Sie drängten die Indianer in steten Kämpfen zurück oder rotteten sie aus. Sie drangen in die unbekannte Wildnis vor, brannten die Prärie ab, rodeten den Busch, pflügten und ackerten. Und bald schon zogen neue Wagenzüge an ihnen vorbei.

Die Ausbreitung der USA über den nordamerikanischen Kontinent. – Nicht berücksichtigt ist Alaska, das die Vereinigten Staaten 1867 von Russland kauften.

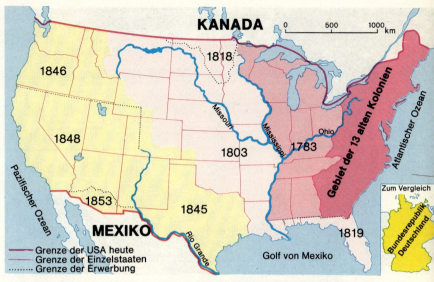

Arbeitsvorschläge

1. Miss und berechne die Breite des nordamerikanischen Kontinents und vergleiche sie mit einer dir bekannten, weiten Reisestrecke!

2. Stelle aus der Karte oben eine *Kartenfolge* her, sodass das Wachstum der USA als ein Nacheinander erscheint! Pause und schneide also den jeweiligen Besitzstand für 1776, 1783, 1819/20 und 1853 heraus, klebe die Ausschnitte untereinander und beschrifte sie!

3. Suche in deinem Geschichtsatlas (oder auch in deinem Erdkundeatlas) eine Karte mit der Eintragung der Einzelstaaten der USA!
Schreibe die Staaten, die westlich des Gebiets der 13 alten Kolonien errichtet worden sind, heraus! Gehe dabei von Osten nach Westen und suche sie auch auf der Karte oben!

4. Die Erschließung des „Wilden Westens" ist ein beliebtes Thema amerikanischer Filme („Western"). Wie werden die Pioniere, wie die Indianer gezeichnet? Beurteile bitte diese Sichtweise!

Eine neue Völkerwanderung

Zwischen Europa und den USA vollzog sich in den 100 Jahren von 1820 bis 1920 eine neue große Völkerwanderung. Unaufhörlich landeten in den Häfen der Ostküste neue Scharen von Einwanderern: Deutsche, Italiener, Franzosen, Iren, Engländer, Österreicher und Ungarn, Russen, Polen und Skandinavier. Sie kamen, überdrüssig der politischen und wirtschaftlichen Enge daheim, angelockt von der Weite und Freiheit des unermesslichen amerikanischen Raumes, des „Landes der unbegrenzten Möglichkeiten", und wurden *Amerikaner*. Millionen umfasste diese Völkerwanderung über das Meer, sodass die Einwohnerzahl der Vereinigten Staaten ständig stieg:

    1790: rund   3 Millionen Menschen,
    1820: rund   8 Millionen Menschen,
    1870: rund 40 Millionen Menschen,
    1920: rund 106 Millionen Menschen.

Unablässig wuchsen so die USA – neben Russland und England – zu einer künftigen weltbeherrschenden Großmacht heran.

So sah es auf dem Unterdeck eines Auswandererschiffes aus (Bild oben). – Ein Auswandererschiff hat um 1850 einen amerikanischen Hafen erreicht; die Menschen betreten den Boden der neuen Heimat. Solche Bilder boten sich zwischen 1820 und 1920 immer wieder in den Häfen der amerikanischen Ostküste (Bild unten).

Was die Einwanderung der Europäer für die Ureinwohner des nordamerikanischen Kontinents bedeutete, zeigt dieses Bild. Ein Indianerstamm wird aus seinem Wohngebiet vertrieben.

Arbeitsvorschläge

1. Die Kartenfolge auf S. 160 zeigt dir die Auswanderung aus den europäischen Ländern in die USA.
   Mache dich zunächst mit dem – jeweils gleichen – Kartenausschnitt vertraut! Welche Länder und Räume sind in ihren Grenzen dargestellt?

2. Werte *die einzelnen Karten* nacheinander aus!
   a) Du kannst für die Figuren die entsprechenden Zahlen ausrechnen und für jede Karte eine Tabelle aufstellen.
   b) Du kannst die Auswanderung in einem bestimmten Zeitabschnitt auch als ein Schaubild darstellen, zum Beispiel in Form eines 1 cm hohen Balkens! Wenn du für jedes Herkunftsgebiet eine andere Farbe nimmst und für je 100 000 Auswanderer 3 mm Balkenbreite rechnest, sieht der Balken für 1840–1860 so aus:

| England | Irland | Deutschland | Frankreich |

   c) Du kannst schließlich für jede Karte eine kleine Niederschrift anfertigen, in der du die Ergebnisse deiner Auswertung zusammenfasst, etwa so:
   „Zwischen 1840 und 1860 kamen die meisten Auswanderer aus Irland: 1,7 Millionen Menschen. Deutschland lag mit 1,4 Millionen Auswanderern an zweiter Stelle, gefolgt von England mit 700 000. Frankreich stellte in diesem Zeitraum 200 000 Auswanderer."

3. Verfolge nunmehr *durch die gesamte Kartenfolge* die Auswanderung aus bestimmten Gebieten!
   a) Du kannst zunächst wiederum eine Tabelle aufstellen.
   b) Für die Herkunftsgebiete kannst du ebenfalls ein Schaubild zeichnen, das dir das Auf und Ab der Auswanderungsbewegung deutlich macht. (Das Schaubild für Deutschland findest du auf S. 161.)

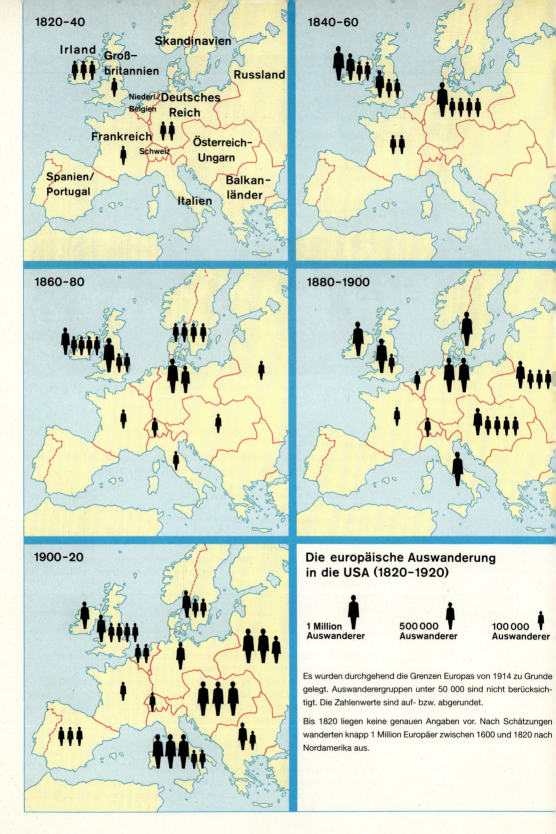

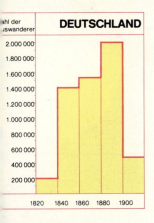

c) Fertige auch hier entsprechende Niederschriften an, etwa so:
„Aus Deutschland wanderten zwischen 1820 und 1840 200 000 Menschen aus. Zwischen 1840 und 1860 sprang die Zahl der Auswanderer auf 1,4 Millionen empor, zwischen 1860 und 1880 sogar auf 1,5 Millionen und erreichte zwischen 1880 und 1900 mit 2 Millionen ihren Höhepunkt. Zwischen 1900 und 1920 ging sie wieder auf 500 000 zurück."

4. Welche Herkunftsgebiete haben besonders große Auswanderungsgruppen gestellt, welche offensichtlich besonders kleine?

5. Irland hatte 1820 6,8 Millionen Einwohner. Wie viele Menschen haben die Insel in den folgenden 100 Jahren verlassen?
Die Einwohnerzahl betrug 1920 4,4 Millionen. Welche statistischen Aussagen kannst du treffen?

6. Du kannst aus den Kartenbildern, aber auch aus deinen Tabellen und Schaubildern, insgesamt ablesen, wie sich die Schwerpunkte der Auswanderung innerhalb Europas verlagerten!

7. Aus der Kartenfolge lässt sich eine Gesamttabelle zusammenstellen:

Herkunftsgebiet	1820–40	1840–60	1860–80	1880–1900	1900–20	SUMME
England	…	…	…	…	…	…
Irland	…	…	…	…	…	…
Deutschland	…	…	…	…	…	…
Skandinavien	—	—	…	…	…	…
Frankreich	…	…	…	…	…	…
Niederlande, Belgien	—	—	—	…	…	…
Schweiz	—	—	…	…	…	…
Österreich-Ungarn	—	—	…	…	…	…
Italien	—	—	…	…	…	…
Portugal, Spanien	—	—	—	—	…	…
Balkanländer	—	—	—	—	…	…
Russland (Polen)	—	—	…	…	…	…
SUMME	…	…	…	…	…	…

8. Wie viele Auswanderer haben Europa zwischen 1820 und 1920 insgesamt verlassen? Vergleiche diese Zahl mit der Bevölkerungszahl deines Heimatortes, der Bundesrepublik Deutschland!

9. Seit 1920 ist die Auswanderung aus Europa stark zurückgegangen, die Einwohnerzahl der USA jedoch auf über 200 Millionen gestiegen. Suche Erklärungen dafür!

10. Die Auswanderer haben Europa nur selten zum Vergnügen verlassen. Die Iren zum Beispiel wurden durch Armut und Not von ihrer Insel vertrieben. Unter den Auswanderern aus Osteuropa waren etwa 1,8 Millionen Juden, die in ihrer Heimat blutig verfolgt wurden.
Weitere Gründe hast du bereits kennen gelernt. Welche?

Wir merken uns

Die Kolonisten in Nordamerika empörten sich gegen die Bevormundung durch England. Am 4. Juli 1776 erklärten sie feierlich ihre Unabhängigkeit auf Grund der allgemeinen Menschenrechte.

Im Unabhängigkeitskrieg (1776–1783) erkämpften die Vereinigten Staaten von Amerika (USA) ihre staatliche Selbstständigkeit. In ihrer Verfassung verwirklichten sie die Teilung der Gewalten. Erster Präsident der USA wurde George Washington.

Millionen von Einwanderern aus Europa besiedelten zwischen 1820 und 1920 das Land westlich der 13 alten Kolonien.

5 Frankreich und Europa 1789–1806

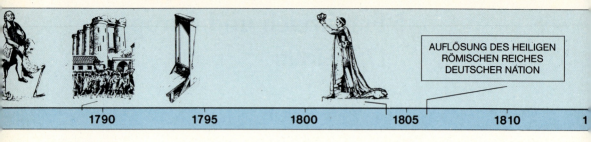

Die drei Stände

Betrachte doch bitte noch einmal das Schaubild auf S. 90! Du erinnerst dich, dass die Bevölkerung Frankreichs in drei Stände gegliedert war: Geistlichkeit, Adel und dritter Stand. Diese *Ständegesellschaft* bestand auch noch um 1785.

Die Stände vereinigten in sich höchst unterschiedliche Gruppen. Sie reichten bei der Geistlichkeit vom adligen, ein luxuriöses Leben führenden *Erzbischof* bis zu dem – aus dem Bauern- und Kleinbürgertum stammenden – meist armselig lebenden *Landpfarrer*; beim Adel vom reichen, nichtstuerischen *Höfling* in der königlichen Residenz Versailles bis zum verarmten, seine Bauern ausbeutenden *Landadligen*; im dritten Stand vom *höchsten Staatsbeamten oder Großkaufmann* über Handwerker und selbstständige Bauern bis zu den Manufakturarbeitern in den Städten und den *Gutsarbeitern* auf dem Lande.

◁ *Das Volk von Paris stürmt die Bastille (14. Juli 1789).*

Die ersten zwei Stände waren bevorrechtigt im Staate. Die Last der Zahlungen und Dienste lag fast ausschließlich auf dem dritten Stand. Er hatte die Pflichten – die anderen die Rechte. Das hat ein Zeitgenosse mit dieser Karikatur anschaulich dargestellt. – Die Übersicht rechts gibt Beispiele für die Zugehörigkeit in der Ständegesellschaft.

Geistlichkeit (Klerus)	Adel
Hoher Klerus (meist Adlige)	*Hochadel*
Erzbischöfe	Hofstaat
Bischöfe	Provinzgouverneure
Äbte	hohe Offiziere
Domherren	
	Niederer Adel
Niederer Klerus	Beamte
Mönche	Offiziere
Pfarrer	Schlossherren
Vikare	kleine Gutsbesitzer

Dritter Stand
Großkaufleute
Bankherren
Schiffsreeder usw.
Rechtsanwälte
Gelehrte
Schriftsteller usw.
Beamte

Kleinhändler	selbstständige Bauern
Handwerker	Pächter
Soldaten	Gutsarbeiter
Manufakturarbeiter	Knechte und Mägde
Diener	Tagelöhner

Der dritte Stand war im 18. Jahrhundert stark angewachsen, sodass Frankreich um 1785 eine Bevölkerung von 24 Millionen Menschen erreicht hatte. Nur etwa 120 000 Angehörige umfasste der erste Stand, 360 000 der zweite Stand. Etwa 15 % aller Franzosen lebten in Städten; Paris hatte bereits rund 500 000 Einwohner.

Erster und zweiter Stand zahlten noch immer keine direkten Steuern. Die Last der Abgaben und Dienste lag fast ausschließlich auf dem dritten Stand.

Der Ruf nach Reformen

Was in der Unabhängigkeitserklärung der Niederländer zuerst angeklungen war, was im Kampf des englischen Parlaments mit seinem König unüberhörbar deutlich wurde, was schließlich zur Selbstständigkeit der USA führte – das war die Forderung des Volkes, das politische Leben mitzubestimmen und mitzugestalten. Die Untertanen begannen aufzubegehren gegen die Bevormundung durch die Fürsten.

Philosophen hatten angefangen, über das Zusammenleben der Menschen nachzugrübeln. Was ist eigentlich der Staat? Und worauf beruht die Macht der Herrschenden? So hatten sie gefragt und als Antwort gefunden: Die Menschen sind alle frei und gleich geschaffen. Für alle gelten gleiche, „natürliche" Rechte – die Menschenrechte. Der Staat aber ist nichts als ein Mittel, das Zusammenleben der Freien und Gleichen zu regeln. Und damit im Staat nicht ein Einzelner die anderen bevormunden und ausnutzen kann, müssen die „Gewalten" geteilt werden.

Diese Überlegungen erfassten zunächst nur kleine Gruppen – zuerst in Frankreich. Es waren vor allem Rechtsanwälte, Schriftsteller und Gelehrte. Voller Neid sahen sie auf die USA. Sie riefen die Franzosen auf, ebenfalls den Kampf um ihre Rechte zu wagen. Schließlich war der Ruf nach Reformen nicht mehr zu überhören.

Die Lage in Frankreich

Frankreich war im 18. Jahrhundert nicht nur das volkreichste Land Europas, sondern auch eines der reichsten geworden. Seit 1770 aber erlebte das Land eine *Wirtschaftskrise*, unter der die meisten Städter genauso litten wie die Menschen auf dem Lande. Viele von ihnen verloren die Arbeit, Bauern wurden zu Bettlern. Dadurch blieben auch die Einnahmen im königlichen Haushaltsplan hinter den Ausgaben zurück. Da aber die königliche Hofhaltung weiter unerhörte Summen verschlang, kostspielige Kriege wie ein Fass ohne Boden wirkten, verschuldete sich der Staat immer stärker.

Versuche, auch den ersten und zweiten Stand zur Kasse zu bitten, misslangen. Steuererhöhungen aber waren nur mit Hilfe der Vertreter der Stände, der *Generalstände*, zu erreichen. Angesichts der leeren Kassen sah der König keinen anderen Ausweg mehr und berief für den 1. Mai 1789 die Generalstände nach Versailles.

Ludwig XVI., 1774–1792 König von Frankreich

Die Französische Revolution 1789–1799

Die Zeit des Umsturzes

Die Generalstände werden gewählt

Es war zu Anfang des Jahres 1789. Eine ungeheure Aufregung ging durch die Dörfer und Städte, die Schlösser und Abteien Frankreichs. Überall riefen Plakate des Königs zur Wahl für die *Generalstände*. Seit 175 Jahren, seitdem die französischen Könige die absolute Gewalt über das Land hatten, war die Vertretung der drei Stände nicht mehr zusammengekommen. Nun, in der finanziellen Not des Staates, brauchte sie der König auf einmal wieder.

So wählte im Frühjahr 1789 das französische Volk seine Abgeordneten. Es war ein recht verwickeltes Wahlverfahren, denn jeder Stand wählte für sich. Der erste Stand wählte rund 300 Abgeordnete; der zweite Stand ebenfalls 300. Der dritte Stand, nahezu 24 Millionen Angehörige umfassend, durfte 600 Abgeordnete stellen. Er wählte vor allem Rechtsanwälte, Schriftsteller und Gelehrte zu seinen Vertretern. Noch war kein Bauer, kein Handwerker, kein Manufakturarbeiter unter ihnen.

Arbeitsvorschläge

1. Stelle bitte noch einmal zusammen, welche Bevölkerungsgruppen die drei Stände im Einzelnen umfassten!
2. Übertrage diese Tabelle in dein Arbeitsheft und fülle sie aus:

Etwa 480 000 Menschen – der 1. und der 2. Stand – besaßen drei Viertel des französischen Bodens

👥 = 240 000

Etwa 23 520 000 Menschen – der 3. Stand – besaßen nur ein Viertel des französischen Bodens

	Zahl der Angehörigen	Zahl der Abgeordneten
Erster Stand	...	...
Zweiter Stand	...	...
Dritter Stand	23 520 000	...

Versuche die unterschiedliche Verteilung der Abgeordneten in einem Schaubild darzustellen!

3. In Frankreich waren nicht nur die Rechte ungleich verteilt, sondern auch der Landbesitz. Das hat ein Schüler einmal in dem nebenstehenden Schaubild dargestellt. Prüfe die Darstellung!

Die Generalstände treten zusammen

Am 4. Mai 1789 traten in Versailles die Generalstände zum ersten Male zusammen: die Geistlichen und der Adel in leuchtenden oder prächtigen Gewändern, die Vertreter von Bürgern und Bauern in schlichtem Schwarz. Der Bischof von Nancy eröffnete die Sitzung: „Majestät, empfangen Sie die Huldigungen der Geistlichkeit, die Achtungserklärung des Adels und die sehr demütigen Bitten des dritten Standes!"

Der König hielt eine kurze Begrüßungsrede, dann sprach der Finanzminister Necker – drei Stunden lang, über die Zahlen des Haushaltsplanes, über den Etat des Staates, sprach und sprach.

Die Generalstände treten zusammen. – Der König thront bei dieser Eröffnungssitzung oben auf der Bühne des Festsaals. Unten die Vertreter der Stände: links von ihm der Adel, rechts die Geistlichkeit, dazwischen der dritte Stand. Unter dessen Vertretern sitzt mit leicht gesenktem Kopf Robespierre (✕).

Die Gesichter der Vertreter des dritten Standes, die zuerst gespannt zugehört hatten, wurden immer enttäuschter. 40 000 Hefte mit Wünschen und Beschwerden waren im Verlauf der Wahlen zusammengestellt worden – aber nichts von dem, was ihren Wählern auf den Nägeln brannte, wurde in der Rede des Ministers angedeutet. Nichts von der Abschaffung der Vorrechte des Adels und der Geistlichkeit! Nichts von einer gleichmäßigen Verteilung der Rechte und Pflichten! Nichts von einem Anteil an der Regierung des Landes! Nichts von einer Hilfe für das hungernde Volk! Es sollte alles bleiben wie bisher!

Die Männer des dritten Standes hielten die Köpfe über die Beschwerdehefte gebeugt. Sie lasen in ihnen von der wirklichen Not ihrer Zeit:

Seit dreißig Jahren dürfen wir unsere Gärten und Felder nicht mehr durch Zäune vor Wildschaden schützen, um die Jagd für den Grundherrn nicht zu behindern. Mein Vater ist von einem Wildhüter ohne Warnung niedergeschossen worden, weil er ein Kaninchen erschlug, das auf seinem Felde wühlte.

Oder: Meine Felder liegen im Jagdgebiet des Königs. Ich darf diese Felder vom 1. Mai bis 24. Juni nicht betreten, um die brütenden Rebhühner nicht aufzustöbern. Oder: Wir haben im Jahr 112 Tage an den Straßen des Königs und 87 Tage auf den Feldern des Grundherrn gearbeitet. Wir konnten so unsere Äcker nicht bestellen. Oder: Wir mussten im Sommer jede Nacht den Schlossteich mit Ruten schlagen, damit die Frösche nicht lärmten und die Herrschaften ungestört schlafen konnten. Oder: Wir mussten über ein Drittel unseres Einkommens an Steuern zahlen, während der Graf und das Kloster steuerfrei blieben. Dabei besitzen sie vier Fünftel unseres Gemeindebodens.

Arbeitsvorschläge

1. Stelle zusammen, auf welche Weise die Trennung zwischen den Ständen bei dieser Sitzung deutlich wird!

2. Vergleiche diese Ständeversammlung mit der Sitzung des englischen Parlaments nach Text und Bild auf S. 140/141!

3. Vergleiche sie auch mit der Art und Weise, in der heute unser Bundestag zusammentritt!

4. Aus welcher Bevölkerungsgruppe kommen die im Text aufgeführten Beschwerden? Versuche sie stichwortmäßig zu erfassen! Wären solche Beschwerden der Bürger in den USA zu dieser Zeit denkbar? Begründe bitte!

5. Schreibe in kurzen Sätzen nieder: Was wollte der König durch die Einberufung der Generalstände erreichen? Was wollten dagegen die Abgeordneten des dritten Standes?

„Wir sind die versammelte Nation!"

Dem König ging es um neue Gelder, den Vertretern von Adel und Geistlichkeit um die Erhaltung ihrer Vorrechte, den Vertretern des dritten Standes aber um eine große umfassende Änderung des politischen Lebens in Frankreich. *Gemeinsam*, so forderten sie, sollte über diese Reform beraten werden – nicht nach Ständen getrennt und an verschiedenen Orten. Gemeinsam sollte auch abgestimmt und *nach Köpfen* ausgezählt werden; denn sonst wäre der dritte Stand wohl immer im Verhältnis 2:1 überstimmt worden.

Als der König und der größte Teil der Bevorrechtigten sich dagegen sperrten, schritten die Abgeordneten des dritten Standes zur Tat. Am 17. Juni erklärten sie: „Wir sind die Vertreter von 24 Millionen Franzosen. Wir sind die einzigen und die wahren Vertreter des ganzen französischen Volkes. *Wir sind die versammelte Nation, die Nationalversammlung.*" Sie forderten die Vertreter der anderen Stände auf, sich ihnen anzuschließen. Viele der Landpfarrer, die es mit dem Volke hielten, wechselten zu ihnen über. Auch einige Adelige folgten dem Ruf.

Das war ein erster großer Schritt auf dem Wege der Revolution – ein Schritt gegen den Willen des Königs.

Als Antwort ließ der König drei Tage später dieser „Nationalversammlung" den Sitzungssaal sperren. Da zogen die Abgeordneten in die nahegelegene, kahle Halle des Ballhauses, wo sonst die Adeligen sich beim Ballspiel vergnügten. Hier schworen sie feierlich, sich nicht eher zu trennen, als bis sie Frankreich eine Verfassung gegeben hätten – ein für alle geltendes Grundgesetz. Das war ein zweiter Schritt auf dem Wege der Revolution.

Noch einmal versuchte Ludwig XVI., den Ablauf der Ereignisse wieder in die Hand zu bekommen. Er befahl eine gemeinsame Sitzung aller drei Stände für den 23. Juni. Hier sprach er selbst zu den Abgeordneten.

Alles, was seit dem 17. Juni erklärt und vereinbart worden war, sollte ungültig sein. Er schloss mit den Worten: „Ich befehle Ihnen, sich sofort zu trennen und sich morgen früh in den für jeden Stand bestimmten Saal zu begeben und dort Ihre Sitzungen wieder aufzunehmen." Dann ging er hinaus.

Der Schwur im Ballhaus am 20. Juni 1789. Auf dem Tisch stehend spricht der Astronom Bailly den Eid vor.

Nur ein Teil der Vertreter des ersten und des zweiten Standes folgte dem Befehl, die übrigen blieben zusammen. „Wir werden nur der Macht der Bajonette weichen!", rief der zum dritten Stand übergetretene Graf Mirabeau, und begeistert stimmten die anderen Abgeordneten wie aus einem Munde zu: „Dies ist der Wille der Versammlung!"

Es war der dritte Schritt der Revolution: die offene Auflehnung gegen den Befehl des Königs.

Rings um Versailles standen die Truppen zum Eingreifen bereit. Aber der König sagte nur: „Sie wollen bleiben? Nun gut, lasse man sie dort." Er war zu schwach und zu gleichgültig, um dieser Entschlossenheit Widerstand entgegenzusetzen. Am 27. Juni forderte er sogar selbst die beiden ersten Stände auf, sich mit dem dritten Stand zu vereinigen.

Damit wurde aus der Ständeversammlung eine wirkliche Nationalversammlung, auf die mehr und mehr die Herrschaft im Staate überging. Dies war ein vierter Schritt der Revolution.

Arbeitsvorschlag Fasse die Beschlüsse und Entscheidungen am 17., 20., 23. und 27. Juni in kurzen Protokollen zusammen!

Der Sturm auf die Bastille (14. Juli 1789)

Die Ereignisse in der Hofstadt wurden in der Hauptstadt bekannt – der Funke sprang von Versailles auf das nahe Paris über.

In der Halbmillionenstadt gärte es ohnehin. Missernten hatten die Versorgung dieser größten Stadt Europas teilweise zusammenbrechen lassen. Die Mehlvorräte reichten nicht aus, es herrschte Hunger und Not. Vor den Toren der Stadt aber waren Teile des stehenden Heeres zusammengezogen. Die Pariser fühlten sich bedroht. Erregte Gruppen sammelten sich in den Straßen: „Zu den Waffen, Volk von Paris! In den Kampf für Freiheit, Gleichheit und Brüderlichkeit!"

Tausende stürmten die Waffenhäuser des Heeres in der Stadt und bewaffneten sich mit Gewehren und sogar mit einigen Kanonen. Ein Ruf ging durch die Reihen: „Zur Bastille!" Das war das verhasste alte Staatsgefängnis – ein festungsartiger Bau mit Türmen, Wassergräben und 30 Meter hohen Mauern. Nun zogen sie gegen dieses Sinnbild der königlichen Herrschaft und Unterdrückung. Ein Schuss zersprengte das Tor. Die Menge tötete die Wachmannschaft und befreite die wenigen Gefangenen. Es war der 14. Juli 1789 – der 5. Schritt, der offene Ausbruch der Revolution. Der Sturm auf die Bastille war das Signal. Ganz Frankreich wurde von der revolutionären Entwicklung ergriffen. Überall strömten die Bauern zusammen. Sie stürmten die Herrensitze, holten die Besitzpapiere und Urkunden für den Grund und Boden aus den Ämtern und verbrannten sie. Die Steuerbeamten wurden davongejagt und die Zahlungen eingestellt. Auch in den Städten wurden die Beamten des Königs vertrieben.

So ist der Sturm auf die Bastille zum Sinnbild der Revolution in Frankreich geworden. Bereits ein Jahr später verkaufte man in vielen Ländern Europas Mauersteine der Bastille als Zeichen der Freiheit. Bis heute ist der 14. Juli der französische Nationalfeiertag.

„Das Erwachen des dritten Standes". – Diese Karikatur aus dem Jahre 1789 zeigt den aus einem langen Schlaf erwachenden Angehörigen des dritten Standes. Ungläubig starrt er auf die gesprengten Ketten und zögernd greift er nach den Waffen. Die Vertreter des ersten und zweiten Standes sind zutiefst erschrocken.
Im Hintergrund ist die Bastille zu sehen. Daneben stehen Revolutionäre, die auf Stangen die abgeschlagenen Köpfe von Königstreuen tragen.

Arbeitsvorschläge

1. Die revolutionäre Stimmung in Paris entstand durch das Zusammenwirken von mehreren Ereignissen. Nenne sie!
2. Betrachte die Abbildung vom Sturm auf die Bastille S. 162/163! Stelle die Zusammensetzung der Stürmenden und ihre Bewaffnung fest!
3. Überlege bitte, warum wohl gerade der Sturm auf die Bastille zum Signal für ganz Frankreich wurde!

Die Aufhebung der Vorrechte

In Versailles tagte unterdessen die Nationalversammlung weiter mit dem Ziel, für das Land eine Verfassung zu schaffen. Zwei wichtige Beschlüsse brachten sie im August 1789 diesem Ziel näher; sie wurden der sechste und siebente Schritt auf dem Wege der Revolution.

Unter dem Eindruck der Nachrichten aus Paris und ganz Frankreich beantragten die Vertreter des ersten und zweiten Standes am 4. August selbst die Aufhebung ihrer sämtlichen Vorrechte.

> „Man bringe sie her, die Urkunden, die das Menschengeschlecht erniedrigen, indem sie fordern, dass menschliche Wesen an einen Karren gespannt werden wie Ackertiere. Man bringe diese Urkunden her, die die Menschen zwingen, nachts auf Teiche zu schlagen, damit die Frösche die Gutsherren nicht im Schlaf stören."
>
> *(Aus der Rede eines Adligen, nach: Textes historiques)*

Um alle einzelnen Vorrechte des Adels zu erfassen, musste man eine Liste mit 150 Punkten anlegen: Abschaffung aller Steuerbefreiungen, Abschaffung der gutsherrlichen Gerichtsbarkeit, des Frondienstes, des ausschließlichen Jagdrechts, des Rechts auf Besetzung bestimmter Ämter in Staat und Heer, der Käuflichkeit solcher Ämter und vieles mehr. In einer einzigen Nacht stürzte das ganze Gefüge der ständischen Herrlichkeit Frankreichs in sich zusammen!

Arbeitsvorschlag

Stelle bei den auf S. 167 abgedruckten Beschwerden fest, auf welchen bisherigen Vorrechten des Adels die dargestellten Missstände beruhten!

Die Erklärung der Menschenrechte

Eine ähnlich wichtige Tagung folgte am 27. August. Nach eingehenden Beratungen verabschiedete man auch hier – dem amerikanischen Vorbild folgend – eine allgemeine *Erklärung der Menschenrechte*. Diese Menschenrechte wurden in Frankreich ebenfalls zur Grundlage der Verfassung.

Aus der Erklärung der Menschenrechte

> 1. Die Menschen werden frei und an Rechten gleich geboren und bleiben es.
> 2. Der Zweck jeder staatlichen Vereinigung ist die Erhaltung der natürlichen und unverjährbaren Menschenrechte. Das sind die Rechte auf Freiheit, Eigentum, Sicherheit und Widerstand gegen Unterdrückung.
> 3. Der Ursprung jeder Herrschaft liegt seinem Wesen nach beim Volk.
> 4. Die Freiheit besteht darin, alles tun zu können, was einem anderen nicht schadet; die Ausübung der natürlichen Rechte eines jeden Menschen hat also nur die Grenzen, die den anderen Gliedern der Gesellschaft den Genuss der gleichen Rechte sichern.

5. Das Gesetz ist der Ausdruck des allgemeinen Willens. Alle Bürger haben das Recht, bei seinem Zustandekommen entweder persönlich oder durch ihre Vertreter mitzuwirken. Es muss dasselbe sein für alle … Da alle Bürger vor dem Gesetz gleich sind, so sind auch alle in der gleichen Weise – nach Maßgabe ihrer Fähigkeit und ohne einen andern Unterschied als den ihrer Tugenden und Gaben – fähig, alle Würden, alle öffentlichen Stellungen und alle Ämter zu bekleiden.

6. Niemand darf außer in den durch das Gesetz bestimmten Fällen angeklagt, verhaftet oder gefangen gehalten werden …; aber jeder Bürger, der kraft des Gesetzes vorgeladen oder ergriffen wird, muss auf der Stelle gehorchen; durch Widerstand macht er sich strafbar.

7. Jeder Mensch ist für schuldlos anzusehen, solange kein Schuldspruch erfolgt ist.

8. Niemand darf wegen seiner Überzeugung, auch wegen der religiösen nicht, belangt werden.

9. Die freie Äußerung der Gedanken und Meinungen ist eines der wertvollsten Rechte des Menschen; daher darf jeder Bürger frei sprechen, schreiben, denken.

10. Die allgemeine Steuer muss auf alle Bürger nach ihrem Vermögen gleich verteilt werden.

(Nach: Quellen zur Geschichte der Neuesten Zeit, Zürich 1966, S. 12 ff.)

Arbeitsvorschläge

1. Lies noch einmal auf S. 152 über die Menschenrechte in der amerikanischen Unabhängigkeitserklärung nach!
2. Oben sind die Menschenrechte genauer umrissen als in den allgemeinen Aussagen der amerikanischen Unabhängigkeitserklärung. Versuche einzelne Rechte durch Beispiele zu verdeutlichen! Versuche festzustellen, ob diese Rechte auch in unserem Staat heute gelten!
3. An einer Stelle der Erklärung werden die Grenzen der Freiheit des Einzelnen bezeichnet. Wo liegen sie?

Die Verfassung von 1791

Ein Ausschuss der Nationalversammlung arbeitete eine Verfassung aus, die im September 1791 verabschiedet wurde. In ihr war – wie in den USA – die Teilung der Gewalten festgelegt. Von nun an war auch der König den geltenden Gesetzen unterworfen!

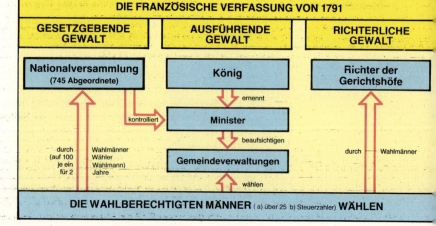

Wählen durften nur Männer über 25 Jahre mit festem Wohnsitz, die einen Mindeststeuersatz zahlten. Dies waren etwa 4,3 Millionen Franzosen. Wählbar waren nur Bürger mit sehr hohem Steueraufkommen.

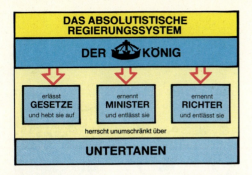

Arbeitsvorschläge

1. Vergleiche das Regierungssystem nach der Verfassung von 1791 mit dem absolutistischen Regierungssystem! Wie hat sich die Stellung des Königs durch die Teilung der Gewalten verändert, wie die der Untertanen?

2. Wie lassen sich die Einschränkungen des Wahlrechts wohl erklären?

Der Fortgang der Revolution

Mit der Erklärung der Menschenrechte und dem Abschluss des Verfassungswerks aber waren keineswegs auch Hunger und Not aus Frankreich verbannt. Die aufständischen Bauern hatten mit den Steuerzahlungen auch die Getreidelieferungen eingestellt. Vor allem die Bürger von Paris litten darunter. Lauter und lauter erklangen ihre Fragen und Forderungen: „Was wird in Versailles für uns getan? Der König muss nach Paris kommen! Die Nationalversammlung ebenfalls!"

Die Flucht des Königs

Unter dem Druck des Volkes siedelte die Königsfamilie nach Paris über, und auch die Nationalversammlung tagte künftig in der Hauptstadt. Versailles war leer, die Stadt der Höflinge und der rauschenden Feste verödet. Die Zeit der Sonnenkönige war für immer vorüber, das Ansehen und der Einfluss Ludwigs XVI. tief gesunken. Heimlich sandte die Königsfamilie Hilfegesuche an die europäischen Höfe, vor allem an den deutschen Kaiser, den Bruder der Königin. Im Juni 1791 wagte der König die Flucht. Im dicht verschlossenen Reisewagen fuhr er nachts mit seiner Familie der Ostgrenze Frankreichs zu. Aber er wurde unterwegs erkannt und zurückgebracht. Künftig lebte er in seinem Stadtschloss in Paris, in den Tuilerien, wie ein Gefangener.

Die Abkehr von der Monarchie

Die Väter der Verfassung von 1791 hatten eine ähnliche Staatsform wie in England herbeiführen wollen: Ein König sollte wohl an der Spitze des Staates stehen, er sollte aber von den Vertretern des Volkes abhängig sein. Immer mehr Franzosen meinten jedoch, der Staat könnte auch ganz ohne einen König auskommen. Nach der Flucht Ludwigs XVI. wurde die Stimmung noch erbitterter, radikaler. Volksmassen stürmten das Schloss und bedrohten den König. Auch in der Nationalversammlung gab es erregte Debatten. Sie war im Herbst 1791 neu gewählt worden, und unter ihren Abgeordneten befanden sich jetzt viele, die für eine Beseitigung der Monarchie eintraten. Zu ihnen gehörte der Rechtsanwalt *Robespierre*. Er fand begeisterte Zustimmung, als er in einer Debatte ausrief: „Der Feind steht nicht nur an den Grenzen, der Feind sitzt in den Tuilerien!"

„Das Vaterland ist in Gefahr"

Im Sommer 1792 rückten die Heere Österreichs und Preußens in Frankreich ein, um die „schändliche Volksherrschaft" zu beseitigen und das Königspaar zu retten. Da erfasste die Franzosen eine ganz neue Begeisterung. Bislang war es darum gegangen, die Verhältnisse im Innern des Landes zu verändern. Jetzt musste das Neue gegen die verhassten Fürsten nach außen verteidigt werden. „Tod oder Freiheit!", so hieß ihr Ruf.

Marsch der Freiwilligen durch Paris (Juli 1792)

Ganz Frankreich wurde ein Heerlager. Durch die Straßen von Paris marschierten die Freiwilligen, jubelnd von der Bevölkerung gefeiert. Voll *nationaler Begeisterung* („Patriotismus") kämpften sie für ihr Vaterland und für die Revolution. Als die Söldnerarmeen der Fürsten im September 1792 bei Valmy auf diese heftige Gegenwehr trafen, zogen sie sich wieder auf ihre Grenzen zurück. – Das Sichbehaupten gegen die Feinde der Revolution war ein achter Schritt.

Arbeitsvorschläge

1. Wofür kämpften die Freiwilligen Frankreichs, wofür die Söldner Österreichs und Preußens? Wo hast du bereits von einem ähnlichen „Gegenüber" erfahren?
2. Viele Franzosen wollten 1791 eine *eingeschränkte Königsherrschaft („konstitutionelle Monarchie")* als Staatsform behalten. Ihr Vorbild war England. Mache dir noch einmal klar, wie in England die Herrschaft des Königs eingeschränkt war!

Frankreich wird Republik

Am 10. August 1792 gelang es den Radikalen, die Oberhand in der Nationalversammlung zu gewinnen. Der König wurde abgesetzt und mit Frau und Kindern als „Bürger Louis Capet" (er stammte aus dem Haus der Capetinger) eingekerkert. Frankreich wurde nunmehr eine *Republik*: ein Staat ohne einen König an der Spitze, ein Staat, in dem die Teilung der Gewalten durchgeführt war. – Die Ausrufung der Republik war der neunte Schritt auf dem Wege der Revolution.

Die „Marseillaise"

Bei ihrem Marsch durch Paris sangen die Freiwilligen aus Marseille ein Lied, das später die Nationalhymne Frankreichs wurde:

Auf, Söhne des Vaterlandes,
  der Tag des Ruhms ist
  gekommen!
Die blutige Fahne der
  Tyrannei
ist gegen uns erhoben.
Hört ihr in den Feldern
diese wilden Soldaten
  brüllen?
Sie kommen bis zu euch,
erwürgen eure Söhne, eure
  Frauen.
Zu den Waffen, Bürger!
Reiht euch ein in die
  Bataillone!
Lasst uns marschieren,
  marschieren,
damit das feindliche Blut
  unsere Furchen tränke!

In eienm Staatsprozess wurde Ludwig XVI. nach sechswöchiger Verhandlung zum Tode durch das Fallbeil verurteilt. Am 21. Januar 1793, 10 Uhr früh, fiel der Kopf des Königs.

Marie Antoinette, 1774–1792 Königin von Frankreich.
Marie Antoinette war eine Tochter der Kaiserin Maria Theresia und als Ausländerin den Franzosen immer fremd geblieben. Zudem stand sie in dem Ruf, besonders verschwenderisch zu sein.
Zusammen mit Ludwig XVI. wurde sie eingekerkert und folgte am 16. Oktober 1793 – achtunddreißigjährig – ihrem Mann in den Tod. Am Morgen dieses Tages schrieb sie ihre letzten Worte auf den Einband ihres Gebetbuches. Als sie auf einem Karren zur Hinrichtung gefahren wurde, sah sie der Maler Jacques Louis David und hielt seinen Eindruck in einer Skizze fest.

Den 16. Oktober, 4½ Uhr morgens.
Mein Gott! Hab' Erbarmen mit mir!
Meine Augen haben keine Tränen mehr,
um für euch zu weinen, meine armen Kinder;
adieu, adieu!
                    Marie Antoinette

Die Zeit des Schreckens

Die Herrschaft der Jakobiner

Aber mit der Hinrichtung des Königs und der Königin war die Revolution noch nicht zu Ende. Trotz des Rückzugs der feindlichen Heere war die Republik in Gefahr.

Noch immer herrschten Not und Elend, Hunger und Arbeitslosigkeit. Lebensmittelkarten mussten eingeführt werden. Das Geld war immer weniger wert. Man druckte Papierscheine mit immer höheren Summen, für die man doch nichts bekam: Es gab eine *Inflation*. Dazu war das Volk sich gar nicht einig. Noch waren viele Königstreue im Lande, und unter den Republikanern gab es verschiedene Parteien, die sich heftig befehdeten. Schließlich aber setzten sich die Radikalen unter der Führung von Robespierre, Danton und Marat vollends durch. Man nannte sie nach ihrem Treffpunkt – dem Kloster St. Jakob – *Jakobiner*. Die Jakobiner wollten das Leben des französischen Volkes völlig umgestalten. Alles, was an die Königszeit erinnerte, sollte ausgemerzt werden.

Die Umgestaltung des Lebens

Sie teilten das ganze Land in neue Bezirke und Kreise ein. Eine neue Zeitrechnung wurde eingeführt. Man zählte nicht mehr „seit Christi Geburt", sondern nach Jahren der Republik. Die bisherigen Monatsnamen wurden durch „natürliche" ersetzt: Schneemonat, Regenmonat, Keimmonat usw. Jeder fünfte Tag galt jetzt als Ruhetag. Eine neue Kleidermode sollte Reifrock und Kniehose verdrängen.

Im Mittelpunkt ihrer Anstrengungen stand die Jugenderziehung.

> „Die Kinder gehören ihrer Mutter bis zum 5. Lebensjahr, danach gehören sie bis zu ihrem Tode der Republik ... Die Disziplin in der Kindheit muss streng sein ... Die Kinder ... brauchen ... nicht zu spielen, sondern sollen Übungen machen.
> Die Jungen werden vom 5. bis zum 16. Jahr durch den Staat erzogen ... Die Kinder von 5 bis 10 lernen Lesen, Schreiben und Schwimmen. Man darf die Kinder weder schlagen noch liebkosen. Man bringt ihnen das Gute bei, indem sie ein einfaches, naturgemäßes Leben führen. Die Kinder tragen zu allen Jahreszeiten Kleider aus Leinwand. Sie schlafen auf Matten ... Sie essen gemeinschaftlich. Ihre Nahrung besteht aus Wurzeln, Früchten, Gemüsen, Milchspeisen, Brot und Wasser ... Die Erziehung der Kinder zwischen 10 und 16 Jahren liegt auf militärischem und landwirtschaftlichem Gebiet. Sie werden in Kompanien zu je 60 eingeteilt ...
> Von 16 bis 20 Jahren lernen sie ein Gewerbe und erwählen einen Beruf. Sie werden bei den Bauern, in den Manufakturen oder im Handel und Verkehr ausgebildet.
> Alle Kinder behalten die gleiche Uniform bis zum 16. Jahr; zwischen 16 und 20 tragen sie die Uniform der Arbeitenden, zwischen 21 und 25 die des Soldaten ...
> Die Mädchen werden von ihren Müttern erzogen."
>
> (Saint-Just: Institutions Républicaines, Paris 1946; zitiert nach: H. D. Schmid, Fragen an die Geschichte 3, Frankfurt 1976, S. 144)

Ein Revolutionär. – Er trägt die Zeichen der Revolution: die blau-weiß-rote Fahne (die Trikolore) und an der Mütze die Bandschleife (die Kokarde) mit den gleichen Farben. Auch seine Kleidung – z. B. die lange Hose – ist „revolutionär", so selbstverständlich sie uns heute erscheint.

Die Befreiung der Bauern

Das Bleibende aus der großen Umgestaltung war die Befreiung der französischen Landbevölkerung. Die *Bauerngesetze* des Jahres 1793 machten die Bauern zu freien Eigentümern des von ihnen bebauten Bodens, ohne dass sie einen Kaufpreis dafür zu zahlen hatten. Jeder Kleinbauer oder Tagelöhner konnte Land aus dem enteigneten Adels- und Kirchenbesitz dazukaufen. So wurden die Bauern in Frankreich unabhängig und abgabenfrei – im Gegensatz zu den übrigen europäischen Bauern.

Schrecken und Tod

„Wir werden Frankreich eher in einen Leichenacker umwandeln, als den Versuch aufgeben, es in unserem Sinne umzugestalten" – so hatten die Jakobiner verkündet und so handelten sie auch. Von 1793 bis 1794 errichteten sie eine wahre Schreckensherrschaft. Die Gefängnisse füllten sich mit Adeligen und Geistlichen, aber auch mit reichen und armen Bürgern, die anders dachten als sie. Tag für Tag arbeitete auf dem „Platz der Revolution" in Paris das Fallbeil, die *Guillotine*, wie dieses Hinrichtungsgerät genannt wurde. Weitere Tausende wurden in den Gefängnissen ermordet.

Spitzel der Jakobiner in allen Häuserblocks und Manufakturen, willkürliche Verhaftungen, Verurteilungen ohne Verteidiger und Zeugen – das war das *System des revolutionären Terrors*, wie es vor allem Robespierre aufrichtete. – Es war der zehnte Schritt auf dem Wege der Revolution.

Aber „die Revolution fraß ihre Kinder". Einer traute dem anderen nicht mehr. Einer beschuldigte den anderen, von den Ideen der Revolution abgefallen zu sein. Einer schickte den anderen unter das Fallbeil. Schließlich fiel am 28. Juli 1794 auch der Kopf Robespierres.

Die Hinrichtung Robespierres und seiner Anhänger auf dem Platz der Revolution in Paris. In der Bildunterschrift werden sie als „Verschwörer gegen die Freiheit und Gleichheit" bezeichnet. Wie verhält sich die Bevölkerung?

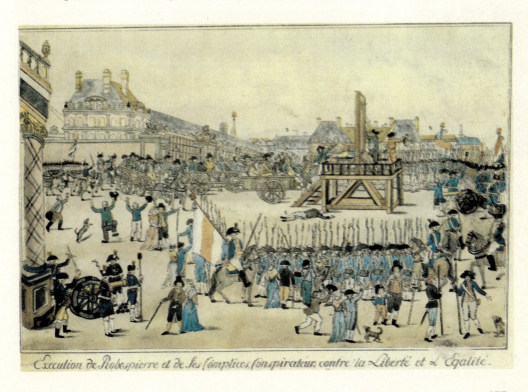

Execution de Robespierre et de Ses complices conspirateur contre la Liberté et l'Egalité.

Arbeitsvorschläge

1. Betrachte die Bilder zur Französischen Revolution in deinem Arbeitsbuch! Wo findest du die Zeichen der Revolution des auf S. 176 abgebildeten Fahnenträgers wieder? Achte auch auf die Kleidung!

2. Wie beurteilst du die Einstellung der Jakobiner zur Jugenderziehung? Welchem Ziel diente wohl die Erziehung der Jungen, die der Mädchen?

3. Prüfe bitte, ob die Jakobiner die 1789 verkündeten Menschenrechte achteten?

4. Hier sind Angaben über 12 führende Vertreter des dritten Standes:

Die Guillotine

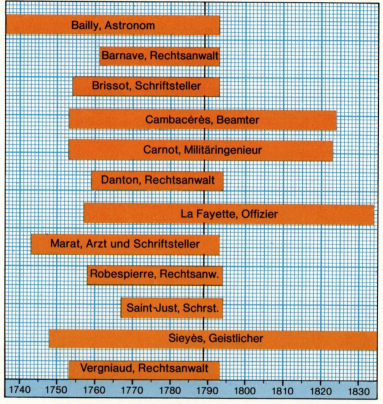

a) Stelle fest, welchen Berufsgruppen diese Männer der Revolution angehörten!
b) Wie alt waren sie 1789?
c) Wer von Ihnen ist im Text erwähnt oder im Bild dargestellt?
d) Wie viele haben die Schreckensherrschaft überlebt?
e) Äußere dich zu dem Satz: „Die Revolution fraß ihre Kinder"!

5. Lege einen entsprechenden Kasten mit „Lebensbalken" auch für andere Gestalten aus der Geschichte an, die etwa in dieser Zeit lebten! Aus den früheren Teilen dieses Arbeitsbuches kennst du z. B. Friedrich den Großen und Maria Theresia (*1717), Katharina II. von Russland (*1729), Thomas Jefferson (1743–1826), George Washington, aus diesem Teil Ludwig XVI. (*1754) und Marie Antoinette (*1755).
Lass Platz für die „Lebensbalken" der Zeitgenossen, die du auf den folgenden Seiten des Bandes noch kennen lernst!

Ein englischer Zeichner hat die „Machtübernahme" durch Napoleon Bonaparte in dieser Karikatur dargestellt. Der General betritt den Versammlungsraum der Volksvertreter. Mit einer Handbewegung gibt er seinen Soldaten den Befehl, diese kurzerhand aus dem Saal zu jagen. Die Verfassungsurkunde „tritt er mit Füßen".

Das Ende der Revolutionszeit

Mit dem Tode Robespierres fand die Schreckensherrschaft ihr Ende. Langsam kehrten friedlichere Zustände ein. – Diese Beruhigung können wir als einen elften Schritt auf dem Wege der Revolution bezeichnen.

Doch es war eine Beruhigung im Schatten neuer Gefahren. In den immer wieder ausbrechenden Kämpfen gegen die äußeren Feinde waren neue Männer mächtig geworden: die Generäle der französischen Armee. Am 9. November 1799 vertrieb einer von ihnen die Volksvertretung in Paris und machte sich selbst zum Alleinherrscher Frankreichs. Sein Name war *Napoleon Bonaparte*.

Das war der zwölfte Schritt und das Ende der Revolution.

Arbeitsvorschlag

Stelle anhand des Textes eine Tabelle auf:

Schritte auf dem Wege der Revolution			
	Zeit	Ort	Ereignis
1. Schritt	…	…	…
…	…	…	…

Ordne die einzelnen Schritte den drei großen Abschnitten der Revolution zu, die du dem nachfolgenden Text „Wir merken uns" entnehmen kannst!

Wir merken uns

Im 18. Jahrhundert gab es in Frankreich drei streng voneinander getrennte Stände: Geistlichkeit, Adel sowie Bürger und Bauern. Der dritte Stand allein trug die Lasten des Staates.

Aufgerüttelt durch die Ereignisse in den USA, erhoben die Bürger ihren Ruf nach „Freiheit – Gleichheit – Brüderlichkeit". Die großen Abschnitte der Französischen Revolution von 1789 waren:

1789–1792 der Sturz des königlichen Absolutismus und die Errichtung der Republik (Sturm auf die Bastille am 14. Juli 1789);

1792–1799 der Terror einer radikalen Gruppe und die Zeit der allmählichen Beruhigung;

1799 der Staatsstreich eines neuen Alleinherrschers.

Napoleon und das Ende des Deutschen Reiches

Der Aufstieg Napoleons

Die Kaiserkrönung

Die Fürsten Europas hatten zuerst 1792 und danach immer wieder aufs Neue gegen das revolutionäre Frankreich gekämpft – gegen den Umsturz der bestehenden Ordnung, der auch sie bedrohte. Es waren erfolglose Kämpfe; vielmehr konnte Frankreich das ganze linke Rheinufer dazugewinnen.

In diesen *Revolutionskriegen* war Napoleon Bonaparte, ein kleiner und unscheinbarer, aber rücksichtslos ehrgeiziger Offizier von der Insel Korsika, ein berühmter Mann geworden. Als Heerführer der Republik hatte er siegreich in Europa und vor den Pyramiden Ägyptens gekämpft. Seine Soldaten folgten ihm mit Begeisterung, und auch die meisten der übrigen Franzosen jubelten dem General zu, als er 1799 die Macht im Staat an sich riss.

Aber nur der Mächtigste im Staat zu sein, genügte seiner Ruhmsucht nicht – der Titel eines Kaisers sollte den äußeren Glanz verleihen. 1804 fand in der Pariser Kathedrale Notre Dame die prunkvolle Krönung statt. Der Papst war aus Rom gekommen, um den neuen Kaiser zu salben und zu segnen. Die Kaiserkrone aber setzte Napoleon sich und seiner Frau selbst aufs Haupt. Aus der Hand eines anderen wollte er sie nicht entgegennehmen – wer es auch sei!

Auf einem Riesengemälde hielt Napoleons Hofmaler David die Krönungsfeier des 2. Dezember 1804 fest. Napoleon krönt seine Frau Josephine, der Papst – rechts hinter Napoleon – hebt segnend die Hand. Rund herum sind die Verwandten und die neuen Würdenträger des Kaisers aufgereiht.

Dieses pomphafte Schauspiel war wochenlang geprobt worden und kostete Unsummen. Aber Napoleon wollte seinen Anspruch in das rechte Licht setzen: ein neues „Römisches Weltreich" mit Frankreich als Mittelpunkt.

Arbeitsvorschläge

1. Der Rhein als „natürliche Grenze" war seit langem das Ziel der französischen Politik. Erkläre!

2. Vor einer Schlacht bei den Pyramiden feuerte Napoleon seine Truppen mit den Worten an: „Soldaten! Vierzig Jahrhunderte blicken auf euch herab!" – Was meinte er damit? Hatte er es richtig gerechnet?

3. Wie denkst du über Napoleons Verhalten bei der Kaiserkrönung? Was wollte er damit deutlich machen?

Die innere Ordnung Frankreichs

Mit der Kaiserkrönung Napoleons war die junge französische Republik wieder eine Monarchie geworden.

Vieles von dem, was die Revolution eingebracht hatte, ließ der Kaiser bestehen: Die Vorrechte des Adels und der Geistlichkeit blieben beseitigt, die Steuern gleichmäßig auf alle Franzosen verteilt. Die Bauern behielten den Boden der ehemaligen Grundherren als Eigentum. – Die Gleichheit aller Bürger vor dem Gericht wurde jetzt zudem durch ein großes Gesetzeswerk abgesichert, von dem Napoleon später selbst einmal sagte: „Mein wahrer Ruhm liegt nicht darin, dass ich vierzig Schlachten gewonnen habe..., sondern in dem, was nicht vergessen werden kann, was ewig leben wird, nämlich in meinem Code Civil." Dieser *Code Napoleon* ist wirklich zur Grundlage für viele Gesetzeswerke im 19. Jahrhundert geworden, auch für das *Bürgerliche Gesetzbuch*, nach dem die Rechtsprechung in der Bundesrepublik Deutschland erfolgt.

Durch diese Entscheidungen gewann Napoleon das Vertrauen der meisten Franzosen. Aber: „Das Vertrauen kam von unten, die Macht kam von oben." Mit der politischen Freiheit der Bürger war es vorbei. Napoleon leitete und lenkte alles in diesem Staat; es gab keinen Willen außer dem seinen. Die Zeitungen schrieben, wie er es befahl. Zeitschriften, Bücher, Theateraufführungen – alles unterlag seiner Aufsicht, seiner *Zensur*. Eine Vielzahl von Beamten sorgte dafür, dass die Befehle des Pariser Alleinherrschers auch im letzten Dorf Frankreichs ausgeführt wurden.

Um die Vorherrschaft in Europa

Frankreich war der bedeutendste Staat in Europa geworden, und Napoleons Macht reichte längst über Frankreichs Grenzen hinaus. Aber sein Ziel war mehr: die Vorherrschaft in Europa.

Er sah Europa als ein Schachbrett vor sich. Die europäischen Fürsten waren die Figuren darauf, die er hin- und herschieben konnte, wie sein kühl rechnender Verstand es ihm eingab. In Deutschland hatte das Spiel bereits 1797 begonnen, als Napoleon den deutschen Kaiser zwang, das linke Rheinufer von seinen Truppen zu räumen. Nachdem auch die letzte deutsche Festung – die Stadt Mainz – im Dezember 1797 an Frankreich übergegangen war, spottete ein deutscher Schriftsteller:

> „Am Tage des Überganges von Mainz, nachmittags um drei Uhr, starb in dem blühenden Alter von 955 Jahren, 5 Monaten und 28 Tagen sanft und selig an einer gänzlichen Entkräftung und hinzugekommenem Schlagfluss, bei völligem Bewusstsein und mit allen heiligen Sakramenten versehen, das Heilige Römische Reich schwerfälligen Angedenkens. Der Verstorbene setzt die französische Republik als rechtmäßige Erbin des linken Rheinufers ein. Zum Testamentsvollstrecker wird seine Exzellenz, der Herr General Bonaparte, ernannt."
> *(J. Görres, Gesammelte Schriften)*

Napoleon (1769–1821), hier 1812 in seinem Arbeitszimmer. Auch dieses Bild schuf sein Hofmaler Jacques Louis David.

Das Ende des Heiligen Römischen Reiches Deutscher Nation

Der Rheinbund

Das wirkliche Ende des Heiligen Römischen Reiches Deutscher Nation folgte erst einige Jahre später. Auf seinem Schachbrett spielte Napoleon jetzt mit den deutschen Fürsten rechts des Rheins. Diejenigen, die zu ihm hielten, durften sich auf Kosten der kleinen und der geistlichen Herrschaftsgebiete bereichern. Ein übles Länderschachern setzte ein. 1803 und nochmals 1806 verschwanden über 160 Zwergstaaten von der buntscheckigen Landkarte Deutschlands, darunter 48 der 51 unabhängigen Reichsstädte. Rund 4 Millionen Deutsche erhielten neue „Vaterländer".

Sechzehn Fürsten schlossen sich 1806 mit Frankreich zu einem *Rheinbund* zusammen und erklärten feierlich ihren Austritt aus dem Reich. Großzügig gewährte ihnen Napoleon neue Titel. So durften sich die Herrscher von Württemberg und Bayern künftig Könige nennen, ebenso etwas später der Kurfürst von Sachsen.

Aus den Bestimmungen des Rheinbundvertrages von 1806

Artikel 1: Folgende Staaten [Aufzählung der vertragschließenden Staaten] trennen sich für immer vom deutschen Reich und schließen einen Sonderbund mit dem Namen Rheinbund …

Artikel 2: Jedes deutsche Reichsgesetz … soll künftig … nichtig und ohne Wirkung sein …

Artikel 12: Seine Majestät der Kaiser der Franzosen wird als Beschützer des Rheinbundes proklamiert.

Artikel 35: Zwischen dem französischen Reich und den Rheinbundstaaten wird … eine Allianz [Bündnis] geschlossen, in deren Folge jeder Krieg auf dem Kontinent, den eine der vertragschließenden Mächte führen muss, sofort für alle zur gemeinsamen Sache wird …

Artikel 38: Das Kontingent, das jeder der Verbündeten im Kriegsfall stellen muss, wird wie folgt festgesetzt:

Frankreich stellt	200 000 Mann;
das Königreich Bayern	30 000 Mann;
das Königreich Württemberg	12 000 Mann;
das Großherzogtum Baden	8 000 Mann;
das Großherzogtum Hessen	4 000 Mann;
die anderen verbündeten Fürsten	4 000 Mann …

(Nach: Geschichte in Quellen, Band 4, München 1981, S. 549f. – Sprachlich vereinfacht)

Die Auflösung des Reiches

Kaiser Franz II. (1768–1835) zog die Folgerung aus diesen Ereignissen. Er nahm den Titel eines Kaisers von Österreich an und ließ am 1. August 1806 verkünden:

„Wir erklären demnach durch Gegenwärtiges, dass wir das Band, das uns bis jetzt mit dem deutschen Staatskörper vereinigt, als aufgelöst und das Amt und die Würde eines Kaisers als erloschen betrachten; dass wir uns dadurch als aller Verbindlichkeiten gegen das Deutsche Reich entledigt ansehen, dass wir hierdurch die Kaiserkrone, die wir bisher getragen haben, niederlegen und auf die Regierung, mit der wir im Namen des Reiches beauftragt waren, verzichten."
(Nach: Geschichte in Quellen, Band 4, München 1981, S. 550f. – Sprachlich vereinfacht)

Die Neuordnung des deutschen Südwestens. Ein Beispiel

Vor allem im deutschen Südwesten wandelte sich das Bild der Landkarte völlig. Es war Napoleons Bestreben gewesen, hier wenige Staaten mittlerer Größe zu schaffen, die sich an ihn anlehnen mussten. Sie sollten „Pufferzonen" zwischen Österreich und Frankreich sein, aber auch Truppen für Napoleons Feldzüge stellen.

Die kleine Markgrafschaft Baden zog den größten Gewinn. Der Markgraf erhielt den Titel eines Großherzogs, vor allem aber große Gebiete am rechten Rheinufer. Im Norden gehörten Teile der Pfalz mit Heidelberg und Mannheim dazu, im Süden der (bisher österreichische) Breisgau mit Freiburg. Das Fürstentum Fürstenberg verschwand ebenso von der Landkarte wie die Gebiete der Abtei St. Blasien sowie der Bistümer Speyer, Straßburg, Basel und Konstanz. Im neuen badischen Staat gingen Reichsstädte wie Überlingen, Zell und Gegenbach auf, dazu weitere kleine und kleinste Herrschaftsgebiete. Insgesamt hat Baden damals sein Territorium verfünffacht.

Der frisch gebackene König von Württemberg durfte sich ebenfalls an bisher freien Reichsstädten schadlos halten: Esslingen, Reutlingen und Rottweil, Heilbronn, Hall und Gmünd, Ulm und Biberach, Aalen und Ravensburg gehörten zu ihnen. Besonders zahlreich waren die geistlichen Gebiete, die Abteien und Klöster, die jetzt an Württemberg fielen. Aber auch mancher bisher reichsunmittelbare Fürst oder Graf kam mit seinen Besitzungen unter die neue Landeshoheit. Insgesamt hat Württemberg damals sein Territorium verdoppelt.

Lediglich das kleine Fürstentum Hohenzollern konnte seine Selbstständigkeit erhalten.

Aus diesen staatlichen Einheiten „von Napoleons Gnaden" bildete sich 150 Jahre später das Bundesland Baden-Württemberg.

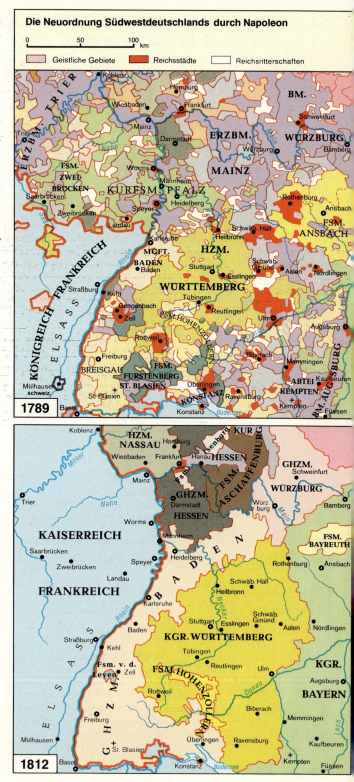

Die Neuordnung Südwestdeutschlands durch Napoleon

Die Schlacht bei Jena am 14. Oktober 1806

Der Zusammenbruch Preußens

Das bedeutete die Auflösung des bisherigen Heiligen Römischen Reiches Deutscher Nation. Deutschland war in drei Teile zerfallen:

das Kaiserreich Österreich,
das Königreich Preußen,
das „dritte Deutschland".

Ohnmächtig war es dem Nachbarn im Westen ausgeliefert. Das „dritte Deutschland", wie die kleineren Staaten bezeichnet wurden, gehörte größtenteils ohnehin zum Rheinbund. Österreich war bereits 1805 in der Schlacht bei *Austerlitz* geschlagen worden und schied vorerst als Gegner aus. Und auch Preußen, das unter Friedrich dem Großen zur neuen Großmacht geworden war, sollte nur noch wenige Monate standhalten. Am 14. Oktober 1806 stießen Napoleons Armeen im Saaletal bei *Jena* und bei *Auerstedt* überraschend auf das preußische Heer und schlugen es vernichtend. Die preußischen Verbände traten den Rückzug an, der bald in eine wilde Flucht ausartete. Der Preußenkönig floh aus Berlin, in das Napoleon bereits am 27. Oktober einziehen konnte. Die Festung Spandau ergab sich ohne Widerstand. Auch die eingeschlossene, starke Festung Magdeburg mit 23 000 Mann Besatzung streckte am 8. November die Waffen.

Es war ein Zusammenbruch ohnegleichen.

Wir merken uns

Aus den Wirren der Revolution stieg der General Napoleon Bonaparte zum Kaiser der Franzosen auf (1804). Er führte Frankreich zur Vorherrschaft in Europa. Preußen und Österreich erlitten schwere Niederlagen (1805, 1806). Das Heilige Römische Reich Deutscher Nation wurde 1806 aufgelöst.

Geschichte und Gegenwart

Das Brandenburger Tor – sechs Sinnbilder deutscher Geschichte im 19. und 20. Jahrhundert

Das Bild oben links zeigt Napoleon am 27. Oktober 1806 vor dem Brandenburger Tor, unmittelbar vor seinem Einzug in Berlin. In demütiger Haltung nähern sich die Vertreter der Stadt, um ihm die Schlüssel der Stadttore zu übergeben – eine Gebärde der Unterwerfung.

Im Jahre 1806 war dieser Neubau des Brandenburger Tores 15 Jahre alt. Es war noch ein richtiges Stadt- und Zolltor im Westen der Stadt. Hier begann die Landstraße nach Brandenburg. Abends wurden die inneren Gittertore verschlossen – wer in die Stadt wollte, musste sich beeilen, noch „vor Toresschluss" hier anzukommen.

Das Jahr 1806 steht für die Auflösung des Heiligen Römischen Reiches Deutscher Nation und für den Zusammenbruch Preußens durch Napoleon. Napoleon vor dem Brandenburger Tor – ein Sinnbild für diesen Einschnitt in der deutschen Geschichte.

Nach 1806 kämpften die Deutschen zunächst gegen die Herrschaft Napoleons, dann für ein neues, geeintes Deutschland. Erst 1870/71 wurde dies erreicht, im Krieg gegen Frankreich. Der Sieg bei Sedan am 2. September 1870 schuf die Voraussetzung für das deutsche Kaiserreich unter Preußens Führung. Zur Feier dieses Tages wurde das Brandenburger Tor mit Spruchbändern geschmückt und festlich beleuchtet (Bild Mitte).

Im Ersten Weltkrieg 1914–1918 brach das Kaiserreich zusammen. Die Deutschen versuchten, einen demokratischen Staat aufzubauen: die Weimarer Republik (1918–1933). Sie endete mit der Diktatur des „Dritten Reiches" (1933–1945). Ein Fackelzug der Hitler-Anhänger am Abend des 30. Januar 1933 durch das Brandenburger Tor steht sinnbildlich für den Beginn dieses Abschnitts deutscher Geschichte (Bild unten).

Zwölf Jahre dauerte die nationalsozialistische Herrschaft unter Adolf Hitler. Er entfesselte 1939 den Zweiten Weltkrieg. Am Ende dieses Krieges wurde Berlin zum letzten großen Schlachtfeld in Europa. Das Bild oben zeigt Verbände der Roten Armee am 2. Mai 1945 vor dem Brandenburger Tor.

Nach 1945 verlor Deutschland große Gebiete im Osten (Schlesien, Pommern, Ostpreußen). Das restliche Staatsgebiet wurde in vier Besatzungszonen unter die Siegermächte des Krieges aufgeteilt. Aus den Besatzungszonen der Amerikaner, Engländer und Franzosen entwickelte sich die Bundesrepublik Deutschland, aus der russischen Besatzungszone die Deutsche Demokratische Republik (1949). Auch Berlin wurde eine geteilte Stadt. Das Brandenburger Tor – jetzt in der Mitte der ausgedehnten Stadt gelegen – stand direkt zwischen West-Berlin und Ost-Berlin. – Bis 1961 war Berlin der einzige Ort des direkten Kontakts der Deutschen miteinander. Am 13. August 1961 aber bauten die Machthaber der DDR eine Mauer quer durch Berlin (Bild Mitte). Die Mauer vor dem Brandenburger Tor wurde zum Sinnbild des geteilten Deutschlands.

Die friedliche Revolution der Bürger in der DDR im Herbst 1989 führte schließlich zur Überwindung der Teilung. Am Abend des 9. November 1989 drängten sich Deutsche aus Ost und West auf der Mauer vor dem Brandenburger Tor (Bild unten). Nun ist das Tor Sinnbild für die Vereinigung der Deutschen, die am 3. Oktober 1990 offiziell vollzogen wurde.

Zahlen zum Überblick

1492	**Entdeckung Amerikas (Kolumbus)**
1498	Seeweg nach Indien (Vasco da Gama)
1517	Beginn der Reformation (Luther)
1519–1521	Eroberung Mexikos (Cortez)
1519–1522	Erste Weltumseglung (Magellan)
1519–1556	Karl V.
1521	**Reichstag zu Worms**
1525	Bauernkrieg
1545–1563	Konzil von Trient
um 1600	Beginn der Erschließung Sibiriens
um 1600	Erste englische Siedlungskolonie in Nordamerika
1618–1648	Dreißigjähriger Krieg
um 1650	**Beginn des Absolutismus**
1661–1715	Ludwig XIV., der Sonnenkönig
1683	Belagerung Wiens durch die Türken
1688/89	Sieg des Parlaments in England
1689–1725	Peter der Große, Zar von Russland
1740–1786	Friedrich der Große
1740–1780	Maria Theresia
1756–1863	Siebenjähriger Krieg (gleichzeitig „Weltkrieg" zwischen England und Frankreich)
1772/93/95	Teilungen Polens
1776	Unabhängigkeitserklärung der USA
1789	**Französische Revolution**
1803–1853	Erschließung des „Wilden Westens" in den USA
1804	Kaiserkrönung Napoleons
1806	Ende des Heiligen Römischen Reiches Deutscher Nation

Register
1. Neue Begriffe

Die in diesem Band des Arbeitsbuches auftretenden neuen Begriffe sind nach dem Alphabet geordnet. Die Zahlen bezeichnen die Seiten, auf denen der Begriff im Zusammenhang der Darstellung durch Wort oder Bild näher erläutert wird.

Abgeordnete 140, 141, 144, 154, 166, 169
Ablass 59
Absolutismus 86–104, 108–109, 125–129, 132, 138, 139
Adel 85, 86, 90, 91, 108, 111, 116, 139, 164–171, 177, 181
Akzise 109
Anglikanische Kirche 65
Arbeitnehmer 53, 94
Archiv 119
Armbrust 49
Aufgeklärter Absolutismus 108–125, 155
Aufklärung 112
Augsburger Religionsfriede 65, 71
Ausführende Gewalt 154, 155
Auswanderer 145, 157, 158, 159–161
Azteken 19, 20–27, 48

Bann 60
Barock 78–79, 85, 88, 97–98, 121–123, 125–127, 129
Bastille 162–163, 164, 170–171
Bauernbefreiung 177, 181
Bauernkrieg 64
Beamter 90, 109, 110, 182
Bevölkerungsverluste 76
Bibelübersetzung 62, 63
Bill of Rights 139
Buchdruck 37, 38–42, 43
Bürgerliches Gesetzbuch 181
Bundesstaat 152

Code Civil 181

Demokratie 155
Donauschwaben 121
Dreieckshandel 32, 33

Edikt 80–85, 109, 119
Erdscheibe 13
Etat 90
Evangelisch-lutherische Kirche 63, 65, 70

Folter 28, 66, 114
Fort 146
Friedensbewegung 69

Generalstände 86, 165, 166–168
Gesetzgebende Gewalt 154–155
Gewaltenteilung 154–155, 172, 174
Griechisch-orthodoxe Kirche 65
Grundrechte
siehe Menschenrechte
Guillotine 177, 178
Gutsuntertänigkeit 109

Habsburg 54–58, 71, 77, 96, 116, 120–123
Hakenbüchse 49, 57
Hammerwerk 46–47
Handfeuerwaffe 49, 57
Hausmacht 54, 58, 121
Heiliges Römisches Reich Deutscher Nation 36, 54, 55, 65, 67, 77, 82, 108, 132, 183–185, 186
Hexenwahn 65–66, 114
Historiker 119
Hofstaat 89, 100, 101
Hohenzollern 82, 108
Hugenotten 71, 109, 110, 113
Humanismus 50

Indianer 16, 17, 18, 20–29, 142, 143–144, 156, 157, 159
Indien 12, 15, 16, 18, 19, 141, 146, 147
Inflation 176
Inka 19, 27, 48

Jakobiner 176–177
Junker 111

Kapital 52, 53, 94
Kapitalismus 53
Kapitulation 153
Karavelle 17, 18
Kartoffel 114, 115
Ketzer 71
Kinderarbeit 114
Kirchenreform 56, 59, 70
Kokarde 176
Kolonialreich 19, 29, 92, 146, 147
Kolonie 26–33, 91, 92, 141–153
Kolonisation 117
Konfessionen 65

Kongress 130–131, 151, 152, 154–155
Konstitutionelle Monarchie 174
Kontribution 109
Konzil 70
Kosaken 135, 137
Kreml 133, 134

Landesherrschaft siehe Territorium
Landsknecht 57, 58
Landstände 108, 109
Letter 38–42

Manufaktur 83, 89, 92–95, 100, 114, 135, 177
Marseillaise 174
Matrize 40
Menschenrechte 151, 152, 165, 171–172
Merchant Adventurers 141
Merkantilismus 91–92
Minister 71, 86, 90, 91, 153, 155
Mittelalter 36, 37, 50
Monarchie 140, 174, 181
Mongolen 134, 135
Musketier 49

Nationalhymne 174
Nationalstaat 77
Nationalversammlung 168–169, 171, 172–174
Neuengland 141, 145
Neuhochdeutsche Sprache 62
Neuzeit 36, 37, 50, 85, 128

Oberhaus 139
Oberster Gerichtshof 154, 155
Österreich 54, 96, 112, 116, 120–125, 157, 173, 183, 185

Parlament 139–141, 144, 148, 154–155
Patriotismus 174
Pergament 38, 39, 42
Perspektive 50
Pest 28, 75
Peterskirche 59
Pilgerväter 144
Planet 14, 15
Polnische Teilungen 124–125

189

Porzellan 104
Preußen 80–84, 108–117, 124–125, 173, 185, 186
Pulvergeschütz 37, 48
Puritaner 144

Quelle 119, 150

Reformation 59–64, 66, 70
Reformierte 63, 65
Reichsacht 62
Reichsreform 56, 58
Reichstag 60–61
Renaissance 50–51
Repräsentantenhaus 154–155
Republik 174, 176, 180
Republikaner 176
Revolution 69, 168–179, 187
Rheinbund 183
Richterliche Gewalt 154–155
Römisch-katholische Kirche 65, 70
Rokoko 85, 97, 121–123, 125–127

Sachsen 98, 100–104
Schießpulver 48
Schloss 78–79, 88, 97, 98, 100–101, 102–103, 115, 122–123, 125–127
Schmalkaldischer Krieg 64, 71
Schriftquelle 119
Schulwesen 114, 115
Seidenstraße 19
Senat 154, 155
Sklavenhandel 29–33
Skorbut 16
Soldatenhandel 99, 153
Souveränität 77, 152
Spießrutenlaufen 111
Staat 165, 174
Stände 83, 85, 86, 90, 164–171
Stäupung 111
Stehendes Heer 90, 91, 108, 109, 110, 111, 116
Sternenbanner 152
Steuer 54, 90, 109, 113, 139, 148, 151, 167, 171, 173

Territorium 55, 108, 184
Thesen 59, 68
Trikolore 176

Unabhängigkeitserklärung 138, 151, 152, 153
Unterhaus 139–141
Unternehmer 52–53, 94
Untertan 65, 89, 114

Vereinigte Staaten von Amerika (USA) 151–161, 165

Verfassung 154, 155, 168, 171, 172
Verleger 52–53

Waffen 24, 26, 27, 28, 31, 34–35, 37, 48–49, 57, 58, 105, 120, 144, 153, 162–163, 170
Wahlrecht 139, 154–155
Wahlverfahren 154–155, 166
Westfälischer Friede 76–77, 108
Westindische Inseln 18
Wettiner 100

Zar 133, 134, 135, 136
Zensur 182

2. Personen

Bach, Johann Sebastian 128, 129
Bailly, Jean 169
Beethoven, Ludwig van 121
Behaim, Martin 14, 15
Böttger, Johann Friedrich 104
Bräker, Ulrich 111

Calvin, Johann 63, 66, 71, 144
Canaletto (Bernardo Bellotto) 100, 107
Christian IV., König von Dänemark 71
Colbert, Jean Baptiste 91, 92
Cortez, Fernando 21–27, 29, 49, 132
Cranach, Lucas 60

Danton, Georges Jacques 176–178
David, Jacques Louis 175, 180–182
Deschnew, Iwan 137
Duccio (di Buoninsegna) 50, 51
Dürer, Albrecht 50, 58

Elisabeth I., Königin von England 141
Eugen, Prinz von Savoyen 121

Ferdinand II., deutscher Kaiser 71
Franz I., deutscher Kaiser 123
Franz II., deutscher Kaiser 183
Franz I., König von Frankreich 57
Friedrich I., König von Preußen 109, 110
Friedrich II. (der Große), König von Preußen 2, 108, 110, 112–117, 118–119, 121, 124, 125
Friedrich August I. (August der Starke), Kurfürst von Sachsen 98, 100–104, 105, 107
Friedrich August II., Kurfürst von Sachsen 103
Friedrich Wilhelm, Kurfürst von Brandenburg-Preußen 108–110
Friedrich Wilhelm I. (der Soldatenkönig), König von Preußen 82, 84, 108, 110, 112
Fugger 52–53, 58, 132
Fust, Johann 41–42

Gama, Vasco da 12, 19
Georg III., König von England 153
Görres, Josef von 182
Grimmelshausen, Johann Jakob Christoffel von 72
Guericke, Otto von 73–74
Gustav II. Adolf, König von Schweden 71
Gutenberg, Johann Gensfleisch zum 38–42, 43, 132

Händel, Georg Friedrich 129
Haydn, Joseph 121
Henlein, Peter 37
Hitler, Adolf 105, 186, 187

Iwan IV. (der Schreckliche), Zar von Russland 134, 135

Jefferson, Thomas 130–131, 151, 152
Joseph II., deutscher Kaiser 112, 123
Josephine, Kaiserin der Franzosen 180–181

Karl V., deutscher Kaiser 52, 54–58, 59, 60–61, 64, 120, 132
Katharina II. (die Große), Zarin von Russland 136
Kolumbus, Christoph 15–18, 20, 29, 30, 36, 132
Kopernikus, Nikolaus 14, 15

Las Casas, Bartolomeo de 28–29
Leonardo da Vinci 50, 132
Lincoln, Abraham 155
Ludwig XIV., König von Frankreich 86–96, 97, 100, 103, 108, 110, 112, 113, 114
Ludwig XVI., König von Frankreich 165–170, 173, 174, 175
Luther, Martin 36, 59–64, 66, 67–69, 70

Magellan, Fernando 19
Marat, Jean Paul 176–178
Maria Theresia, deutsche Kaiserin 112, 116, 121–125
Marie Antoinette 175
Michelangelo 50, 51
Mirabeau, Graf 169
Montezuma II., König der Azteken 20–27
Moritz, Karl Philipp 140, 141
Mozart, Wolfgang Amadeus 121

Napoleon I. Bonaparte, Kaiser der Franzosen 126, 179–185, 186
Neumann, Balthasar 97

Penn, William 145
Peter I. (der Große), Zar von Russland 135, 136
Philipp II., König von Spanien 71
Pizarro, Francisco 27
Pöppelmann, Matthäus Daniel 98

Raffael 50, 103
Rauch, Christian Daniel 2
Richelieu, Herzog von 71
Robespierre, Maximilien de 167, 176–178

Saint-Just, Louis de 176–178
Schöffer, Peter 41–42
Schwarz, Berthold 48
Suleiman II. (der Prächtige), Sultan der Türken 58

Telemann, Georg Philipp 129
Terborch, Gerard 76
Tilly, Johann von 71, 73, 74

Vauban, Sébastien 89
Vespucci, Amerigo 18, 19

Wallenstein, Albrecht von 71
Washington, George 153, 155

Zwingli, Ulrich 63

Verzeichnis der Karten

1. Das Weltbild um 1450 13
2. Erdkarte vor 1500 16
3. Die Zeit der Entdeckungen und die ersten Kolonialreiche 19
4. Negersklaverei und „Dreieckshandel" 33
5. Das Reich der Habsburger 54
6. Territorien in Deutschland um 1500 55
7. Konfessionen in Europa 1555 65
8. Bevölkerungsverluste im Dreißigjährigen Krieg 76
9. Deutschland um 1660 77
10. Schloss und Stadt Versailles 89
11. Ludwig XIV.: Kriegsgewinne und Kriegsfolgen 99
12. Der Ausbau Dresdens zur Residenzstadt (ca. 1675–1800) 101
13. Das Wachstum Brandenburg-Preußens 108
14. Die Kolonisation im Oderbruch (Kartenfolge) 117
15. Die Ausdehnung des Habsburgerreiches 120
16. Die Teilungen Polens (Kartenfolge) 124/125
17. Karlsruhe 1834 126
18. Russlands Aufstieg zur Großmacht 137
19. Die 13 Kolonien (um 1756) 145
20. Nordamerika 1750, 1763 (Kartenfolge) 146
21. Indien 1750, 1805 (Kartenfolge) 146
22. Die Schwerpunkte des Siebenjährigen Krieges 1756–1763 147
23. Das Wachstum der USA 157
24. Die europäische Auswanderung in die USA 1820–1920 (Kartenfolge) 160
25. Südwestdeutschland 1792, 1806 (Kartenfolge) 184

Bildnachweis

ADN-Bildarchiv, Berlin: 7 – Archiv Anton, München: 1 – Archiv für Kunst und Geschichte, Berlin: 10 – Argus Bildarchiv (Foto: D. Eisenmann, Hamburg): 1 – Bildagentur Bavaria, Gauting: 1 – Bibliothéque Nationale, Paris: 1 – Bildarchiv Preußischer Kulturbesitz, Berlin: 22 – J. Blauel, München: 1 – Borek Verlag, Braunschweig: 3 – British Museum, London: 2 – Bulloz, Paris: 5 – Deutsche Luftbild, Hamburg: 1 – Deutsches Museum, München: 2 – dpa, Hamburg: 2 – Fotokino Verlag, Leipzig: 1 – Frisch/Prenzel-IFA, München: 1 – Günther Galinsky, Freiberg: 1- Generallandesarchiv, Karlsruhe: 1 – Geographical Projects, London: 1 – Germanisches Nationalmuseum, Nürnberg: 4 – Giraudon, Paris: 10 – The Granger Collection, New York: 1 – Gutenberg Museum (Foto: L. Richter), Mainz: 1 – Hampton Court Palace, London: 1 – H. Huber, Garmisch-Partenkirchen: 1 – Hoffmann und Campe Verlag, Hamburg: 1 – Jürgens-Photo, Köln: 12 – Kenneth Berry Studios Ltd., Hull: 1 – R. Kleinhempel, Hamburg: 1 – Library of Congress, Washington D. C.: 1 – Limes Museum, Aalen: 1 – E. Meyer, Wien: 3 – Musée du Louvre, Paris: 1 – National Gallery of Art, Washington: 1 – National Maritime Museum, London: 1 – Nationalmuseum, Kopenhagen: 1 – Österreichische Nationalbibliothek, Wien: 1 – Publishing House Corvina, Budapest: 1 – Regionalmuseum (Foto: M. Jeiter), Xanten: 1 – J. Remmer, München: 1 – Fotostudio Reuther, Koblenz: 1 – Rijksmuseum, Amsterdam: 3 – R. Rössing, Leipzig: 1 – Sächsische Landesbibliothek/Deutsche Fotothek, Dresden: 1 – Scala, Florenz: 3 – P. Scheidegger, Zürich: 1 – T. Schneiders, Lindau: 1 – Staatliche Kunsthalle, Karlsruhe: 1 – Staatliche Kunstsammlungen/Gemäldegalerie Alte Meister (Foto: Sächsische Landesbibliothek/Abt. Deutsche Fotothek), Dresden: 1 – Staatliche Kunstsammlungen/Historisches Museum (Foto: Sächsische Landesbibliothek/Abt. Deutsche Fotothek), Dresden: 1 – Staatliche Kunstsammlungen/Porzellansammlung (Foto: Rous), Dresden: 1 – Stern-Syndication (Foto: Ihrt), Hamburg: 1 – Ullstein Bilderdienst, Berlin: 2 – Ulmer Museum, Ulm: 1 – Universitätsbibliothek, Erlangen: 1 – Universitätsbibliothek, Göttingen: 1 – University Library, Edinburgh: 1 – Yale University, Art Gallery, New Haven: 1 – Carl Zeiss, Oberkochem (freig. Reg. Präs. Nordwürtt., Nr. 31/00482): 1 – Zentrales Staatsarchiv, Merseburg: 1 – Karten und Zeichnungen: Westermann Kartographie/Technisch grafische Abteilung, Braunschweig